Donna S. Wittmer / Deanna W. Clauson

Von Kratzbürsten und Schmusebären

Die sozial-emotionale Entwicklung von Kleinst- und Kleinkindern verstehen und fördern

Donna S. Wittmer / Deanna W. Clauson

Von Kratzbürsten und Schmusebären

Die sozial-emotionale Entwicklung von
Kleinst- und Kleinkindern verstehen und fördern

vml verlag modernes lernen

Externe Links

Der Verlag weist ausdrücklich darauf hin, dass eventuell im Text enthaltene externe Links vom Verlag nur bis zum Zeitpunkt der Buchveröffentlichung eingesehen werden konnten. Auf spätere Veränderungen hat der Verlag keinerlei Einfluss. Eine Haftung des Verlages ist daher ausgeschlossen.

Titel der Originalausgabe: From Biting to Hugging. Understanding Social Development in Infants and Toddlers.

Übersetzung: Brigitte Eckert, Medelby

Bearbeitung und Lektorat: Brigitte Balke-Schmidt

Wissenschaftliche Beratung: Dipl.-Päd. Marlies Berger-Albers, Prof. Dr. Christina Reichenbach

2019 veröffentlicht in der Edition:
verlag modernes lernen Borgmann GmbH & Co. KG • Schleefstraße 14 • D-44287 Dortmund

Titelfoto: © santypan – Fotolia.com

Gesamtherstellung in Deutschland: Löer Druck GmbH, Dortmund

Bestell-Nr. 1309 ISBN 978-3-8080-0856-0

Inhalt

Kapitel 8 – Kinder, deren Beziehungen zu den Peers eine Herausforderung sind ... 143

Kapitel 9 – Strategien zur Unterstützung von Kindern, die sich durch ihre Beziehungen zu Peers herausgefordert fühlen ... 169

Hinweise des Lektorats:

In den Kapiteln 6 bis 9 kommt es an einigen Stellen zu Redundanzen, die durch Wiederholungen in den Zusammenfassungen entstehen. Wir haben jedoch entschieden, die US-Originalausgabe nicht zu kürzen, da die Autorinnen das Buch auch als Nachschlagewerk verstehen, das nicht nur von vorne nach hinten gelesen wird, sondern bei dem gezielt in den einzelnen Übersichten nach Informationen gesucht werden kann.

Um eine bessere Lesbarkeit zu gewährleisten, wird in diesem Buch die weibliche und die männliche Form im Wechsel verwendet. Alle Leserinnen und Leser des jeweils nicht genannten Geschlechtes fühlen sich bitte ebenso angesprochen und wertgeschätzt.

Widmung

Wir widmen dieses Buch den Erzieherinnen und Erziehern von Kleinst- und Kleinkindern, die unbeirrbar danach streben, junge Kinder in ihrer optimalen sozialen und emotionalen Entwicklung zu unterstützen. Ihre Konzentration auf das Wachstum der Kinder, auf ihre Entwicklung, ihr Selbstwertgefühl, ihre prosozialen Fertigkeiten und die Einstellung zum Lernen sind für das Gedeihen der Kinder ausschlaggebend. Die Hingabe, mit der Sie, liebe LeserInnen, ein Umfeld und Erfahrungsmöglichkeiten schaffen, die eine positive Beziehung zwischen Erziehern und Kindern sowie zwischen dem Kind und seinen Peers fördern, werden sich auf das ganze Leben der Kinder auswirken. Wir hoffen, dieses Buch unterstützt Sie bei Ihrer wichtigen Aufgabe, den Kindern bei der Erkenntnis zu helfen, wie eine liebevolle Beziehung gestaltet werden kann.

Danksagung

Als Erstes möchten wir unseren Familien für ihre kontinuierliche Unterstützung und Ermutigung beim Schreiben dieses Buches danken. Sie glauben an die Bedeutung der frühen Lebensjahre und haben uns daher inspiriert, unsere Zeit dieser wichtigen Aufgabe zu widmen.

Besonderer Dank gilt Stephanie Roselli, unserer Lektorin bei Gryphon House, die uns stets mit ihrer Expertise unterstützte. Ihre Sensibilität für die Bedürfnisse der Fachleute im Bereich der frühkindlichen Erziehung beeinflusste mit nachvollziehbaren Überlegungen die Strukturierung und den Inhalt des Buches. Ohne ihre inspirierende Ermutigung und konstruktive Unterstützung hätten wir dieses Buch nicht vollenden können. Donna möchte Deanna Clauson für ihre Beiträge zu diesem Buch danken. Ihre exzellenten schriftstellerischen Fähigkeiten haben wesentlich dazu beigetragen, die Wichtigkeit der sozialen Entwicklung bei Kleinst- und Kleinkinder zu ihren Peers für ihr gegenwärtiges Glück und ihre zukünftige soziale Kompetenz deutlich werden zu lassen. Deanne hat ein tiefes Verständnis des grundlegenden Wissens, das Erzieher und Erzieherinnen über Kleinst- und Kleinkinder besitzen oder erwerben wollen. Es war eine Freude, mit ihr an diesem Buch zusammenzuarbeiten.

Donna möchte auch Dr. Alice Honig ihre Anerkennung aussprechen: „Sie hat mich stets motiviert, weiter Neues über Kleinst- und Kleinkinder zu lernen und darüber zu schreiben. Bei ihr, meiner Professorin an der Universität von Syracuse, habe ich angefangen zu verstehen, wie ungeheuer wichtig die ersten Lebensjahre sind. Als meine Mentorin und Freundin war ihre Unterstützung für mich von unschätzbarem Wert." Deanna möchte Donna Wittmer danken, die ihr ein Leben lang den Wert und die bereichernde Vielfalt jeglicher Interaktion mit jungen Kindern nahegebracht hat. Donnas unerschütterliche Leidenschaft und Hingabe für junge Kinder ist zutiefst inspirierend. Deanna dankt auch Nathan und Rakaia, die ihr jeden Tag gezeigt haben, wie man durch die eigenen sozialen und emotionalen Erlebnisse lieben, lernen und wachsen kann.

Donna S. Widmer
Deanna W. Clauson

Kapitel 1

Es gibt viele Gründe, sich auf die soziale Entwicklung unter Peers in ihren ersten Lebensjahren zu konzentrieren

„Interaktion zwischen Kindern ist eine grundlegende Erfahrung der ersten Lebensjahre.“

Loris Malaguzzi, Begründer der Reggio-Pädagogik

„Sind Kleinstkinder nicht zu klein, um andere ihres Alters wahrzunehmen?“

„Was lernen Kleinstkinder, wenn sie mit anderen zusammen sind?“

„Die Kleinkinder in meiner Gruppe nehmen sich ständig gegenseitig alles weg. Was soll ich machen?“

„Ich habe beobachtet, wie ein Kleinkind einem weinenden anderen Kind ein Spielzeug gab. Wie kann ich Kleinkinder ermuntern, so etwas häufiger zu tun?“

„Die Zweijährigen in meinem Raum sagen ständig ‚Meins‘, wenn sie mit einem Spielzeug spielen und ein anderes Kind in ihre Nähe kommt. Ist das normal?“

„Wie kann ich Zweijährigen helfen, netter zueinander zu sein?“

„In meinem Raum ist eine Zweijährige, die schreit, wenn andere Kinder in ihre Nähe kommen. Wie kann ich ihr helfen?“

Diese Art Fragen hört man häufig von Erzieherinnen und Pädagoginnen für Kleinst- und Kleinkinder. Erzieherinnen und Eltern von kleinen Kindern werden jeden Tag Zeugen einer spannenden Phase der Entwicklung, in der Kinder unaufhörlich lernen, wie die Welt um sie herum funktioniert – und welchen Platz sie selbst darin einnehmen. Erzieher wissen, wie wichtig Beziehungen sind, und sie arbeiten unermüdlich daran, die Voraussetzungen dafür zu schaffen, dass Kinder kompetent mit ihren Beziehungen umgehen können.
Wie wir wissen, bilden die Beziehungen, die junge Kinder sowohl mit Erwachsenen als auch mit ihren Peers pflegen, die Grundlage dafür, wie sie sich für den Rest ihres Lebens selbst sehen und mit anderen Menschen umgehen. Die soziale Kompetenz eines Kindes – seine Einstellung und seine Fähigkeit, das Zusammensein mit anderen zu genießen und erfolgreich und zur beiderseitigen Zufriedenheit mit dem anderen zu interagieren – ist von zentraler Bedeutung für eine gesunde Entwicklung.

Was ist soziale Kompetenz?

Das Kind

- zeigt eine soziale, freundliche Einstellung
- beschäftigt sich gemeinsam mit Erwachsenen und Peers mit etwas Interessantem
- benutzt erfolgreich Sprache oder ein anderes Kommunikationssystem
- erkennt die eigenen Emotionen oder die anderer Personen
- ist in der Lage, eigene Emotionen und Verhaltensweisen zu steuern (Selbstregulation)
- verwendet prosoziale Verhaltensweisen und zeigt Empathie
- sieht Gedanken und Gefühle anderer aus deren Perspektive
- setzt erfolgreich Konfliktlösungsstrategien ein, wie z.B. Problemlösungsstrategien

Dieses Buch enthält wichtige Informationen und sinnvolle Strategien, die Eltern und Pädagogen bei kleinen Kindern von der Geburt bis zum Alter von 3 Jahren einsetzen können, um deren angemessene soziale Entwicklung und ihre Kompetenz im Umgang mit Peers zu unterstützen. Wir unterteilen die drei Jahre in drei Abschnitte, da sich die Kinder der jeweiligen Altersgruppe in diesem Zeitraum stark in ihrer Entwicklung unterscheiden. Kleinstkinder (vom ersten Tag bis zum Alter von 12 Monaten) nehmen einander wahr und sind aneinander interessiert. Wir können beobachten, wie sie anfangen, sich über andere Kinder ihres Alters zu freuen, in ihnen aber auch eine Herausforderung sehen. Junge Kleinkinder (12 bis 24 Monate) sind in der Lage, sich Peers gegenüber freundlich, hilfsbereit und tröstend zu verhalten. Sie empfinden große Freude aneinander und werden Freunde; trotzdem kommt es zwischen ihnen auch zu Konflikten.
Bei älteren Kleinkindern (24 bis 36 Monate) wächst die Fähigkeit, auf andere Kinder ihrer Altersgruppe einzugehen, zu kooperieren, zu verhandeln und zu spielen. Diese Entwicklung kann sich einstellen, wenn Familie, Eltern und entsprechende Programme die Art von Fürsorge und Lernmöglichkeiten anbieten, die Kinder brauchen, um soziale Kompetenz zu entwickeln.
Wir wissen, dass Kleinst- und Kleinkinder kompetente Lernende sind. Sie können sich entfalten, wenn sie das Lernen in einer liebevollen Beziehung zu Erwachsenen und Peers erfahren. Sie sind soziale Wesen, die mitfühlende soziale Interaktionen und Kontakte brauchen, um zu gedeihen. Gesunde Beziehungen zu Erwachsenen bilden die Grundlage, von der aus sie sich vorwagen können, um sich selbst und andere kennenzulernen. In sicheren Beziehungen zwischen Erwachsenen und Kind erfahren sie, dass sie es wert sind, geliebt und umsorgt zu sein, Zuneigung zu erhalten und Respekt für ihre Fähigkeiten. Durch ihre ersten Beziehungen zu Erwachsenen lernen sie auch, wie sie erfolgreich mit

Peers leben und lieben können. Sie lernen Empathie und wie man die Sichtweise der anderen einnehmen kann. In der Eltern-Kind-, Pädagogen-Kind-Beziehung lernen sie, sich auf die Bedürfnisse und Gedanken anderer einzustellen. Diese Lektionen stellen eine Herausforderung dar, die von Kleinst- und Kleinkindern mit Ihrer Hilfe bewältigt werden. Sie lernen, wie sie jemanden umsorgen können und nicht nur, wie sie selbst umsorgt werden (Kawakami / Takai-Kawakami, 2015).

Das Bedürfnis nach sozialen Kontakten ist universell. Es gibt jedoch viele Faktoren, die einen Einfluss darauf haben, wie Kinder (und Erwachsene) soziale Kompetenz erlernen. Eigenschaften und Temperament eines Kindes wirken sich auf die Beziehung anderer zu ihm aus. Kulturelle Werte formen beständig ihr Denken und Handeln. Allgemeine Gepflogenheiten und die Werte der Gemeinschaft beeinflussen die Qualität der Fürsorge, die Kinder erhalten, ebenso wie das, was Familie und Pädagoginnen als wichtig zu lernen erachten.
Die Entwicklung der sozialen Kompetenz ist einer der wichtigsten Prozesse im Hinblick darauf, wie zufrieden ein Kind mit seinen Beziehungen zu anderen ist, wie wohl es sich fühlt und wie erfolgreich es lernt. Für Kleinst- und Kleinkinder ist es unabdingbar, dass ihre soziale Entwicklung und ihr soziales Lernen uns am Herzen liegen. Lassen Sie uns der Frage gründlich nachgehen, warum wir uns intensiv um die soziale Entwicklung von Kleinst- und Kleinkindern und ihr Verhältnis zu anderen Peers bemühen sollten.

Warum richten wir den Fokus auf die Beziehung zwischen Kleinstkind / Kleinkind und seinen Peers?

Wenn junge Kinder zusammen sind, lernen sie enorm viel. Denken Sie an Folgendes:

- Sozial-emotionale Kompetenz schafft eine feste Grundlage für sozialen und akademischen Erfolg im Leben.
- Kleinst- und Kleinkinder verbringen Zeit miteinander, und unser Ziel sehen wir darin, diese Zeit für sie wertvoll zu gestalten.

- Kleinst- und Kleinkinder sind soziale Wesen. Sie lernen voneinander und genießen die Zeit miteinander.
- Peers fördern gegenseitig ihre Kompetenz, Neugier und das Verständnis für die eigene und die andere Kultur.
- Peers erleben miteinander Freude an ihrer Beziehung – an prosozialen und fröhlichen Erlebnissen.
- Kleinst- und Kleinkinder brauchen die Unterstützung liebevoller Eltern und Pädagoginnen für ein optimales sozial-emotionales Lernen.

Lassen Sie uns also die genannten Gründe genauer erforschen und fragen, warum wir uns auf die Entwicklung der Beziehung kleiner Kinder zu ihren Peers konzentrieren sollten.

Die Grundlage für zukünftige soziale Beziehungen und Bildungserfolge wird in den frühen Lebensjahren geschaffen

> *„Emotionales Wohlbefinden und soziale Kompetenz bilden eine stabile Grundlage für die sich entwickelnden kognitiven Fähigkeiten, und zusammen sind sie Baustein und Mörtel für die Struktur des Gehirns. Die emotionale und körperliche Gesundheit, sozialen Fähigkeiten und kognitiv-linguistischen Kompetenzen, die sich in den ersten Lebensjahren entwickeln, sind in jeder Hinsicht wichtig für den Erfolg in der Schule, am Arbeitsplatz und im weiteren sozialen Umfeld."*
>
> (Center on the Developing Child, 2017c, 2017d)

„Die sozialen und emotionalen Erfahrungen von Kleinst- und Kleinkindern schaffen für ihr ganzes weiteres Leben die Grundlage ihres Verhaltens, ihrer Gesundheit, ihrer Fähigkeit zu lernen und ihrer sozialen Einstellungen und sozialen Möglichkeiten." (Center on the Developing Child, 2017a)

In den letzten Jahren haben wir sehr viel über die Bedeutung der ersten drei Lebensjahre eines Kindes gelernt. Pädagoginnen und Eltern wissen, wie wichtig diese frühen Jahre für die Entwicklung des Gehirns sind; Kleinst- und Kleinkinder lernen in jedem Augenblick ihres Daseins – oft sogar wenn sie schlafen. Sie entwickeln mehr als eine Million neuer neuronaler Verknüpfungen pro Sekunde (Center on the Developing Child, 2017c, 2017d). Die Qualität der sozialen und emotionalen Erfahrungen eines Kindes hat einen wesentlichen Einfluss auf die Größe und Struktur des Gehirns (Teicher / Samson, 2016). Gesunde soziale und emotionale Erfahrungen während der ersten drei Lebensjahre ermöglichen es dem Gehirn zu wachsen; belastende Erfahrungen hingegen, wie zum Beispiel ständige Angst, Sorge und Vernachlässigung, verhindern eine optimale Entwicklung des Gehirns (National Scientific Council on the Developing Child [NSCDC], 2010, 2014). Die sozialen und emotionalen Erfahrungen von Kleinst- und Kleinkindern schaffen für ihr ganzes weiteres Leben die Grundlage ihres Verhaltens, ihrer Gesundheit, ihrer Fähigkeit zu lernen und ihrer sozialen Einstellungen und sozialen Möglichkeiten (Center on the Developing Child, 2017c, 2017d).
Der NSCDC betont in seinem Arbeitspapier *„Young Children Develop in an Environment of Relationships"* (2004): „... bei der Frage der Schulfähigkeit geht es nicht nur um Fragen zur Förderung von Lesen und Rechnen, sondern ebenso um die Fähigkeit, positive Beziehungen zu Pädagoginnen, Kindern und anderen Erwachsenen zu entwickeln und aufrechtzuerhalten, und um soziale und emotionale Fertigkeiten, um mit anderen kooperieren zu können."

Wir müssen also auf die Qualität der Beziehungen achten, die sehr kleine Kinder zu den von ihnen bevorzugten Erwachsenen haben, und auf ihre soziale Kompetenz in Bezug auf ihre Peers, um ihren gegenwärtigen und späteren sozialen Erfolg sicherzustellen. Unserer Erfahrung nach haben kleine Kinder, die in den ersten drei Lebensjahren eine sichere Bindung zu den für sie verantwortlichen Betreuenden entwickeln konnten, später im Leben weniger Verhaltensprobleme und eine bessere soziale Kompetenz (Kochanska / Kim, 2013). Wie wir wissen, sind Kinder, die in früher Kindheit Sprachkompetenzen erworben haben, als Vorschulkinder besser in der Lage, ihre Wut und ihr Verhalten zu beherrschen (Roben et al., 2013).

Wir haben die Erfahrung gemacht, dass Kleinst- und Kleinkinder in ihrem Leben Menschen brauchen, die geduldig, liebevoll und sensibel sind, die auf sie eingehen können, die klug, herzlich und mitfühlend sind und Sprache lieben. Dann können sie gedeihen, wenn sie klein sind und sind als Erwachsene in der Lage, erfolgreich Freundschaften und Beziehungen zu pflegen.

Nach Forschungsergebnissen zu urteilen zeigen Kleinkinder mit Hemmungen als Erwachsene eher Angstgefühle als Peers, die nicht gehemmt sind, aber nur, wenn sie keine sichere Bindung erfahren haben (Lewis-Morrarty et al., 2014). Von Peers angenommen und abgewiesen zu werden ist eine Erfahrung, die im Kleinkindalter ihren Anfang nimmt und bis zur Grundschule weitergehen kann, wenn Erwachsene nicht rechtzeitig eingreifen (Rubin, 2002; Rubin / Coplan, 2004; Rubin, Copler, Bowker, 2009).

Wenn wir eine positive soziale Entwicklung der Kleinst- und Kleinkinder sicherstellen, ist das auch der Schlüssel zu ihrem gegenwärtigen und zukünftigen akademischen Erfolg (Hymel / Ford, 2014). Es gibt eine enge Verbindung zwischen sozialen Fähigkeiten – besonders der Selbstregulation – und akademischer Leistung. Kinder brauchen soziale Kompetenz, um in der Schule erfolgreich zu sein. Zeigen sie sich aggressiv, haben kein Mitgefühl und können sie ihre Emotionen Peers gegenüber nicht regulieren, werden sie wahrscheinlich in der Schule weniger erfolgreich sein. Andere werden dann vielleicht nicht mit ihnen zusammenarbeiten oder spielen wollen, und die Freude an der Schule leidet darunter.
Soziale Kompetenz ermöglicht auch eine erfolgreiche berufliche Laufbahn und eine gesunde psychische Verfassung. Offensichtlich stehen höhere Grade sozialer Kompetenz in Kindertagesstätten („kooperiert von sich aus mit anderen", „hilft anderen", „ist gut darin, Gefühle anderer zu verstehen" und „löst Probleme selbständig") in direktem Zusammen-

hang mit höherer Bildung und einem höheren beruflichen Niveau, und es kommt später seltener zu staatlicher Unterstützung, Kriminalität, psychischen Problemen und Drogenmissbrauch im Alter von 25 Jahren (Jones et al., 2015).
Wir verfügen heute auch über gesichertere Erkenntnisse darüber, wie diese wertvollen Erfahrungen zustandekommen und was Kleinst- und Kleinkinder brauchen, um sich sozial und emotional zu entwickeln. Wir wissen, dass Kleinst- und Kleinkinder in ihrem Leben Menschen brauchen, die geduldig, liebevoll und sensibel sind, die auf sie eingehen können, die klug, herzlich und mitfühlend sind und Sprache lieben. Dann können sie gedeihen, wenn sie klein sind und als Erwachsene irgendwann in der Lage sein, erfolgreich Freundschaften und Beziehungen zu pflegen. Wir wissen, dass kleine Kinder innerhalb der Kleinst- und Kleinkindbetreuung eine fürsorgliche Gemeinschaft brauchen. Wir wissen, dass es unabdingbar ist, das Augenmerk auf die Qualität der Erfahrungen mit Peers zu lenken, damit sie jetzt und in der Zukunft Glück und Geborgenheit empfinden können.

Gemeinsam verbrachte wertvolle Zeit ist wichtig für kleine Kinder

Luciana hat ihre ersten Erlebnisse mit einer Gruppe im Alter von drei Monaten bei einer Tagesmutter. Sie verbringt die meisten Wochentage von 8 bis 17 Uhr bei ihrer Tagesmutter zusammen mit drei Kindern unterschiedlichen Alters. Als sie zwei Jahre alt ist und das älteste Kind in den Kindergarten kommt, ist Luciana sehr traurig, denn sie mag ihre Spielkameraden wirklich gern.

Kleinst- und Kleinkinder machen ihre Erfahrungen mit Peers häufiger bei einer Tagesbetreuung oder in Lerngruppen. Kinder wie Luciana verbringen mehr Zeit mit Peers in unterschiedlichen Institutionen, während ihre Eltern arbeiten. In Tagespflege, Kinderbetreuungseinrichtungen, Frühförderungsprogrammen oder bei der Betreuung durch Verwandte verbringen Peers Zeit miteinander. Diese täglichen Erfahrungen unterstützen die soziale und emotionale Entwicklung der Kleinen – oder auch nicht. Die zusammen verbrachte Zeit kann eine große Bereicherung sein oder aber einen schädlichen Einfluss darauf ausüben, wie das Kind lernt, mit anderen umzugehen. Wir können uns Fragen stellen, wie z. B.: „Wie ist das Spielen mit anderen Kindern heute für die Kinder gewesen? Was haben sie im Umgang miteinander und mit ihren Erwachsenen über sich selbst und die anderen gelernt?“ Wir möchten, dass die Zeit mit den Peers wertvolle Zeit ist.

Kleinst- und Kleinkinder sind soziale Wesen

Sehr kleine Kinder sind wie Entdecker auf einer Reise, die sie lehrt, wie man mit Peers kommuniziert, den anderen die eigenen Wünsche vermittelt und die Regeln für körperlichen Kontakt und Sozialisation erkennt.

Junge Kinder lernen voneinander und genießen das Zusammensein. Das soziale Interesse beginnt sehr früh in ihrem Leben. Drei Monate alte Kleinstkinder starren in das Gesicht eines anderen Kleinstkindes, das sie wiederum auch bestaunt. Zwei etwas ältere Krabbelkinder sitzen nebeneinander im Hochstuhl, lachen sich fröhlich an und berühren dabei vorsichtig Hände und Kopf des anderen. Ein Kleinkind rennt aufgeregt durch den Raum, weil es auf der anderen Seite ein Kind von genau seiner Größe erblickt hat. Es ergreift die Hand des anderen und auf geht‘s, um gemeinsam die Welt zu entdecken. Junge Kinder möchten häufig mit anderen zusammen sein, besonders, wenn der Erwachsene, den sie am meisten mögen, dabei ist und ihnen Sicherheit vermittelt.

Kleinst- und Kleinkinder sind soziale Wesen, die ihre Entdeckungen miteinander teilen. Etwas herausfinden, experimentieren, Spaß haben und etwas erkennen – das sind die gemeinsamen Aktivitäten von Kleinst- und Kleinkindern. Ein Kleinstkind krabbelt über ein anderes hinweg und ist überrascht, wenn das andere mit Geschrei reagiert. Sie denken vielleicht, die anderen sind einfach Objekte und probieren aus, wie ihre Haare schmecken.

Kleinkinder machen einander nach und kichern zusammen. Sie probieren verschiedene Strategien aus, um anderen zu helfen und ihnen ihre Zuneigung zu zeigen. Sie sind sehr erfinderisch, wenn es darum geht, das Spielzeug eines anderen Kindes zu erobern. Sehr kleine Kinder sind wie Entdecker auf einer Reise, die sie lehrt, wie man mit Peers kommuniziert, den anderen die eigenen Wünsche vermittelt und die Regeln für körperlichen Kontakt und Sozialisation erkennt. Wenn wir uns auf diese Ideen konzentrieren, können wir sehen, wie neugierig Kleinst- und Kleinkinder darauf sind zu erfahren, wie die anderen Peers „funktionieren".

Wenn wir kleine Kinder zusammen sehen, begreifen wir, welche große Bedeutung die Beziehung zu Peers für sie hat. Entwickeln diese Kinder sich gut, sind sie wahrhaft soziale Wesen.

Peers schaffen miteinander soziale Kompetenz und kulturelles Verständnis

Wenn wir uns auf Peers in ihren ersten Lebensjahren konzentrieren, erkennen wir, welche Möglichkeiten sich den Kindern durch die gemeinsamen Erlebnisse eröffnen, um ihr Verständnis von Kultur in ihrem Verhalten auszudrücken, zu erkunden und zu erweitern. Was gefällt den anderen Spielkameraden? Sind diese still und reden wenig? Oder sind sie ungestüm und ausschweifend beim Sprechen? Welche Kleidung und Schuhe tragen sie? Welche Speisen mögen sie? Kleine Kinder lernen, wie unterschiedlich jedes von ihnen aussieht und sich verhält, und wie ähnlich sie sich dennoch in ihren Wünschen sind, wie sie behandelt werden möchten. Sie lernen etwas über die Kultur innerhalb ihrer Peer-Gruppe und darüber hinaus auch etwas über die Kultur im allgemeineren Kontext. Bei den Interaktionen der Kleinst- und Kleinkinder untereinander erweitern sie auch ihre soziale Kompetenz. Im Umgang miteinander lernen etwas größere Kleinstkinder, Krabbelkinder und Zweijährige auf natürliche Art und Weise, ihre Emotionen zu kontrollieren.

„Es ist im Wesentlichen die Interaktion miteinander, durch die Kinder herausfinden, worum es in der Kultur geht, und genau dadurch wird ihre Sichtweise der Welt gestaltet." Jerome Bruner, Psychologe

> *Matte umarmt ein anderes kleines Kind, Sienna, die sie mag, ein bisschen zu fest. Als Sienna mit lautem Geschrei protestiert und sie wegschubst, lässt Matte Sienna los und umarmt sie sanfter.*

Mattes Bedürfnis, weiter mit ihrer Freundin zu spielen, hilft ihr, den starken Drang, ihre Spielgefährtin an sich zu drücken, zu beherrschen und stattdessen zarter vorzugehen, um ihr ihre Zuneigung zu zeigen. Matte lernt etwas darüber, wie sie Selbstregulation einsetzen kann, um erfolgreich mit ihren Freundinnen umzugehen.
Das Nachahmen anderer ist eine wichtige Methode, wie Kleinst- und Kleinkinder neue Fähigkeiten erlernen können und positive Beziehungen aufbauen. Wie wir in dem folgenden Beispiel von Tara und Danika sehen können, lernt Tara von ihrer Spielkameradin, wie sie synchron mit der anderen ein Spielzeug auf den Boden schlagen kann und nimmt mit einem Lächeln Kontakt zu ihr auf.

Die 12 Monate alte Tara beobachtet, wie Danika ihr Spielzeug heftig auf den Boden schlägt. Tara nimmt ein Spielzeug und versucht ebenfalls, es auf den Boden zu schlagen. Sie schaut Danika mit einem fröhlichen Lächeln an.

Peers erleben die Freude an Beziehungen

Zusammen mit fürsorglichen Erwachsenen können Peers sich enorm über die Gesellschaft der anderen freuen.

Während Juanita, eine Tagesmutter, vier Kindern, die es sich auf ihrem Schoß gemütlich gemacht haben, vorliest, berührt die 18 Monate alte Sarah sehr vorsichtig die Nase des 8 Monate alten Jacob. Er lächelt Sarah an und streckt die Hand aus, um Sarahs Gesicht zu berühren. Sie lachen beide und wenden sich dann wieder zur Tagesmutter, um sich auf ihre interessante Stimme zu konzentrieren. Nach ein paar Minuten wiederholen sie die spielerische Interaktion und erfreuen sich daran, einfach zusammen zu sein und sich unter den wachsamen Augen der verständnisvollen Erwachsenen gegenseitig zu berühren.

Kleinkinder sind gern mit ihren Freunden zusammen und umarmen sich, geben sich Küsschen und spielen in ihrer eigenen Art und Weise miteinander. Befreundete Kleinkinder helfen sich gegenseitig, teilen und spielen komplexere Spiele, als sie es mit anderen Peers tun, die nicht zu ihren Freunden gehören. Wenn die 2-jährige Marta morgens mit ihrer Mutter oder ihrem Vater zu ihrer Tageseinrichtung kommt, sieht sie sich um, ob ihre Freundin schon da ist.

Wenn diese noch nicht eingetroffen ist, guckt Marta traurig und sagt: „Wo Tina?“ Wenn diese dann kommt, begrüßt sie sie enthusiastisch, und beide Kinder verabschieden sich problemlos von ihren Eltern. Tina und Marta sind füreinander ein wichtiger Teil ihres

Lebens. Ihre Zuneigung zueinander ist im Laufe der Jahre, die sie gemeinsam in der Einrichtung verbracht haben, gewachsen.
Wenn Kleinst- und Kleinkinder lachen, vergnügt sind und miteinander Freude und Spaß zum Ausdruck bringen, dann zeigen sie ihre „Kleinkinder-Fröhlichkeit“ (Løkken, 2000a, 2000b). Das Lachen und vergnügte Kreischen hallt über den ganzen Spielplatz, wenn zwei Freunde sich fröhlich an den Händen halten und um einen Metallpfahl herumwirbeln, sich über den Platz jagen oder gemeinsam Blätter in die Luft werfen.

Junge Kinder brauchen für ein optimales sozial-emotionales Lernen Erwachsene, die sie unterstützen und für sie sorgen

Die Erwachsenen spielen eine entscheidende Rolle dabei, wie früh Kinder sich aufeinander beziehen! Kleine Kinder lernen soziale Einstellungen und Fähigkeiten von dem Verhalten der Erwachsenen in ihrem Umfeld. Eine sichere Bindung an bestimmte Erwachsene von Geburt an bis zum 3. Lebensjahr führt zu einer stabilen sozialen und emotionalen Entwicklung.

Durch ihre Beziehungen zu bestimmten Erwachsenen lernen Kleinst- und Kleinkinder, wie man sich in Beziehungen verhält. Ihre Fähigkeit, Mitgefühl mit anderen zu zeigen beginnt früh in ihrem Leben, wenn sie dies von Erwachsenen lernen, die einfühlsam und freundlich mit ihnen umgehen und Mitgefühl unterstützen. Wir können sieben wichtige Dinge hervorheben, die kleine Kinder von Ihnen lernen und mit Ihnen gemeinsam empfinden und die ihre soziale Kompetenz mit Peers untermauern und festigen:

„Soziale und emotionale Kompetenz haben ihre Wurzeln in den Beziehungen, die Kleinst- und Kleinkinder in den frühen Lebensjahren kennenlernen.“

Robin Peth-Pierce, Public Health Communications Consultant

- „Wenn wir uns sicher, geborgen und von dir beschützt fühlen, dann gehen wir auf Entdeckungsreisen und lernen dabei.“

- „Wir lernen etwas über Liebe, Freundlichkeit, Zuneigung und Fürsorge für andere – oder auch nicht."
- „Wir lernen, dass wir es wert sind, geliebt und beachtet zu werden."
- „Wir lernen über uns selbst und andere und wie man deren Sichtweise einnimmt."
- „Wir lernen, unsere Emotionen und Verhaltensweisen auszudrücken und zu regulieren."
- „Wir lernen das Spiel der Wechselseitigkeit."
- „Wir lernen soziale und emotionale Kompetenz."

Wenn wir uns sicher und geborgen und von dir beschützt fühlen, dann gehen wir auf Entdeckungsreisen und lernen dabei

Die kleine Talitha beobachtet die anderen Kleinkinder beim Spielen, verlässt dann den Platz an der Seite ihres Vaters und geht zu den anderen Kindern, die den Spielplatz in dem großen Einkaufszentrum erkunden. Sie sieht sich häufig zu ihrem Vater um, der sie anlächelt. Von Zeit zu Zeit läuft sie mit tapsigen Schritten zu ihm zurück und berührt sein Bein, als ob sie Energie tanken müsste für ihren Erkundungsgang ins Reich der Peers. Sie umarmt ein anderes kleines Kind, als diese neue Freundin sich verabschieden muss. Talithas liebevolle und vertrauensvolle Beziehung zu ihrem Vater beeinflusst ihre Art und Weise, wie sie mit den anderen kleinen Kindern spielt.

Um Beziehungen zu Peers zu fördern und zu verbessern, müssen Erwachsene zuerst auf ihre eigene Beziehung zu den Kindern achten. Wenn Kleinst- und Kleinkinder eine sensible körperliche Fürsorge, Schutz und Zuneigung erleben, entwickeln sie eine emotionale Bindung an die jeweiligen sie betreuenden Bezugspersonen. Wenn kleine Kinder sich sicher und emotional geborgen fühlen, sind ihre Eltern und Pädagoginnen ein sicherer Halt für sie (Bowlby, 1988). Sie verlassen sich auf die Fürsorge der vertrauten Erwachsenen. Sie fürchten sich weniger in neuen Situationen, wenn ihre wichtigsten Bezugspersonen anwesend sind. Sie wissen, dass die zu ihnen gehörenden Erwachsenen sich an ihnen erfreuen und auf sie aufpassen. Sie wissen, diese stehen für sie zur Verfügung, achten auf ihre Bedürfnisse und beeilen sich, sie zu trösten und zu umhegen, wenn sie Kummer haben (Bernard et al., 2013). Wir sagen, diese Kinder erleben sichere Bindungen (Ainsworth et al., 1978). Sichere Bindungen an vertraute Menschen bilden die Basis für optimale Beziehungen zu den Peers.

Sichere Bindungen an vertraute Menschen bilden die Basis für optimale Beziehungen zu den Peers.

Sichere Bindungen der Kleinst- und Kleinkinder zu ihren Bezugspersonen fördern Erkundungsverhalten und Lernen. Wenn die Erwachsenen eine sichere Basis bilden, können ältere Kleinst- und Kleinkinder sich von ihren primären Bezugspersonen lösen und ihre Umgebung erkunden. Sie wissen, dass sie zu ihren bevorzugten Bezugspersonen zurückkehren können, um emotional „aufzutanken" (Kaplan, 1978). Kinder sind emotional in der Lage, sich tief in das Lernen und in fröhliches Spielen mit ihren Peers zu versenken, wenn sie auf den Schutz durch ihre Bezugspersonen vertrauen können.
Zärtliche, zugewandte, kreative und sie aufrichtig wertschätzende Menschen helfen Kindern, ihr Vertrauen in Erwachsene zu festigen (Honig, 2014). Kleinst- und Kleinkinder, die

bei ihren Betreuern ein Gefühl der Geborgenheit oder der *„sicheren Bindung"* haben, agieren mit geringerer Wahrscheinlichkeit feindlich-aggressiv und spielen eher komplexe Spiele, wenn sie die Welt mit ihren Peers erkunden (Howes et al., 1994).
Kinder hingegen, die Unzuverlässigkeit in der Betreuung mit ihren Bezugspersonen erleben, haben unter Umständen das Bedürfnis, die meiste Zeit bei ihren Bezugspersonen zu bleiben. Diese Kinder erleben möglicherweise eine *„ambivalente Bindung"*. Sie hegen diesen Erwachsenen gegenüber ambivalente Gefühle. Sie suchen die Nähe, gleichzeitig fällt es ihnen aber schwer, bei diesen Bezugspersonen Trost zu finden. Wenn die Erwachsenen im Leben dieser Kinder mit ambivalenten Bindungserfahrungen sich von diesen nur schwer lösen können, dann könnten die Kinder auch den Eindruck gewinnen, die Welt sei gefährlich, und sie bleiben lieber in der Nähe der Erwachsenen. Sie fühlen sich nicht sicher genug, um ihre Umgebung zu erkunden und Spaß mit ihren Peers zu haben.

Kinder, die keine körperliche Nähe, zarte Berührung und wohlige Zufriedenheit bei ihren Betreuenden kennengelernt haben, verbergen möglicherweise ihr Bedürfnis nach Nähe und Zuneigung und meiden ihre Bezugspersonen (Nygren et al., 2012). Wir sagen, sie erleben eine *„vermeidende Bindung"* zu ihrer Bezugsperson. Sie vermeiden vielleicht auch den Kontakt zu Peers. Sie können diese verletzen, um sich selbst zu schützen, da sie glauben, ihre Peers würden sie verletzen.
Junge Kinder müssen das Gefühl haben, dass man sie schützt, tröstet und ihr sicherer Hafen ist. Die Erwachsenen sind der emotionale Anker, von dem aus sie sich herauswagen, um zu lernen und dieses mit Gleichaltrigen zu genießen.

Wir lernen etwas über Liebe, Freundlichkeit, Zuneigung und Fürsorge für andere – oder auch nicht

Familienmitglieder und Pädagoginnen sollten nicht unterschätzen, wie wichtig ihre Beziehung zu Kleinst- und Kleinkindern ist. Die Qualität der Beziehung von Kindern zu Erwachsenen hat einen starken Einfluss auf die Qualität der Beziehung der Kinder zu ihren Peers. Bei Erwachsenen, die auf physische und emotionale Hinweise reagieren, lernen Kleinst- und Kleinkinder, dass sie gut mit Beziehungen umgehen und dass diese Spaß machen können.
Kinder, die weniger harmonische Beziehungen zu ihren Bezugspersonen erleben, haben oftmals auch weniger harmonische Beziehungen zu Peers (McElwain et al., 2008). Kleinst- und Kleinkinder entwickeln die Art, wie sie andere Menschen als freundlich, vertrauenswürdig und hilfsbereit wahrnehmen, und das Gefühl dafür, wie schön es ist, sich zu umarmen, zuallererst in der Beziehung zu den Eltern, Betreuern, Pädagoginnen und anderen erwachsenen Bezugspersonen. Sie lernen also von *Ihnen*, wie man mit anderen umgeht. Sie lernen, was sie von anderen erwarten können. Kinder, die streng und mit viel Tadel behandelt werden, erwarten auch von anderen nicht, dass sie sie freundlich behandeln. Unter der Anleitung erwachsener Menschen lernen Kinder, wie Liebe sich anfühlt. Sie lernen Freundlichkeit – wie es sich anfühlt, wenn andere freundlich zu ihnen sind und wie man freundlich zu anderen ist. Sie lernen, wie man anderen seine Zuneigung zeigt. Sie lernen, wie es sich anfühlt, sich um andere zu kümmern und sie zu unterstützen.

> *„Tatsache ist: die Menschen sind gut. Gib ihnen Zuneigung und Sicherheit, und sie werden Zuneigung geben und sich sicher in ihren Emotionen und ihrem Verhalten fühlen."*
> *Abraham Maslow, Psychologe*

Kleinst- und Kleinkinder sind zu prosozialen Gefühlen und Verhaltensweisen fähig. Sie lernen in einem unterstützenden Umfeld Peers zu helfen, sie zu verteidigen, zu trösten und mit ihnen zu kooperieren. Ein Kleinkind, das eine befriedigende Beziehungsentwicklung erfahren hat, wirkt oft betroffen, wenn ein Peer traurig ist. Und wenn es kann, wird es versuchen einen Weg zu finden, um den Weinenden zu trösten. Empathie und die Fähigkeit, die Sichtweise eines anderen einnehmen zu können, sind vielleicht die beiden wichtigsten Gefühle und Kompetenzen, die Kindern dabei helfen, sich zu entwickeln und erfolgreich mit anderen Peers umzugehen. Die Empathie der Eltern und ihre positiven Anleitungsstrategien erlauben uns Prognosen darüber, wie die soziale Kompetenz eines Kleinkindes sich entwickeln wird (Christopher et al., 2013). Kinder, die Empathie von ihren Bezugspersonen erfahren, entwickeln mit größerer Wahrscheinlichkeit die Fähigkeit zur Empathie für andere (Sprayer / Roberts, 2004).

Wir lernen, dass wir es wert sind, geliebt und beachtet zu werden

Bin ich liebenswert? Kann ich etwas? Das Selbstbewusstsein der Kinder, das sie in ihre Interaktionen mit Peers hineintragen, beginnt sich in den ersten Beziehungen zu den für sie wichtigen Erwachsenen zu entwickeln. Ein Selbst, das voller Zuversicht ist, enge Beziehungen zu anderen aufbauen zu können, und das davon überzeugt ist, alle anderen seien wahrscheinlich mehr oder weniger angenehm und ansprechbar, entspringt diesen ersten Beziehungen.

Erwachsene beeinflussen also das Selbstwertgefühl von Kindern. Kinder erkennen sich in ihren Augen, Gesichtern und Stimmen wieder. Augen, die sie anstarren, finstere Gesichter und grobe Worte vermitteln dem Kind, es sei wertlos. Kinder, die sich wertlos fühlen, haben es schwerer mit Peers. Wenn liebevolle Erwachsene Freude an ihren Kindern haben, es lieben, mit ihnen zusammen zu sein und Zeit mit ihnen zu verbringen, ihre Zuneigung zeigen, fühlen die Kinder sich wertvoll, und ihre Zuversicht und Kompetenz wächst im Zusammensein mit den Erwachsenen und mit Peers.

Wir lernen über uns selbst und andere, und wie man deren Perspektive einnimmt

Von liebevollen Erwachsenen und durch ihre Unterstützung bei neuen Erfahrungen lernen junge Kinder, dass andere Menschen andere Gefühle und Sichtweisen haben als sie selbst, oder vielleicht auch ähnliche. Junge Kinder entwickeln im Verlauf ihres ersten Lebensjahres eine sogenannte *„Theory of Mind"* – das Verständnis, andere Menschen könnten Ideen und Überzeugungen haben, die sich von ihren eigenen unterscheiden. Langsam aber sicher begreifen sie, dass, wenn sie einem Spielkameraden ein Spielzeug wegnehmen, das andere Kind bestürzt darüber ist. Sie sehen, wenn sie sanft anfassen, wie ein anderes Kind lächelt. Sie lernen, was hilft, damit andere Kinder aufhören zu weinen und bringen ihnen vielleicht ihr Lieblingsspielzeug, um sie zu trösten.

Kleine Krabbelkinder bevorzugen Kinder und Erwachsene, denen das gefällt, was sie selbst machen. Mit Hilfe aufmerksamer Erwachsener lernen Kleinkinder, dass auch Kinder und Erwachsene, die andere Dinge bevorzugen, in Ordnung sind und genauso interessant sein können. Den Unterschied zwischen dem Selbst und anderen zu verstehen, ist der wichtigste Bestandteil einer stabilen sozialen Entwicklung.

Wir lernen, unsere Emotionen und Verhaltensweisen selbst zu regulieren

Emotionale Kompetenz eröffnet den Weg zu sozialer Kompetenz (Domitrovich, Cortes, Greenberg, 2007). Wenn ein dreijähriges Kind emotional kompetent ist, kann es meist Emotionen zum Ausdruck bringen, anstatt mit Aggression zu reagieren. Der emotional kompetente Dreijährige versteht auch, wie er die Emotionen anderer „lesen" muss – ob die Person traurig, ärgerlich, enttäuscht, aufgeregt oder glücklich ist –, und es ist ihm möglich, angemessen auf die Emotionen der anderen zu reagieren.
Emotionale Kompetenz beinhaltet Selbstregulation. Zur Selbstregulation gehört es, seine Emotionen und sein Verhalten zu steuern. Wenn ein dreijähriges Kind Selbstregulation zeigt, hat es einige Strategien entwickelt, mit denen es starke Emotionen handhabt. Es nuckelt vielleicht am Daumen, stampft mit den Füßen auf oder benutzt Wörter, um Erwachsenen oder Gleichaltrigen mitzuteilen, wie es sich fühlt.

> *Eine Dreijährige und ihre ein Jahr alte Schwester sitzen zusammen in der Badewanne. Die ältere, für die die jüngere eine richtige „Plage" ist, wendet sich der Mutter zu, die neben der Badewanne steht. Sie ruft mit sehr intensivem negativen Gefühl aus: „Oh, ich könnte sie hauen!" Die Mutter antwortet: „Du könntest sie hauen, aber ich bin so froh, dass du es mir gesagt hast, anstatt sie zu hauen."*

In diesem Beispiel zeigt die Dreijährige ihre emotionale Kompetenz und ihre Fähigkeit zur Selbstregulierung, indem sie ihre Gefühle zum Ausdruck bringt, anstatt ihre jüngere Schwester physisch zu verletzen. Ihre emotionale Kompetenz führte zu sozialer Kompetenz. Kinder verlassen sich auf die Hilfe Erwachsener, wenn sie ihre starken Emotionen kontrollieren müssen. Wenn wir selber auf den Zorn oder die negativen Gefühle kleiner Kinder mit noch mehr Zorn, Hänseln, Spott, Gleichgültigkeit oder anderen negativen Emotionen reagieren, setzen Kinder diese Strategien auch bei anderen ein. Wenn Erwachsene nicht wissen, wie sie ihren Kindern helfen sollen, ihre Emotionen zu steuern, oder wenn sie glauben, sie würden sie verwöhnen, wenn sie sie trösten, kann sich ein ständiger Kreislauf negativer Emotionen zwischen den Eltern und ihren Kindern – und zwischen den Kindern und ihren Peers – entwickeln (Kochanska / Kim, 2012).
Erwachsene helfen Kindern also dabei, ihre Selbstregulation zu entwickeln. Das folgende Beispiel eines Vaters mit seinem kleinen Sohn zeigt, wie Kinder durch ihre Beziehung zu Erwachsenen Selbstregulation lernen.

> *Der 15 Monate alte Siri rennt durch den einladend langen, weit offenen Flur eines Gesundheitszentrums, und er reißt dabei fast mehrere erwachsene Patienten um. Der Vater, der dicht hinter ihm bleibt, holt ihn ein, nimmt ihn an die Hand und führt ihn sanft zurück zu einigen Stufen, wo der Kleine das Hinauf- und Hinuntergehen im Wechselschritt üben kann.*

Mit dieser einfachen Handlung hilft der Vater Siri, sein Verhalten gegenüber seiner Umgebung zu regulieren oder anzupassen. Siri beginnt zu lernen, dass er nicht einfach wild durch einen Flur rennen kann, wenn viele andere Leute da sind. Ohne die Anleitung seines Vaters könnte Siri sehr schnell kopflos werden und gegen andere Menschen prallen, wenn seine Emotionen und seine körperliche Energie eskalieren. Später in der Kindertagesstätte können wir seine Versuche beobachten, sich selbst zu regulieren. Er rennt durch den Raum und stoppt, als er auf ein anderes kleines Kind zuschlittert, das noch sehr unsicher auf seinen Beinen ist.

Pädagoginnen helfen sehr jungen Kindern dabei zu lernen, wie sie sich selbst regulieren können, indem sie sie trösten, wenn sie unglücklich sind, und indem sie Vertrauen aufbauen. Und da diese Kinder gelernt haben, anderen zu vertrauen, können sie, wenn sie älter werden, eine Weile auf ihren Snack warten im Vertrauen darauf, dass er kommen wird, sie können während der Schlafenszeit ruhigbleiben, weil ihr Lieblingsbetreuer ihnen ja mit Sicherheit helfen wird, einzuschlafen und da sein wird, wenn sie aufwachen.

Wir lernen die Tanzschritte der Wechselseitigkeit

> *Wechselseitige Interaktionen formen die Architektur des Gehirns. Wenn ein Kleinst- oder ein Kleinkind brabbelt, gestikuliert oder weint und ein Erwachsener reagiert in angemessener Weise mit Augenkontakt, Worten oder einer Umarmung, entstehen im Gehirn des Kindes neuronale Verbindungen, die weiter verstärkt werden und die die Entwicklung der Kommunikation und der sozialen Fähigkeiten unterstützen. Ähnlich wie ein rasches Tennis-, Volleyball- oder Ping-Pong-Spiel macht dieses Hin und Her Spaß und erweitert das Können. (Center on the Developing Child, 2017e)*

Bei den ersten Beziehungen von Kleinstkindern spielen diese und ihre Betreuer ein kommunikatives Spiel. Als Erster übernimmt vielleicht der Erwachsene die Führung mit einem Lächeln und einigen Worten; dann wartet er geduldig, ob der Säugling ihm mit einem aufmerksamen Blick und Lauten folgt. Dann übernimmt vielleicht der Säugling die Initiative mit gurrenden Lauten, und der Erwachsene reagiert, indem er dem Kind in die Augen blickt, seine Geräusche nachahmt und dann ein paar weitere Laute hinzufügt. Erwachsener und Kleinstkind fahren eine Weile mit diesem körperlichen und lautlichen wechselseitigen Austausch fort, bis das Kleine eine Pause braucht und wegschaut, gähnt oder das Interesse verliert. Diese synchronisierten Wechselschritte werden viele Male am Tag ausgeführt und sind reziproke Interaktionen, die ein Geben und Nehmen beinhalten. Sie sind sowohl für den Erwachsenen als auch für das Kind befriedigend. Bei diesem schönen Austausch lernt das Kleinstkind, wie es mit anderen freiwillig und erfolgreich kommunizieren kann. Es lernt, wie durch Kommunikation Beziehungen gefördert werden. Kleinstkinder, deren Eltern sie zu diesen wechselseitigen Interaktionen ermunterten, zeigten mit 4 Jahren bessere Kompetenzen beim Umgang mit Gleichaltrigen (Hedenbro / Rydelius, 2014).

Kleinst- und Kleinkinder freuen sich über diese Zeiten, in denen sie und ihre Betreuer sich einander zuwenden. Es vermittelt ihrer Beziehung das Gefühl der Harmonie. Kleinstkinder gurren und die Erwachsenen gurren zurück. Die Kleinen zeigen auf etwas und die Erwachsenen schauen hin. Die Kleinkinder brabbeln und benutzen Wörter, und die Erwachsenen wiederholen das Gebrabbel und fügen neue Laute und Wörter hinzu, und dann warten sie, bis das Kind wieder brabbelt. Durch diese reagierenden, reziproken Interaktionen lernen kleine Kinder, dass Beziehungen wertvoll sind und Kommunikation zwei Richtungen hat. Diese wechselseitige Kommunikation hilft den Kindern dabei, sich auf etwas einzulassen, sie lernen abwechselnd zu geben und zu nehmen, fühlen sich anerkannt und lernen zuzuhören.

Wir erlernen soziale und emotionale Kompetenzen und Einstellungen gegenüber den Peers

Sehr kleine Kinder erlangen soziale Kompetenz durch zugewandte und liebevolle Erwachsene, die sie fördern. Kleine Kinder finden es schwer, ihre Bedürfnisse und Wünsche verbal auszudrücken. Sie benutzen oft ihren ganzen Körper, um Probleme zu lösen, anstatt einfach zu sprechen. Sie lernen gerade erst, ihre Bewegungen zu steuern, Emotionen sinnvoll für sich und andere auszudrücken, Empathie für andere zu empfinden, an die Sichtweise eines anderen zu denken und wirkungsvolles soziales Verhalten einzusetzen. Diese sozialen und emotionalen Fähigkeiten lernen sie während der ersten 3 Jahre ihres Lebens von für sie wichtigen Erwachsenen.

Die Erwachsenen zeigen den Kleinst- und Kleinkindern, wie man das schöne Haar eines anderen Kindes vorsichtig berührt, anstatt daran zu ziehen. Sie zeigen dem Kleinkind, wie es ein anderes Kind, das traurig ist, freundlich tätscheln kann. Sie zeigen, wie man jemanden zart umarmt. Sie bringen einem 2-Jährigen bei, wie er einen Spielkameraden darum bitten kann, ihn einmal mit dem begehrten Spielzeug spielen zu lassen. Ein Erwachsener gibt Anleitungen für soziale Fähigkeiten, ist Mentor, Coach und Lehrer für kleine Kinder.

Es ist deshalb wichtig für Erwachsene, sich mit der umfassenden Kompetenz der Kinder für Beziehungen zu Peers auszukennen. Wie Erwachsene diese Kompetenz verstehen, wirkt sich auf ihr Verhalten gegenüber den Kindern, die ihnen anvertraut sind, und auf ihre Methoden aus. Wenn Pädagoginnen zum Beispiel nicht wissen, wie freundlich Kinder ihren Peers gegenüber sein können, bieten sie ihnen vielleicht nicht die Art Unterstützung an, die diese brauchen, um eine freundliche Einstellung und Verhaltensweise zu entwickeln. Wenn andererseits Pädagoginnen Kinder als soziale Wesen verstehen, und ein Kleinst- oder Kleinkind andere imitiert und mit seinen kleinen aber kraftvollen Fäustchen auf den Tisch schlägt, erkennen diese Pädagoginnen das Verhalten als ein wichtiges soziales Experiment, an dem das Kind teilnimmt. Sie erfassen das Lernpotenzial solcher Interaktionen. Wenn sie etwas von dem Entwicklungsgeschehen verstehen, regen sie sich nicht auf, wenn solche Verhaltensweisen auftreten. Innerlich applaudieren sie und manchmal ermuntern sie auch ganz offen zu diesen vielleicht albernen, aber doch bedeutungsvollen Verhaltensweisen, obwohl es dann von Zeit zu Zeit im Raum für Kleinkinder sehr laut wird, weil diese vor glücklicher Energie überschäumen. Mit Unterstützung der Erwachsenen entwickeln sehr kleine Kinder ihre soziale Kompetenz und erleben die Freude an Beziehungen.

Kinder, die im Umgang mit Peers Konflikte empfinden und sich überfordert fühlen, brauchen bei ihren Beziehungen umgehend Hilfe. Wir müssen auf diese Kinder mit ihren Konflikten oder anderen Herausforderungen mit Peers achten, da eine Intervention im jungen Alter am wirkungsvollsten ist. Da die sozialen Erfahrungen einen so wesentlichen Teil des menschlichen Lebens darstellen, hat es Konsequenzen für Kinder, wenn sie in ihren sozialen Beziehungen nicht erfolgreich sind. Kinder, die nicht gemocht oder zurückgewiesen werden, die in sozialen Situationen isoliert oder furchtsam sind, sind gewöhnlich sehr unglücklich (Rubin, 2004). Die Zurückweisung durch Peers kann sehr früh beginnen und hat verheerende Auswirkungen auf die geistig-seelische Gesundheit eines Kindes.

Die Probleme, die ein Kind in seinem Leben fühlt, werden oft durch Peers sichtbar gemacht. Beziehungen zu Peers ermöglichen uns Rückschlüsse auf die Beziehungserfahrungen, die ein Kind gemacht hat.

Twilas Erlebnisse zu Hause waren traumatisch, und sie lebt nun in einem Kinderheim. Als Teilnehmerin des frühen Early Head Start Programms, schlägt Twila mit ihren 15 Monaten nach ihren Peers und versucht, sie im Gesicht zu kratzen, wenn sie ihr zu nahe kommen. Manchmal sucht sie nach den anderen Kindern, nur um ihnen wehzutun oder sie fortzustoßen. In ihrem kurzen Leben hat sie gelernt, dass sie sich vor anderen schützen muss. Sie hatte früher vielleicht einmal den Wunsch gehabt, sich den anderen zu nähern, aber die Erfahrung hat sie gelehrt, von niemandem – nicht einmal einem Gleichaltrigen – zu glauben, er würde ihr nicht wehtun. Sie hat gelernt, immer darauf vorbereitet zu sein, sich selbst verteidigen zu müssen. Ihr Verhalten den Peers gegenüber verrät uns, wie verletzlich Twila schon in diesem jungen Alter ist.

Junge Kinder können Kummer und Verzweiflung empfinden, was sie dazu veranlasst, sich von ihren Peers zurückzuziehen. In ihrer Gegenwart empfinden sie vielleicht Angst, Wut und Aggressivität. Sie haben scheinbar kein Interesse an ihnen. Sie wenden unter Umständen Strategien an, mit denen sie sich selbst und anderen schaden. Pädagogen fordern die Familien deshalb vielleicht auf, ihr Kind aus diesem Programm herauszunehmen. Diese Kinder, die traurig, ängstlich oder zornig sind, stellen eine besondere Herausforderung für die Pädagoginnen dar, aber wir dürfen nicht vergessen, wie sehr die Kinder selbst sich überfordert fühlen. Erwachsene brauchen einfühlsames Verständnis, Empathie und eine Vielzahl an Strategien, die ihnen beim Aufbau von Beziehungen helfen, um diese belasteten und belastenden Kinder zu unterstützen. Erwachsene haben die Möglichkeit, im Leben von Kleinst- und Kleinkindern (und ihren Familien) die entscheidende Veränderung zu bewirken, die ein Leben lang vorhält.

Kinder benötigen Programme im Rahmen einer fürsorglichen Gemeinschaft

Die Bindung an die Eltern steht für junge Kinder zwar an erster Stelle, dennoch können junge Kinder außerordentlich von Beziehungen zu anderen einfühlsamen Betreuern innerhalb und außerhalb der Familie profitieren. Dies beinhaltet aber auch, dass häufige Störungen im Ablauf der Betreuung, ein häufiger Wechsel des Betreuungspersonals und eine ungenügende Qualität der Interaktionen in Institutionen der frühkindlichen Betreuung die Fähigkeit der Kinder untergraben können, sichere Erwartungen demgegenüber zu entwickeln, ob und wie ihre Bedürfnisse befriedigt werden. (Center on the Developing Child, 2017d)

In Betreuungs- und Bildungseinrichtungen sowie in Heimen mit Familiengruppen sind Kleinst- und Kleinkinder Teil einer Gemeinschaft. In Betreuungseinrichtungen (Tagesmütter, Kitas) bilden Beziehungen die Basis, in denen einfühlsame Betreuer das Bedürfnis von Kleinst- und Kleinkindern nach Verlässlichkeit, Zugehörigkeit und anregenden Lernsituationen befriedigen können. Die Beziehungen der Betreuer zu den Familien – ein wichtiger Bestandteil jeder Einrichtung, die Beziehungen in den Mittelpunkt stellt – bilden auch eine stützende Struktur für die Interaktionen unter den Gleichaltrigen. In einer fürsorglichen Gemeinschaft liegt das Hauptaugenmerk auf gesunden Beziehungen: Diese reichen von den augenblicklichen Erzieher-Kind- und Kind-Kind-Interaktionen bis hin zu der Aufmerksamkeit, die der Familie gewidmet wird, der Struktur des Tages und des Programms, aber auch der Unterstützung, die den Betreuern in diesem Rahmen zuteil wird (Shin, 2015).

Ein positives, einfühlsames Verhalten der Erzieher war das entscheidende Merkmal in der Kinderbetreuung, das durchgehend mit positiver, geschickter Interaktion unter Peers in Kinderheimen und -tagesstätten in Verbindung gebracht wurde. (NICHD, 2001)

In Einrichtungen für Kinder von der Geburt bis zum 3. Lebensjahr steht für die Gemeinschaft die emotionale und soziale Entwicklung der Kinder an erster Stelle. Kleinkindbetreuer wissen, dass die soziale und emotionale Entwicklung die Grundlage für das Lernen bilden. Wenn Kleinkinder emotional und sozial gesund aufwachsen, fühlen sie sich wohl und lernen gut. Wenn sie sich geborgen und sicher fühlen, können sie sich auf das Spiel und ihre Peers konzentrieren. Wenn sie sich andererseits die meiste Zeit traurig, wütend und gestresst fühlen, werden sie mit geringerer Wahrscheinlichkeit soziale Kompetenzen und Lernfähigkeiten entwickeln. Manchmal haben Pädagoginnen die Befürchtung, Kinder würden verzogen oder übermäßig anspruchsvoll werden, wenn sie emotional immer zur Verfügung stehen, auf die Kinder eingehen und Empathie zeigen. Das Gegenteil ist wahr: Wenn sie nicht auf die Kinder eingehen, verhärten sich unter Umständen die Herzen der Kinder gegen ihre eigenen Gefühle und die der anderen. Kinder, die in ihrem Leben keine mitfühlenden Erwachsenen kennenlernen, können sehr fordernd werden oder sich aus Beziehungen zurückziehen.

Pädagoginnen und Familienmitglieder spielen eine wichtige Rolle im Leben von Kindern, die viel Zeit in Gruppen verbringen. Sie können persönliche Bindungen herstellen und eine räumliche Umgebung schaffen, die jungen Kindern dabei helfen, sich innerhalb sozialer Beziehungssysteme zu Individuen zu entwickeln. Wir können Gemeinschaften bilden, die auf Beziehungen basieren, und in denen die Betreuung sowohl durch eine Bezugsperson als auch durch die Kontinuität der Betreuung in die Praxis umgesetzt wird (Ebbeck et al., 2015; Kim, 2010). Wenn sich in einem Raum der Kita immer mehrere Erzieher gleichzeitig aufhalten, ist es schwer für Kleinst- und Kleinkinder, eine sichere Bindung zu einem der Erwachsenen zu entwickeln. In einem System, das den Ansatz der Primärbindung vertritt, wird eine besondere Beziehung zwischen einer kleinen Gruppe von Kindern und einer Erzieherin gefördert. Dieser Erzieherin wird die Aufgabe übertragen, die Bezugsperson zu sein, die eine sichere Bindung zwischen sich und den Kindern herstellt, indem sie die Kinder füttert, auf dem Schoß wiegt, die Windeln wechselt und sich, wann immer möglich, mit den Familienmitgliedern austauscht.

In einem primären Betreuungssystem bzw. Bezugsbetreuungssystem stellen alle Betreuer eine enge Bindung zu ihren Kleinst- und Kleinkindern her, indem sie ihnen emotional zugewandt sind und wertvolle Zeit mit ihnen beim Spielen und Geschichtenerzählen verbringen. Sie sprechen die Kleinen mit ihrem Namen an, reden mit ihnen, streicheln und umarmen sie und schenken ihnen ihre ungeteilte Aufmerksamkeit. (Ebbeck et al., 2015)

Hier können sich die Kinder entfalten, da ihre Bezugsperson sie gut kennt – ihre Eigenheiten, Interessen und Abneigungen. Die Kinder fühlen sich bei ihrer Bezugsperson geborgen und müssen sich nicht abmühen, verstanden zu werden. Sie haben eine sichere Basis, auf die sie zurückgreifen können, wenn sie beunruhigt sind oder emotionale Unterstützung brauchen (Ebbeck et al., 2015). Hierdurch verringert sich der Druck, der auf ihnen lastet. Die Bezugserzieherin kennt jedes Kind gut, einschließlich seiner Mimik, seiner Stimmgebung und seiner Bewegungen. Die Bezugsperson wird zum Dolmetscher seiner Bedürfnisse. Die Familie profitiert hiervon, denn sie erhält verständliche Informationen und lernt es, der Bezugsperson des Kindes zu vertrauen.

Es ist aber nicht immer möglich, Kinder in die Obhut ihrer Bezugsperson zu geben, daher müssen die Kinder sich bei allen Pädagoginnen der Einrichtung sicher und geborgen fühlen. Ein System mit Bezugspersonen bringt jedoch einen zusätzlichen Grad an Qualität und emotional-sozialer Bereicherung mit sich, wobei die Betonung auf der sicheren Bindung zwischen Erwachsenem und Kind liegt.

Von *Kontinuität in der Betreuung* spricht man, wenn Kinder und ihre Betreuer länger als 1 Jahr zusammenbleiben, vorzugsweise während der gesamten ersten 3 Jahre. Kontinuität in der Betreuung funktioniert gut in Einrichtungen, in denen alle Pädagoginnen eine sensible und zugewandte Fürsorge und interessante Lernerfahrungen gewährleisten. Bei einer desinteressierten Pädagogin wäre es natürlich nicht wünschenswert, wenn sie eine Gruppe Kinder über mehrere Jahre hinweg begleitet; wenn hingegen eine zugewandte und liebevolle Pädagogin sie über einen längeren Zeitraum betreut, gibt sie ihnen genau die Art von Unterstützung, die junge Kinder brauchen.
In ihrem Artikel „Molding to the Children: Primary Caregiving and Continuity of Care" erläutert die Autorin Rachel Theilheimer, dass Erzieherinnen die Kinder in ihren Gruppen so gut kennen würden, dass sie ihre Reaktionen den Bedürfnissen der Kinder anpassen können, mit dem Ergebnis, dass diese Kinder eine sichere Bindung an ihre Erzieherin entwickeln können (Honig, 2014). Auch untereinander kennen die Kinder sich gut. Es entwickeln sich eher Freundschaften, und das Spiel ist komplexer, wenn die Kinder länger als ein Jahr in ihrer Gruppe zusammenbleiben. Sie erleben weniger Stress, wenn sie weniger Übergänge zu verkraften haben (Cryer et al., 2005).
In schwedischen Curricula zu vorschulischen pädagogischen Zielen für Kinder zwischen 18 Monaten und 5 Jahren findet sich folgende Aussage von Fachleuten: „Die Vorschule sollte Mitgefühl und Einfühlungsvermögen des Kindes für andere fördern und stärken" (Lillvist, 2005). Wenn die Inhalte das Mitgefühl der Pädagoginnen für die Kinder und das Mitgefühl der Kinder untereinander in den Mittelpunkt stellen, können wir uns sehr wohl vorstellen, wie sicher und liebevoll solch eine Umgebung auf ein Kind wirken kann.
Aufgrund der sozialen Entwicklung junger Kinder können wir Vorhersagen treffen, denn diese Entwicklung ist das Produkt einer humanen mitfühlenden Gemeinschaft, der die Lebensqualität wichtig ist, welche die Kinder gemeinsam erfahren. In einer feinfühligen Institution sind Beziehungen – Erzieher-Eltern, Erzieher-Kind, Kind-Kind – der Schlüssel zu emotionaler, sozialer und physischer Gesundheit.

•••

Es gibt also viele Gründe, warum es wichtig ist, die soziale Entwicklung kleiner Kinder zu Peers genau im Auge zu behalten. Kleinst- und Kleinkinder verbringen Zeit zusammen. Diese Zeit soll wertvolle Zeit sein, voller Lernen und Freude. Junge Kinder sind soziale Wesen. Sie sind in der Lage, freundliches, liebevolles Verhalten zueinander zu zeigen. Sie befreunden sich viel früher untereinander, als man es bisher vermutet hat.

Erwachsene können viel bewirken, wenn sie Kindern helfen, sich sicher und geborgen zu fühlen, so dass sie in der Lage sind, mit Peers zusammen Dinge zu erkunden und zu lernen. Unter der Leitung von Erwachsenen lernen Kleinst- und Kleinkinder Beziehungen wertzuschätzen, sie bekommen das Gefühl, gut darin zu sein, Beziehungen zu knüpfen, und sie entwickeln die notwendigen Fertigkeiten für soziale Kompetenz. Es sind die Erwachsenen, die Kindern dabei helfen, mit negativen Emotionen umzugehen und positive zu erleben. Mit Bedacht unterstützen und bestärken sie Fähigkeiten, Interaktionen und Beziehungen der Peers. Betreuer organisieren das Umfeld und planen Aktivitäten,

in denen Beziehungen im Vordergrund stehen. Sie fördern das Wohlbefinden und die Beziehungen der Peers zueinander, indem sie den Druck herausnehmen und diesen sehr jungen Kindern Aufmerksamkeit, Zuneigung und Trost schenken und ihnen im Rahmen eines auf Beziehungen basierenden Programms Mut machen.
Erzieherinnen und andere Erwachsene spielen also eine bedeutende Rolle, wenn sie kleinen Kindern dabei helfen, ein Gefühl dafür zu entwickeln, erfolgreich für die eigenen Bedürfnisse einstehen zu können, zu lernen, dass andere Menschen auch Gefühle haben, und zu respektieren, dass diese Gefühle wichtig sind. Pädagoginnen und Familienangehörige erleben selbst Freude daran, jungen Kindern dabei zu helfen, sich der Menschheit verbunden zu fühlen und den Wert sozialer Beziehungen zu erkennen.

Kapitel 2

So viel mehr als Parallelspiel: Grundlagen der Beziehungen zwischen Kleinst- und Kleinkindern

Ein solch großer Teil der sozialen Entwicklung und des sozialen Lernens findet von der Geburt bis zum Alter von 3 Jahren statt, dass es eine Herausforderung ist, all das Wunderbare daran zu erfassen. Die soziale Kompetenz der Kleinst- und Kleinkinder im Umgang mit ihren Peers wächst exponentiell in ihren ersten drei Lebensjahren. Während dieser Zeit zeigen sie eine bemerkenswerte Steigerung ihrer Fähigkeit, in einer Gruppe auf andere einzugehen, Beziehungen zu entwickeln und sich einzufügen (Kawakami / Takai-Kawakami, 2015; Nichols, Svetlova, Brownell, 2015; Ross, Friedman, Field, 2015). Ist die Unterstützung Erwachsener gegeben, dann sind Kinder nur allzu gern bereit, auf unterschiedliche Art und Weise zu kommunizieren, sich auszutauschen und sich bei Spielen abzuwechseln; sie beginnen, anderen zu helfen, Empathie zu zeigen, andere zu verteidigen, zu kooperieren und bei Konflikten zu verhandeln.

Kleinst- und Kleinkinder entwickeln sich in Bezug auf ihr Erinnerungsvermögen, ihre Bewegungen und ihre Geschicklichkeit, was wiederum ihre Fähigkeiten im Zusammensein mit Peers erweitert. Ihre Zielstrebigkeit hinsichtlich bestimmter Wünsche wächst jeden Tag, wodurch Interaktionen mit Peers sowohl intensiviert als auch gestört werden. Sie beginnen recht früh, einander nachzuahmen, um von anderen zu lernen und sich mit ihnen zu verbinden. Sie erkunden Ursache und Wirkung mit einem Schubs oder Gekreisch, um den anderen zum Schreien oder Lachen zu bringen. Sie spielen „Alle mir nach!"-Spiele. Der Umgang miteinander wird komplexer, je weiter ihre Sprache und ihr Kommunikationsvermögen sich entwickeln. Sie beginnen, die Bedeutung von Besitz zu verstehen. Sie lernen, dass ihr Verhalten das der anderen beeinflusst und andere Menschen etwas anderes fühlen und wünschen können, als sie selbst. Sie lernen zu kooperieren und sich mit Gleichaltrigen anzufreunden, wenn liebevolle und emotional zugewandte Erwachsene anwesend sind.

In der Vergangenheit haben Forscher Peer-Interaktionen im frühen Alter als solitär oder parallel beschrieben (Parten, 1932). Beim *„Solitärspiel"* spielt jedes Kind für sich; beim *„Parallelspiel"* spielen Kinder Seite an Seite, scheinen sich des anderen aber nicht bewusst zu sein. Wenn wir meinen, kleine Kinder seien nur zu Solitär- oder Parallelspiel fähig, übersehen wir eine ganze Welt von Interessen, Lernen, Fähigkeiten, Möglichkeiten und Freuden mit Peers. Es gibt zwar Parallelspiel bei kleinen Kindern, aber ihre Interaktionen sind viel interessanter und komplexer, als es der Ausdruck *„Parallelspiel"* impliziert. Wie wir wissen, wachsen die Kompetenzen des Peer-Verhaltens aufgrund biologischer Entwicklungen. Drei andere Sichtweisen beschreiben, wie Kleinst- und Kleinkinder sich entwickeln und lernen: die konstruktivistische Sichtweise, das beziehungsbasierte Modell und das sozio-kulturelle Modell.

In der *konstruktivistischen Sichtweise* wird Lernen als permanenter Prozess der Wissensbildung durch Erfahrung verstanden. Wenn ein Kind etwas Neues erlebt, vergleicht es das neue Wissen mit dem, was es bereits weiß, und es entwickelt neue Ideen aufgrund dieser neuen Erfahrung.
In einem konstruktivistischen Lernmodell lernen Kleinst- und Kleinkinder fortwährend von ihren ersten Begegnungen mit Peers an. Ihre sozialen Interaktionen helfen ihnen, Vorstellungen darüber zu entwickeln, wie ihre Peers funktionieren, wie man kommuniziert und wie man sich befreundet. Fürsorgliche Erwachsene schaffen viele Möglichkeiten für Peers, um miteinander umzugehen (Piaget, 1952). Wenn Erwachsene ein prosoziales Verhalten vorleben, ahmen Kinder es nach und konstruieren ein positives Verständnis von Beziehungen.

Das *beziehungsbasierte Modell* erklärt ebenfalls, wie Kleinst- und Kleinkinder lernen, mit ihren Peers umzugehen. Die Erfahrungen, die kleine Kinder mit Erwachsenen gemacht haben beeinflussen, auf welche Art und Weise Kinder ihre Beziehungen zu Peers formen (Hinde, 1992). Diese sehr jungen Kinder lernen auch aus Erfahrungen mit Peers. Sie entwickeln aufgrund dieser Erfahrungen unterschiedliche Arten von Beziehungen zu den verschiedenen Peers. Sie suchen vielleicht die Nähe einiger von ihnen und befreunden sich mit ihnen, und lernen, anderen aus dem Weg zu gehen.

Im *soziokulturellen Modell* wird deutlich gemacht, welche wichtige Rolle Kultur, Familienmitglieder, Erzieher und kompetente Peers für die soziale Entwicklung von Kindern spielen (Vygotsky, 1987). Erwachsene geben kleinen Kinder ihre eigenen kulturellen Werte im Hinblick auf soziale Einstellungen und Fähigkeiten weiter und sind ihr Vorbild. Erwachsene erstellen ein *Gerüst* aus Unterstützung und Ermutigung für das Lernen der Kinder, indem sie diese beobachten und ihnen helfen zu begreifen, wie sie erfolgreich mit Peers umgehen können. Erwachsene fördern harmonische Interaktionen und Beziehungen von Peers, indem sie ein verständnisvolles und für die Entwicklung wirkungsvolles Umfeld und entsprechende Aktivitäten bereitstellen.
In diesem Kapitel stellen wir Überlegungen darüber an, welches Interesse alle kleinen Kinder an ihren Peers haben, wie sie mit ihnen kommunizieren, sie imitieren und in ihren

Meinungen mit diesen übereinstimmen. Dies sind ganz grundlegende soziale Einstellungen und Fähigkeiten, die nicht nur für die soziale Kompetenz bei Peers in diesen frühen Lebensjahren gelten, sondern für Beziehungen in ihrem ganzen weiteren Leben. Im gesamten Kapitel 2 werden Sie eine Vielzahl von Ideen finden, die Sie anwenden können, um Peer-Kompetenz zu fördern und um die Freude der Peers im Umgang miteinander zu unterstützen.

Peer-Interaktionen sind dynamisch

Im Allgemeinen möchten Peers miteinander spielen. Ihr Verhalten ist lebendig, voller Energie und Kraft. Wir nennen diese Interaktionen dynamisch, weil sie nicht nur Ausdruck dieser Lebendigkeit sondern auch eigenmotiviert sind. Peers *wollen* miteinander interagieren. Dies ist auch deshalb dynamisch, weil diese Aktivität voller gegenseitiger Einflüsse auf die Peers sind. Der physische und verbale Austausch, den wir zwischen Peers beobachten können, reißt die Interaktionen mit sich fort und formt Beziehungen.

Peers verfolgen gemeinsame Ziele

Sara krabbelt zu Sam, streckt die Hand aus und zieht ihn an den Haaren. Welche Absicht verfolgt sie damit? Was versucht sie zu erreichen? Ein Erwachsener, der dies beobachtet, könnte vermuten, dass Sara Sams Haar irgendwie interessant findet und herausfinden will, was es ist. Abhängig von ihrem Alter könnte sie auch eine Strategie ausprobiert haben, um Sams Aufmerksamkeit zu erregen. Kluge Eltern oder Lehrer würden Sara dann andere Möglichkeiten aufzeigen, mit denen es ihr besser gelingen würde, Sams freundliche Aufmerksamkeit zu erhalten.

Wenn Kleinstkinder sich zu Kleinkindern entwickeln, werden sie immer zielorientierter und möchten, dass „etwas geschieht“ oder „etwas funktioniert“. Kleinkinder beobachten das Ergebnis ihrer Handlungen, korrigieren sie und beeinflussen sie. Sie zeigen sich zunehmend glücklicher und zufriedener mit den Ergebnissen, als ob sie sagen wollten: „Ich hab‘s geschafft.“ Dieses zielorientierte Verhalten gegenüber Spielsachen und Objekten wird auf Peers übertragen. Sie versuchen, einen Peer zum Lachen zu bringen. Sie zeigen auf einen Käfer im Gras, um die Aufmerksamkeit eines Peers darauf zu lenken. Sie schlagen mit den Fäustchen auf den Tisch, in der Hoffnung, dass die anderen dann mitmachen. Ein Zweijähriger lenkt unter Umständen sogar die Aufmerksamkeit eines anderen ab, um ihm die Schaufel, die dieser im Sandkasten benutzt hat, wegzunehmen.

Sie teilen Bedeutungen miteinander

Ein bestimmtes Verhalten hat für sehr junge Kinder eine Bedeutung, die Erwachsene vielleicht nicht unmittelbar verstehen: Schlagen ist bei unter Zweijährigen ein Beispiel für eine Bedeutungsübereinstimmung. Aus der Sicht des Erwachsenen ist es aber inakzeptabel, wenn ein Kind ein anderes schlägt. In einer Gruppe von Kleinkindern wurde jedoch beobachtet, dass unterschiedliche Arten zu schlagen unterschiedliche Bedeutungen hatten, über die die Kinder sich einig waren. Tabelle 1 (S. 38) listet die Arten des Schlagens auf, ihre wahrscheinliche Bedeutung und die typischen Folgen.

Art des Schlagens	Bedeutung des Schlagens	Reaktion des Peers
Schlag mit offener Handfläche: ein leichtes Schlagen oder Streifen des Torsos oder einzelner Gliedmaßen	„Hey, lass mich in Ruhe."	Keine weitere Interaktion
Schlagen mit einem Objekt in der Hand, zum Beispiel einem Stofftier: ein leichtes Schlagen oder Streifen eines Körperteils	„Hey, willst du spielen?"	Positive oder neutrale Interaktion
Harter Schlag oder jede Art von Schlag an den Kopf	„Dong! Ich mag das nicht."	Negative Interaktion

Tabelle 1: Arten des Schlagens bei Kleinkindern, ihre Bedeutungen und Folgen
Nach: Brownlee, John, Bakeman, 1981. Hitting in Toddler-Peer Interaction Child Development 52(3): 1076-1079.

Die meisten Erwachsenen reagieren negativ, wenn Gleichaltrige sich gegenseitig schlagen. Wenn sie aber genauer hinsehen, beginnen sie zu begreifen, wie Kleinkinder das Verhalten anderer Kleinkinder interpretieren – nämlich durchaus in Übereinstimmung mit der Bedeutung des Verhaltens. Erwachsene können die Bedeutung respektieren, wenn Kinder sich schlagen, sie können die Kleinkinder aber gleichzeitig darin fördern, Wörter oder Zeichensprache zu benutzen, um *„meins"* oder *„nein"* oder *„Ich mag das nicht"* auszudrücken, anstatt zuzuschlagen.

Zweijährige scheinen diese übereinstimmenden, nonverbalen Bedeutungen besser zu verstehen als Ein- und Dreijährige. Einjährige sind unter Umständen noch nicht reif genug und Dreijährige reagieren möglicherweise besser auf Sprache als auf Gesten.
Bei welchen anderen Bedeutungen können kleine Kinder übereinstimmen? Die Wissenschaftler Jeffrey Brenner und Edward Mueller untersuchten die Peer-Beziehungen von Kleinkindern. Sie beobachteten Paare von Kleinkindern im Alter von 12 bis 18 Monaten in Spielgruppen. Nachdem sie die Paare mehr als 1.200 Minuten lang beobachtet hatten, identifizierten sie 12 gemeinsame Themen, die beide Kinder in der paarweisen Interaktion ihres Spiels miteinander verstanden hatten. Tabelle 2 beschreibt diese Themen und die Bedeutungsübereinstimmung.

Thema	Beobachtete Interaktion
Vokal, prosozial	Die Kinder sprechen miteinander, wenngleich ihre Botschaft vielleicht auch nicht aus Worten besteht.
Positiver Affekt, um Bedeutungsübereinstimmung zu zeigen	Die Kinder benutzen das Lachen, um ihr reziprokes Verständnis für die Handlungen des anderen zu zeigen. Sie ermuntern sich gegenseitig durch Lachen und/oder Lächeln dazu, ihre Vorführung zu wiederholen.
Vokales Kopieren	Die Kinder ahmen ihre Laute wechselseitig nach.
Motorisches Kopieren	Die Kinder ahmen die speziellen Bewegungen des anderen nach.
Durch den Vorhang laufen	Die Kinder laufen abwechselnd durch einen Vorhang. Ein Kind läuft durch den Vorhang und lässt dann dem anderen den Vortritt, indem es anhält und zuguckt und/oder eine positive Reaktion zeigt (Lachen, Lächeln usw.).
Rennen – Jagen (Rennen – Folgen)	Die Kinder rennen hintereinander her. Sie zeigen beide, dass dies eine soziale Interaktion ist, die ihnen Spaß macht, indem sie lachen, fröhlich kreischen oder über die Schulter zurückblicken.
Kuckuck-Spiel	Ein Kind versteckt sich und taucht plötzlich wieder auf, und das andere Kind geht darauf ein, indem es lächelt oder lacht. Das reagierende Kind kann sich dann selber verstecken.
Austausch von Objekten	Die Kinder tauschen ein Objekt aus. Sie verwenden die Verhaltensweisen *„Anbieten“* und *„Annehmen“*.
Kampf um Objektbesitz	Die Kinder kämpfen um den Besitz eines Objekts. Dies wird durch den Versuch der beiden deutlich, das Objekt zu bekommen oder zu behalten, und durch das Verstehen, dass der andere es haben will, zum Beispiel durch ein böses Gesicht oder vokalen Protest.
Aggression	Die Kinder kämpfen miteinander und/oder versuchen sich gegenseitig wehzutun. Dabei wählen sie Verhaltensweisen wie Schlagen, Treten oder mit einem Gegenstand Schlagen.
Raues Tobe-Spiel	Die Kinder spielen ein wildes Tobe-Spiel, bei dem sie sich gegenseitig kitzeln, anrempeln oder schubsen (alles mit direktem physischen Kontakt). Sie zeigen beide ihr gegenseitiges Einvernehmen durch Lächeln und Kreischen.
Gemeinsames Bezugnehmen	Die Kinder benennen oder bezeichnen ein Objekt oder einen Satz von Objekten, auf die sie abwechselnd zeigen und das Wort aussprechen.

Tabelle 2: Zwölf Interaktionsthemen von Kleinkindern
Nach: Brenner, Jeffrey, Mueller, 1982. „Shared Meaning in Boy Toddlers‘ Peer Relations.“ Child Development 53(2): 380-391.

Eine andere Bedeutungsübereinstimmung, die wir bei Kleinkindern festgestellt haben, ist Zuneigung. Wir haben beobachtet, wie zwei Kleinkinder sich mit den Nasen berühren, lächeln und sich voller Wärme und Freundlichkeit tätscheln, während sie ihrer Bezugsperson beim Vorlesen zuhören oder auch bei anderen ähnlichen Situationen.

Gemeinsam tanzen, Kuckuck spielen oder durch einen Vorhang rennen scheint auf den ersten Blick nur tanzen, Kuckuck spielen oder rennen zu sein; die Kleinkinder machen dabei aber viel mehr: Sie knüpfen durch die Bedeutungsübereinstimmung Beziehungen.

Sie spielen auf unterschiedliche Weise mit Peers, abhängig von ihrer Erfahrung mit ihnen

> *Evan und Matias spielen oft zusammen, da ihre Eltern befreundet sind. Evan nimmt Matias häufig das Spielzeug weg, wenn er mit ihm spielt. Matias hat gelernt, sein Spielzeug gut festzuhalten, wenn er mit Evan zusammen ist. Eigentlich zieht er es vor, alleine zu spielen.*

Wie Kinder mit den jeweiligen Peers umgehen, hängt von der Erfahrung ab, die sie miteinander gemacht haben und ihrer Beziehung zueinander. Wir sagen, diese Interaktionen sind ***„relational"***, da sie von der Qualität der Beziehung zwischen zwei Peers abhängen. Matias spielt anders, wenn er mit Peers zusammen ist, die ihm nicht so oft wie Evan etwas wegnehmen.
Kinder lernen, Freude aneinander zu haben, auf vielfältige Weise miteinander zu kommunizieren, gemeinsam aufmerksam zu sein (sich zur gleichen Zeit auf dieselbe Sache zu konzentrieren), Peers zu imitieren, um von ihnen zu lernen und eine Beziehung herzustellen, und um auf immer komplexere Weise zu spielen. Die Weiterentwicklung in diesen Bereichen bildet die Grundlage, auf deren Basis wesentliche prosoziale Haltungen und Fertigkeiten gelernt werden können, wie auch die Fähigkeit, Konflikte zu lösen und herausfordernde Empfindungen zu handhaben. All diese Bereiche zusammengenommen erlauben es den Peer-Beziehungen, sich erfolgreich zu entfalten.

Entwicklung und Lernen

Wenn wir uns mit jungen Kindern beschäftigen, können wir beobachten, wie gleichzeitig mit ihrer Entwicklung und dem Lernen in den ersten drei Lebensjahren ihre sozialen Kompetenzen voranschreiten. Wir möchten nun das Potenzial von Kindern der folgenden Altersgruppen verstehen und würdigen: Kleinstkinder, jüngere Kleinkinder und ältere Kleinkinder. Es gibt jedoch immer individuelle Unterschiede in Entwicklung und Lernen junger Kinder. Wichtig ist es, bei jedem Kind sorgfältig seine individuelle soziale Entwicklung, seine Lernstrategien, Interessen, Bedürfnisse, Stärken und Ziele zu betrachten, anstatt sich nur auf das Alter des Kindes zu konzentrieren. Erst dann können wir erfassen, wie wir jedes Kind in seinem individuellen Lernen fördern können.

Kleinstkinder

Kleinstkinder beziehen sich auf viele Arten auf ihre Peers. Sie sind soziale Wesen, die sich aneinander erfreuen können und sehr neugierig darauf sind, wie sich andere Kinder – besonders andere Kleinstkinder – verhalten.

Zwei Kleinstkinder, die dicht nebeneinander auf einer Decke liegen, berühren sich zufällig über den Zwischenraum zwischen ihnen hinweg an den Händen. Das eine wendet den Kopf dem zu, was seine Hand berührt hat. Das andere kann sich nicht dorthin wenden, um zu sehen, wo der eigene Körper endet und der des anderen Kindes beginnt.

Ein Kleinstkind erlebt mit all seinen Sinnen das andere Kind, das neben ihm liegt. Es sieht den Peer und fühlt ihn. Es versucht vielleicht ihn zu schmecken, wenn er dicht genug neben ihm liegt. Wenn es seinen Peer weinen hört, kann es selbst bekümmert werden. Es fängt gerade an, den Unterschied zwischen sich selbst und anderen zu erkennen.

Ein Kleinstkind liegt auf dem Bauch auf einem Stillkissen, Kopf und Hände ragen über das Kissen hinaus. Es kann das Kind, das etwas tiefer auf dem Boden liegt, sehen. Es streckt die Hand aus, um den kleinen Jungen zu berühren, und spürt dabei eine andere Person als sich selbst. Es lacht, wenn der Junge lacht, und es runzelt die Stirn, wenn es das andere Kleinstkind nicht ganz erreichen kann.

Das Kind ist sich des anderen Kindes, das etwas tiefer liegt, bewusst. Manchmal hat man jedoch den Eindruck, als würden Kleinstkinder den Unterschied zwischen anderen Babys und Objekten nicht bemerken. Wenn ein anderes Kind ein Spielzeug hält, scheinen sowohl das Spielzeug als auch die Hand des anderen Kindes Teil eines Objektes zu sein. Ein Kind kann einen Peer für seine eigenen Zwecke einsetzen, indem es zum Beispiel, wenn es sich umdrehen will, die Kleidung des anderen Kindes ergreift. Kleinstkinder erlernen erst die Unterschiede zwischen Selbst, Anderen und Objekten.

Sie finden Peers faszinierend

Wir haben alle schon erlebt, wie faszinierend junge Kinder einander finden. Ein Kleinstkind sieht ein anderes Kleinstkind von seiner eigenen Größe, und seine Augen beginnen vor Interesse zu leuchten. Junge Kinder scheinen festzustellen, ob die andere Person „wie ich" oder „anders als ich" ist (Meltzoff, 2011).

In einem Experiment zappelten 6 Monate alte Kleinstkinder mit den Armen, lächelten und stießen Laute aus und schienen ihre Vorliebe eher für Fotos von sechsmonatigen Kleinstkindern zu zeigen, als für neun- oder zwölfmonatige. Neunmonatige Kinder zeigten ihre Vorliebe sowohl für Fotos als auch Videos von Kleinstkindern ihres eigenen Alters, anstatt für sechs- oder zwölfmonatige. Sie schienen auch Kleinstkinder zu bevorzugen, die ihnen ähnlich sahen, statt solche, die noch babyhafter aussahen als sie selbst. Anscheinend erkennen Kleinstkinder andere Kleinstkinder, deren Gesichter und Bewegungen den ihren gleichen (Sanefuji, Ohgami, Hashiya, 2006).

Kleinstkinder beobachten voller Interesse die Gesichter und Bewegungen anderer Kinder. Ein 8 Monate altes Kleinstkind, das wir beobachteten, saß auf der Ecke eines großen Bogens Papier, strampelte mit den Füßen und sah aufmerksam zu, wie ein älteres Kleinstkind versuchte zu malen.

Die Fähigkeit, sich übereinander zu freuen, wächst in dieser Altersgruppe. Ältere Kleinstkinder machen den Anfang (Selby / Bradley, 2003) und stoßen zärtliche Laute aus (Porter, 2003). Robber (Kinder, die auf dem Bauch über den Boden robben) und Krabbler (Kinder, die sich auf Händen und Knien fortbewegen) bewegen sich oft auf sehr kreative Art und Weise, um die Distanz zwischen sich und einem Peer zu überwinden. Sie lachen voller Freude über die Handlung des anderen.

> *Der 8 Monate alte Peter sitzt auf dem Boden und lacht über die Albernheiten des 11 Monate alten Nathan. Bald reagieren beide Jungen aufeinander mit herzlichem und fröhlichem Lachen. Diese beiden Kleinstkinder haben ganz offensichtlich großen Spaß miteinander. (Porter, 2003)*

Sie entdecken Emotionen

Die Wissenschaftler Mariana Vaillant-Molina, Lorraine Bahrick und Ross Flom (2013) untersuchten, wie Kleinstkinder den Gesichtsausdruck anderer Kleinstkinder wahrnehmen. Sie wollten herausfinden, ob junge Kleinstkinder einen Gesichtsausdruck entweder als positiv (glücklich, freudig) oder negativ (zornig, frustriert) deuten können. In der Untersuchung sahen 5 Monate alte Kleinstkinder zwei Gesichter auf einem Bildschirm. Ein Gesicht hatte einen positiven emotionalen Ausdruck, das andere einen negativen. Dann spielten sie ihnen Töne von einem Kleinstkind vor, die entweder angenehm oder unangenehm waren. Bemerkenswerterweise blickten die Kleinstkinder auf das positive Gesicht, wenn sie die angenehmen Töne hörten, und auf das negative Gesicht, wenn sie die unangenehmen Töne hörten. Schon Kleinstkinder beginnen also, einen Gesichtsausdruck mit den Tönen zu verknüpfen, die Emotionen ausdrücken (Vaillant-Molina, Bahrick, Flom, 2013).

Sie kommunizieren, teilen gemeinsame Aufmerksamkeit und stellen Beziehungen her

Benjamin Bradley und Jane Selby untersuchten die Fähigkeit von Kleinstkindern, Beziehungen herzustellen, indem sie beobachteten, wie diese miteinander kommunizieren. Die Forscher brachten jeweils drei Kleinstkinder zwischen 6 und 10 Monaten in einen Raum. Sie saßen in ihren Buggys und konnten sich ansehen. Die Eltern gingen aus dem Raum und kehrten zurück, wenn ihr Kind sich unglücklich zeigte. Jedes Kind konnte mit den anderen beiden Kleinen gleichzeitig Kontakt aufnehmen, indem es zum Beispiel beide mit den Zehen berührte. Ein Kind quietschte und sah dann von einem Kleinstkind zum anderen, als ob es beide einbeziehen wollte. Die Kleinstkinder fanden Möglichkeiten, um die Aufmerksamkeit der anderen zu halten, indem sie lächelten, gestikulierten, aufeinander zeigten, häufig Laute produzierten und sich mit den Füßen berührten (Bradley / Selby, 2004; Bradley / Smithson, 2017; Selby / Bradley, 2003).

Das Kind Mona zog es vor, mit Joe Kontakt zu haben und nicht mit Ann. Mona zog ihren Fuß von Ann weg, nachdem Ann versucht hatte, sie mit den Zehen zu berühren. Als Joe sich dann wegdrehte und Ann anlächelte, fing Mona an zu weinen, weil sie beobachtete, wie Joe sie *„verließ"*. Ein anderes Kind, das häufig zur Tür sah, um zu schauen, wohin die Mutter gegangen war, hielt seinen eigenen Zeh fest, offensichtlich, um sich selbst „zusammenzuhalten". Es verbrachte mehr Zeit damit, die anderen Kinder anzusehen, wenn es seinen Zeh hielt, als wenn es das nicht machte. Die Autoren schlossen daraus, dass Kleinstkinder auf viele Arten miteinander kommunizieren (sowohl wenn sie sich einander zuwenden als auch wenn sie sich zurückziehen), und dass es starke Gefühle in der Gruppe gibt.
Sind ältere Kleinstkinder erst einmal ein Jahr alt, kommunizieren sie untereinander auf viele verschiedene Arten. Sie beobachten andere Kleinstkinder und folgen ihren Blicken (Shin, 2012). Sie haben es gelernt zu beobachten, wie Peers sich interessante Handlungen oder Objekte ansehen. Dann krabbeln oder gehen sie zu dem spannenden Objekt. Sie erleben gemeinsame Aufmerksamkeit, wenn beide Kinder sich auf ein anderes Kind oder Spielzeug konzentrieren. Sie zeigen darauf, als wollten sie sagen: „Guck mal da" oder „Was ist das?" oder „Gib mir das" (Brownell et al., 2006; Shin, 2012). Kleinstkinder verstehen die Absichten der anderen. Sie lächeln sich an, als wollten sie sagen: „Du hast mich verstanden." Die Fähigkeit der Kleinstkinder, sich mit 12 Monaten gemeinsam auf etwas zu konzentrieren, erlaubt eine Vorhersage ihrer sozialen Kompetenz mit 30 Monaten (Van Hecke et al., 2007).
Es folgt nun ein Beispiel für gemeinsame Aufmerksamkeit, gegenseitiges Verstehen der Absichten und die Macht des Lächelns.

> *Die 10 Monate alte Alia sitzt auf dem Boden und spielt mit einer Plastikeisenbahn. Der 9 Monate alte Kevin krabbelt zu Alia und blickt dann abwechselnd auf den Zug und auf Alia. Kevin hebt die Eisenbahn hoch. Alia sieht Kevin an, steht auf und geht zu einem großen, grünen Ball. Alia fängt an, auf den Ball zu schlagen. Kevin lächelt Alia an, als sie ihn anblickt. Dann robbt Kevin zu Alia hinüber. Alia und Kevin schlagen gemeinsam auf den Ball und kichern. (Shin, 2012)*

Spielzeug ist interessant, aber das, was andere Kinder mit ihm machen, ist noch interessanter. In diesem Beispiel erregt der grüne Ball Alias Aufmerksamkeit. Aber es ist das, was sie mit ihm macht, was Kevin zum Lächeln bringt.
Manchmal jedoch ist es das Spielzeug selbst, das eine soziale Interaktion auslöst.

Spielzeug ist ein Anreiz zur Interaktion

Die Augen eines Kleinstkindes fokussieren ein Spielzeug in der Hand eines anderen Kindes und das erste Kind versucht vielleicht, das Spielzeug zu berühren. Einige Erwachsene versuchen dann eventuell, die Annäherung des ersten Kindes an das andere zu verhindern. Es gibt aber viele positive Aspekte, wenn ein Einjähriger versucht, einen Gegenstand, den ein Peer in der Hand hält, zu berühren. Statt das Verhalten der Kleinstkinder zu unterbrechen, denken Sie stattdessen daran, wie nah sich die beiden jetzt sind und wie die Chancen wachsen, dass sie nicht nur auf das Spielzeug blicken sondern sich gegenseitig ansehen. Sie fangen möglicherweise an, sich füreinander zu interessieren – der Anfang einer Beziehung. Betrachten wir das Berühren des Spielzeuges von diesem

Standpunkt aus, dann sollten wir das als Anlass nehmen, um über die möglichen Intentionen der Kinder aus deren Perspektive nachzudenken.
Am Ende des ersten Lebensjahres möchten Kleinstkinder Kontakt zu ihren Peers über das Spielzeug bekommen. Sie halten ein Spielzeug hoch, um es ihren Peers zu zeigen. Sie können Beziehungen entwickeln, wenn sie gemeinsam mit einem Peer in den Spiegel schauen. Spielzeug kann ein Impuls für Interaktionen sein.

Junge Kleinkinder

In diesem Stadium führt die größere Mobilität zu viel mehr Interaktionen mit Peers. Die Fähigkeit, schnell zu krabbeln, sich zum Stand hochzuziehen, ein Spielzeug an sich zu ziehen, öffnet die Welt. Kleinkinder können auf unterschiedliche Art mit ihren Peers zusammen sein.

Sie kommunizieren auf viele Arten

Kleinkinder haben eine erstaunliche Anzahl von Möglichkeiten, um zu kommunizieren. Am häufigsten jedoch kommunizieren sie nonverbal „schweigend und durch Bewegung“ (Kultti, 2015). Kleinkinder „machen ‚Musik‘ zusammen, komponieren spielerisch durch ihre Fröhlichkeit ein ‚wir‘ ...“ (Løkken, 2000a).
Sie unterhalten sich durch Bewegung und Handlung. Ein Gespräch unter Peers kann aus einer Reihe von Blicken oder aus kinästhetischem Tanz bestehen. Kleinkinder haben einen Kleinkind-Stil – einen sozialen Stil, der rennen, springen, trampeln, sich verdrehen, hüpfen, toben, schreien, den Kopf schütteln, unvermittelt fallen und lachen umfasst (Løkken, 2000b).
Kinder dieser Altersgruppe fangen an, soziale Sequenzen, Spiele und Routinehandlungen durchzuspielen. Zwei 14 Monate alte Kinder wurden zum Beispiel dabei beobachtet, wie sie das Spiel „das Papier ablecken“ spielten. Eins leckte das Stück Papier und reichte es dann dem anderen zum Lecken hin. So ging es hin und her, bis eines von ihnen beschloss, nicht zu lecken, als es an der Reihe war, was dem Partner nicht gefiel (Løkken, 2000b). Im weiteren Verlauf veränderten sie kleine Teilstücke des Spiels und reagierten auf die positive oder negative physische Kommunikation des anderen. Løkken betont, dass „die Handlung der Kinder zeigte, wie sie versuchten, die Handlung des anderen zu verstehen und sich anzupassen“. Es ist nicht immer notwendig, an einem Stück Papier zu lecken, wenn man sich mit jemandem anfreunden will, aber in diesem Fall vertiefte es ganz eindeutig die Beziehung.
In einer Einrichtung für Kinderbetreuung und -förderung beobachtete die Forscherin Phyllis Porter (2003) einige wunderbare Peer-Interaktionen zwischen Kleinstkindern, die zwischen 12 und 18 Monate alt waren. Sie kommunizierten weitgehend über Bewegung. Im Alter von 12 Monaten spielten die Kleinstkinder miteinander, initiierten Spiele und regten zu Handlungen an. Durch das Gehen wurden die Hände frei, und sie boten sich gegenseitig Spiele und Essen an. Sie versuchten sogar, die Jüngeren mit dem Fläschchen zu füttern. Ihre umfangreichere Beweglichkeit und Hilfsbereitschaft förderte die Sozialisation. Ein 13 Monate altes Mädchen übernahm die Führung in einer Gruppe von 8, 11 und 13 Monate alten Kindern. Es bot ihnen Spielzeug und Essen an. Ein 14 Monate altes Kind spielte Kuckuck unter einer Doppeldecker-Konstruktion aus Laufstall und Labyrinth. Es überredete andere Kinder, mit ihm zu spielen. Kleinkinder kümmern sich oft umeinander. Ein Kind steckte jüngeren, quengelnden Kleinstkindern einen Schnuller in den Mund. Andere Kleinkinder boten den jüngeren ihre Lieblingsdecke oder ihr Trostspielzeug an, um den Kummer zu lindern.

Junge Kleinkinder kommunizieren über Gesichtsausdruck und Gesten. Sie lernen, wie man miteinander spielt und Freunde findet. In Untersuchungen, die vor mehr als dreißig Jahren durchgeführt wurden, beobachtete Montagner (nach Berichten von Pines, 1984) viele Kommunikationsstile von Kleinkindern. Sie können trösten, beruhigen, Zuneigung zeigen, andere Kleinkinder zum Spielen auffordern, indem sie den Kopf zur Seite neigen, Spielzeug anbieten und zusammen Geräusche machen. Sie können andere Kinder bedrohen mit Stirnrunzeln, Fäusten, zusammengebissenen Zähnen, erhobenen Armen oder mit vorgestrecktem Kopf. Sie können den Peers wehtun durch schlagen, beißen, kratzen, kneifen oder ein Spielzeug an sich reißen. Sie zeigen Furcht, indem sie ihr Gesicht mit angewinkelten Armen schützen, ihren Kopf zurückziehen, weinen oder weglaufen. Sie können ihre Isolation deutlich machen, indem sie am Daumen oder an ihrer Sicherheitsdecke nuckeln, sich von den Peers entfernen oder alleine weinen.
Kinder, die sich als Anführer der Peers hervortun, benutzen viele der liebevollen und tröstenden Techniken, und sie verteidigen sich nur dann durch drohendes Verhalten, wenn es notwendig ist.

Junge Kinder lernen auch, Kindern aus dem Weg zu gehen, die anderen wehtun. Wenn wir uns auf die nonverbalen Hinweise konzentrieren, die junge Kinder untereinander benutzen, beginnen wir ihre bemerkenswerte Fähigkeit zu begreifen, Wünsche, Ängste und Ziele zu kommunizieren. Sich gemeinsam bewegen, herumrennen und sich jagen, Kuckuck spielen, Gegenstände austauschen und sich gegenseitig nachmachen ist eine sehr nachdrückliche Art der Kinder, miteinander umzugehen (Howard et al., 2015; Over / Carpenter, 2012).
Junge Kleinkinder stellen durch Beobachten und Stille Beziehungen zueinander her. Wenn sie sich nicht bewegen, beobachten sie vielleicht gerade. Wir glauben vielleicht, ein Kleinkind, das andere beobachtet, fürchtet sich davor, beim Spiel seiner Peers mitzumachen. Wir denken, das Kleinkind ist vielleicht müde und möchte bei der Pädagogin auftanken. Das kann zutreffen; dieses gezielte Beobachten eines Peers ist jedoch notwendig als Grundlage für die Bildung einer Beziehung (Davis / Degotardi, 2015). Kleinkinder beobachten ihre Peers, um etwas über die Aktivitäten der anderen zu lernen. Sie beobachten, weil sie an anderen interessiert sind. Sie beobachten, weil sie an einer gemeinsamen Aktivität teilhaben möchten. Erst beobachten sie und dann ahmen sie die anderen nach, um beim Spiel einer Gruppe mitzumachen (Davis et al., 2015). Das Beobachten der Peers ist also eine wichtige Strategie, die von den Kindern verfolgt wird, um zu lernen, wie man mit anderen umgeht, um Fertigkeiten bei Spielen zu erwerben und um das Spiel der anderen zu respektieren, bevor man sich dazugesellt (Kultti, 2015).

Sie imitieren – die ernsthafteste Art, eine Beziehung anzuknüpfen

Imitation beginnt gleich nach der Geburt, wenn Kleinstkinder einen Erwachsenen nachmachen, der die Zunge herausstreckt und wartet, ob das Kind ihn nachahmt. Im ersten Lebensjahr wechseln Kleinstkinder sich oft bei dieser Interaktion mit einem Erwachsenen ab, wobei der Erwachsene das Kleinstkind imitiert und das Kleinstkind den Erwachsenen. Im zweiten und dritten Lebensjahr jedoch imitieren Kinder Erwachsene auf komplexere Art und Weise, und auch die Peers werden allmählich auf interessante Weise nachgemacht.
Sie könnten sich zum Beispiel fragen, warum der 18 Monate alte Charlie plötzlich anfängt, andere Kleinkinder zu schlagen. Dann fällt Ihnen ein, dass Charlie sehr genau beobachtet hat, wie Gabe seine Mutter schlug, als sie ihn am Tag zuvor abholte. Charlie kann jetzt die Handlung eines Peers beobachten, im Gedächtnis festhalten und am nächsten Tag dasselbe Verhalten einem Peer gegenüber zeigen. Kleinkinder imitieren nicht nur Peers,

sie können sogar eine dreistufige Abfolge nachmachen. Sie imitieren Peers häufiger als Erwachsene (im Rahmen eines Laborversuchs) und können sich auch nach einem gewissen Zeitraum an die Handlungen erinnern (Meltzoff, 2011).
Ein Kleinkind klatscht in die Hände und ein anderes macht mit. Eins wirft einen Ball und das andere ebenfalls. Eins versucht, auf dem Schoß der Erzieherin zu sitzen und das andere ist schnell da und versucht es auch. Imitation ist eine sehr wirkungsvolle Methode, wie Kleinst- und Kleinkinder von Erwachsenen und voneinander lernen können. Wenn es bei dem Imitieren darum geht, etwas zu lernen, machen junge Kinder eher Erwachsene oder schon geschicktere Peers nach (Zmyj / Seehagen, 2013).
Einer der wichtigsten Gründe, warum kleine Kinder etwas nachahmen, ist jedoch ein sozialer (Zmyj / Seehagen, 2013). Lachen bricht aus, wenn ein Kleinkind eine Fliege durch den Raum scheucht und ein anderes Kleinkind rennt hinter ihm her und wiederholt dabei sogar die Worte des ersten: „Flieg weg, Fliege!" Durch das Imitieren fühlen Kinder sich im Einklang miteinander und sind sich der Emotionen der anderen bewusst; sie erleben Wechselseitigkeit mit ihnen. Welch ein Spaß! Über das Nachahmen kommunizieren Kleinkinder miteinander (Trevarthen, 2001) und erwecken die Aufmerksamkeit eines Peers (Davis / Degotardi, 2015). Während die Peers einander imitieren, entsteht zwischen ihnen eine emotionale Verbindung.

Über die Imitation nehmen junge Kinder wichtige Informationen zum Unterschied zwischen dem Selbst und anderen auf. Sie sehen sich selbst in anderen, wenn diese sie nachahmen – dies nennt sich *„bidirektionale Brücke"* (Meltzoff, 2007). Kinder überqueren diese Brücke täglich viele Male, um Beziehungen zu knüpfen. Sie lernen und probieren aus, in welcher Weise andere Kinder genauso sind wie sie, oder eben ganz anders.

Imitation scheint bis zum Alter von zweieinhalb Jahren immer mehr Raum einzunehmen. Wenn Kinder dann nach und nach die Sprache besser beherrschen, nimmt das Imitieren von Peers ab (Nadel et al., 1999). Wenn die sprachlichen Fertigkeiten zunehmen, benutzen Kinder also eher Wörter, um etwas über Beziehungen zu lernen und sie zu gestalten. Wenn Sie Kinder beobachten, versuchen Sie zu erkennen, wie früh die Kinder einander imitieren. Achten Sie auch darauf, wie sie Beziehungen durch Nachahmen aufbauen und stärken.

Sie sagen *„meins"* und lernen, *„deins"* zu sagen

Es ist sowohl für Peers als auch für Erwachsene eine Herausforderung, wenn Kinder *„meins"* sagen und dabei ein geliebtes Objekt, das sie seit der Geburt besessen haben oder erst seit ein paar Minuten, ganz festhalten. Die Wissenschaftlerin Dale Hay (2006) hat untersucht, wie sich Aggression unter Kleinkindern verringert, wenn die Kinder den Unterschied zwischen Besitz und Eigentum verstehen. Sie untersuchte 66 britische Kleinkinder in ihrem Zuhause mit vertrauten Peers. Diejenigen, die anfingen, das Wort *„meins"* zwischen 18 und 24 Monaten zu benutzen, verwendeten mit größerer Wahrscheinlichkeit mit 24 Monaten das Wort *„deins"* und teilten Dinge mit anderen. Das Begreifen, was *„meins"* bedeutet, geht dem Begreifen von *„deins"* voraus und dem Bewusstsein, dass auch andere Menschen das Recht auf Dinge haben (Hay, 2006). Pädagoginnen können also feiern, wenn sie ein älteres Kleinkind *„meins"* sagen hören. Die Kinder lernen dabei fortgeschrittenes Vokabular und Sozialverhalten!

Kleinkinder verteilen Spielzeug eigentlich eher, als dass sie es verschenken, und denken vielleicht, sie müssten es zurückbekommen, wenn sie das wünschen. Wie man am folgenden Beispiel sieht, kann dieses Missverstehen von *„verteilen"* und *„verschenken"* zu einem Konflikt zwischen Peers beitragen.

> *Jason hält drei Plastikflaschen mit gefärbtem Wasser fest umklammert, dann gibt er sie seinen Peers. Nach ein paar Minuten besteht er darauf, sie wieder einzusammeln. Natürlich wollen die Kleinkinder, die jetzt diese begehrten, bunten Flaschen besitzen, sie nicht wieder zurückgeben. Jason fängt an zu weinen, während er sich nach einer der Flaschen ausstreckt, und er wendet sich an die Erzieherin um Hilfe. Sie sagt zu Jason: „Das war nett von dir, dass du die Flaschen mit deinen Freunden* geteilt (Hervorhebung d.d. Lektorat) *hast. Teilen macht deine Freunde glücklich." (DaRos / Kovach, 1998)*

*Das Begreifen, was „**meins**" bedeutet, geht dem Begreifen von „**deins**" voraus und dem Bewusstsein, dass auch andere Menschen das Recht auf Dinge haben (Hay, 2006). Erzieher können also feiern, wenn sie ein älteres Kleinkind „**meins**" sagen hören. Die Kinder lernen dabei fortgeschrittenes Vokabular und Sozialverhalten!*

Jason hat nicht geteilt! Da er nur eine begrenzte Vorstellung von dem Begriff *„Besitz"* hat, scheint er geglaubt zu haben, seine Peers würden die Flaschen zurückgeben, wenn er sie wiederhaben will.

Er hat sie an andere verteilt, damit diese sie einen Augenblick lang halten konnten, aber er erwartete von ihnen, sie bereitwillig und schnell zurückzugeben (Wittmer / Petersen, 2017). Betrachten wir die Situation aus Jasons Sicht, können wir Kindern helfen, das Problem anders zu lösen, als wenn wir davon ausgehen, dass Jason einfach nicht teilen will. Wenn wir Kindern helfen, das Problem vom Standpunkt anderer Kinder aus zu betrachten, lernen sie den Perspektivenwechsel – eine Fähigkeit der *„theory of mind"*.

Ältere Kleinkinder

> *Im dritten Lebensjahr gehen die Kinder bei einem kooperativen Spiel mehr auf die Handlungen und Wünsche der Peers ein, und sie beeinflussen aktiv und wechselseitig das Verhalten und die Ziele der anderen. (Brownell, Ramani, Zerwas, 2006)*

Sie spielen immer komplexere Spiele

Kleinkinder pflegen ihre Beziehungen primär über das gemeinsame Spiel. Spiel ist eine Aktivität, die dem Kind nicht abverlangt werden muss, sondern in dem es natürlicherweise ganz aufgeht. Es gibt viele Ziele für das Spielen – die Umgebung soll beherrscht, Fähigkeiten geübt, negative Gefühle überwunden und neues Können erworben werden – aber eines der wichtigsten Ziele des sozialen Spiels liegt darin, Beziehungen zu Peers herzustellen und sich an ihnen zu erfreuen.

Im Spiel wachsen Kleinst- und Kleinkinder in ihrer emotionalen, kognitiven und sprachlichen Entwicklung. Sehr junge Kinder haben Freude daran, sich zu bemühen, eine Beziehung zueinander herzustellen und zu kommunizieren. Kleinstkinder müssen Zeit auf dem Boden verbringen, um sich bewegen, greifen, schütteln, rasseln und Spielzeug rollen zu können. Wenn sie sich dem ersten Geburtstag nähern, müssen sie Zeit haben, um zu sitzen, zu krabbeln und mit Objekten und den anderen Kindern zu experimentieren. Vom zwölften bis zum achtzehnten Monat erkennen wir *„reziprokes Spiel"*, in dem Kinder sich bei Spielen wie Rennen und Jagen und Kuckuck abwechseln. Etwa im Alter von 16 Monaten spielen sie *„kooperative ‚so tun als ob' Spiele"*, zum Beispiel abwechselnd so tun, als ob man mit dem Spielzeugtelefon telefoniert. Sind sie etwa 36 Monate alt, spie-

Peer-Interaktionen entfalten sich weniger gut, wenn alle Kinder zusammen von einer Aktivität zur nächsten gesteuert werden und nie die Gelegenheit haben, ihre eigene Wahl aus einem verlockenden Angebot von Material und Peers zu treffen. Ist entspannte Zeit für das Spiel gegeben, so gelingen auch die sozialen Interaktionen.

len ältere Kleinkinder *„komplementäre soziale Rollenspiele"*, wie zum Beispiel Mutter und Vater, Hund oder Baby (Howes / Matheson, 1992).
Kleinkinder brauchen Spielzeit, in der sie sich aus einer spannenden Auswahl von Material, Spielzeug und Spielkameraden bedienen können. Peer-Interaktionen entfalten sich weniger gut, wenn alle Kinder zusammen von einer Aktivität zur nächsten gesteuert werden und nie die Gelegenheit haben, ihre eigene Wahl aus einem verlockenden Angebot von Material und Peers zu treffen. Ist entspannte Zeit für das Spiel gegeben, so gelingen auch die sozialen Interaktionen.

Sie benutzen ihre Wörter

Ältere Kleinkinder benutzen ihr Vokabular auch miteinander. Ein oder zwei Wörter sind voller Bedeutung für Peers. Die Wissenschaftler George Forman und Ellen Hall (2005b) versichern, man könne Einblick in das Denken von Kleinkindern erhalten, wenn man ihr Verhalten beobachtet. In Tabelle 3 finden Sie Beispiele aus ihren Untersuchungen.

Ziel	Beobachtetes Verhalten
Ein Skript für ein Rollenspiel entwickeln	„John benutzte das Wort ‚lecker' als Teil eines Rollenspiels, um das kooperative Spiel mit Andy zu bekräftigen."
Die Bedeutung eines Objektes erklären	„Sophia sagte ‚kochen', um Nicholas zu erklären, dass das Metallgefäß ein wichtiger Teil in ihrem ‚so tun als ob'-Spiel ist."
Das Gefühl der Zugehörigkeit zu einer sozialen Gruppe fördern	„Johns Reden über seine ‚große Kugel' veranlasst Kaytlin, sich an dem Gespräch zu beteiligen, indem sie das Material ‚Ton' benennt."

Tabelle 3: Die Absicht hinter Kleinkind-Wörtern

Laut Forman und Hall (2005b) „festigten die Kinder ihre Erfahrung, Teil einer Gruppe zu sein, und förderten ein frühes Freundschaftsgefühl, indem sie Sprache und Laute der anderen nachmachten".
Welche Gespräche haben Sie selbst von Zweijährigen gehört? Die Wissenschaftlerin Elin E. Ødegaard (2006) wollte wissen, worüber Zweijährige sich bei den Mahlzeiten unterhielten. Die Kinder, die sie beobachtete, führten tiefgehende Gespräche über das Leben und über Gefühle. Ein kleines Kind verwickelte seine Peers in ein Gespräch über ein furchterregendes Erlebnis, indem es eine Geschichte über den Weihnachtsmann im Stadtzentrum erzählte und sagte: „Der finstere Weihnachtsmann war da."
Wie entscheiden Kinder, wer reden soll? Kennen sie die Gesprächsregeln? Zwei Kinder kämpften bei demselben Gespräch zu den Mahlzeiten darum, wer das Vorrecht auf eine Geschichte hatte. Die fast dreijährige Ane erhob ihre Faust und schrie ein anderes Kind an: „Ich rede!" Sehr bald antwortete ihr das andere Kind zornig: „Ah, *ich* rede." Dieser Konflikt zwischen den beiden Kindern hielt bis in die Spielzeit hinein an.
Gespräche zwischen Peers – sowohl in Gegenwart als auch in Abwesenheit von Erwachsenen – unterstützen deutlich den Lernprozess der Kinder. Im Laufe ihrer Gespräche stimmen die Kinder die Bedeutung und die Satzstrukturen ihrer Worte aufeinander ab. Wenn Erwachsene nachdenkliche Fragen stellen und Kommentare abgeben, beginnt ein Kind vielleicht, das Reden über das „Hier und Jetzt" (Ereignisse und Objekte der Gegenwart)

zu verlassen und über das „Dort und Dann" (Ereignisse und Objekte, die sich nicht in der Gegenwart befinden) zu sprechen. Dies fördert die kognitive Entwicklung.
Erwachsene lernen, indem sie den Fragen kleiner Kinder zuhören. Wenn sie über die Worte und die Gespräche zwischen den Peers nachdenken, lernen die Erzieher etwas über die Kulturen der Kinder und über ihre Erfahrungen in den Beziehungen zu den Erwachsenen und Peers in ihrem Leben. Sie lernen etwas über die Gefühle der Kinder, ihre sprachliche Kompetenz und ihre Erfahrungen. Es macht Spaß und ist wertvoll, kleinen Kindern bei ihren Gesprächen zuzuhören.

Sie unterrichten sich gegenseitig und leiten einander an

Von „steuernder Handlung" sprechen wir, wenn ein Kind die Interaktion regelt, indem es die Handlungen des anderen Kindes durch Auffordern, Vormachen und affektive Signale (nonverbale Kommunikation) auf ein Ziel hinleitet. Ein zweijähriges Kind übernimmt die Steuerung des Lernens und unterrichtet bzw. leitet das andere Kind bei der Erkundung. In dem folgenden Beispiel scheint der 25 Monate alte Bridger die anderen Kinder über Schatten zu unterrichten:
„Da ist dein Schatten", sagt er zu den anderen Kindern und leitet sie an, auf ihren Schatten an diesem sonnigen Tag zu achten. Ein anderer Junge fragt Bridger: „Wo findest du deinen Schatten?" Bridger antwortet: „Unter deinen Füßen." Er zeigt auf seine eigenen Füße, wodurch er sie dazu bringt, nach unten zu schauen: „Ihr steht da drauf."
Andere zu leiten und zu unterrichten ist ein weiterer Weg für Peers, um Beziehungen untereinander zu entwickeln. Tabelle 4 (S. 50ff.) zeigt eine Zusammenfassung der grundlegenden sozialen Entwicklung und des sozialen Lernens von der Geburt bis zum Alter von drei Jahren. Ähnliche Entwicklungstabellen werden die prosoziale Entwicklung und prosoziales Lernen in Kapitel 3 (S. 57) und die Konfliktentwicklung und Konfliktbeherrschung in Kapitel 4 (s. S. 71) ausführlich darstellen. Eine zusammenfassende Aufstellung über das gesamte Entwicklungs- und Lernpotenzial findet sich im Anhang (s. S. 193).

Alter	Soziale Entwicklung
0–4 Monate	▪ Kleinstkinder sehen einander gerne an. ▪ Mit 3 bis 4 Monaten kann ein Kleinstkind ein anderes Kleinstkind anlächeln. ▪ Ein 3 Monate altes Kleinstkind, das auf dem Rücken liegt, kann die Hand nach einem Peer, der neben ihm liegt, ausstrecken und ihn berühren.
4–8 Monate	▪ Kleinstkinder mögen andere Kleinstkinder gern ansehen, sich ihnen nähern und sie zu etwas anregen (Selby / Bradley, 2003). ▪ Kleinstkinder gurren, lächeln und lachen einander an (Porter, 2003). ▪ Mit 5 Monaten können Kleinstkinder einen lautlichen Ausdruck (positiv oder negativ) dem passenden Gesichtsausdruck anderer Kleinstkinder zuordnen (Vaillant-Molina, Bahrick, Flom, 2013). ▪ Schon mit 6 Monaten sind Kleinstkinder interessierter an fremden Peers als an erwachsenen Fremden (Brooks / Lewis, 1976). ▪ 6 Monate alte Kleinstkinder werden bei Fotos von 6 Monate alten Kindern aufgeregter, als bei Fotos von 9 Monate alten (Sanefuji, Ohgami, Hashiya, 2006). ▪ Kleinstkinder können mit ihrem ganzen Körper mit Peers interagieren: gegen sie rollen, über sie hinwegkrabbeln, an ihnen lecken oder nuckeln oder auf ihnen sitzen. ▪ 7 Monate alte Kinder können zwischen einem zornigen und einem ängstlichen Gesichtsausdruck unterscheiden – und sie reagieren mehr auf den zornigen (Kobiella, Grossmann, Reid, Striano, 2008).
8–12 Monate	▪ Im Sitzen können Kleinstkinder ein anderes Baby anstupsen, stoßen oder tätscheln, um zu sehen, was es macht. Sie scheinen oft sehr überrascht über die Reaktion, die sie auslösen. ▪ Kleinstkinder berühren sich gern gegenseitig oder krabbeln umeinander und nebeneinander herum. ▪ 9 Monate alte Kinder ziehen es vor, sich Fotos und Filme von Gleichaltrigen anzuschauen (Sanefuji, Ohgami, Hashiya, 2006). ▪ 10 bis 12 Monate alte Kleinstkinder ziehen es vor, sich Kinder ihres eigenen Geschlechts anzusehen (Kujawski / Bower, 1993). ▪ Kuckuck ist ein beliebtes Spiel in diesem Alter, aber es muss meist von einem Erwachsenen begonnen werden. ▪ Wenn ein Kleinstkind neben ein einzelnes anderes Kleinstkind gesetzt wird, kommt es häufiger und auf komplexere und intensivere Art zu einer Peer-Interaktion, als wenn es mit mehreren Peers zusammen ist. ▪ Kleinstkinder können die Ziele eines anderen verstehen und regeln ihr eigenes Verhalten vor dem Hintergrund dieses Bewusstseins (Brownell, Ramani, Zervas, 2006). ▪ Da Kleinstkinder jetzt zielorientierter sind, als in einem früheren Stadium, stoßen sie die Hand eines anderen Kleinstkindes unter Umständen von einem Spielzeug weg oder krabbeln über ein anderes hinweg, um sich ein Spielzeug zu holen. ▪ Verhalten, das auf Peers ausgerichtet ist, nimmt bei Einjährigen auffällig zu. Wissenschaftler schließen daraus, dass Kleinkinder differenzierte und anspruchsvolle soziale Wesen sind (Kawakami / Takai-Kawakami, 2015).
12–18 Monate	▪ Kleinkinder berühren Objekte, die ein Peer in der Hand hat. Das können wir als eine positive Aufforderung und als Zeichen interaktiver Kompetenz deuten (Eckerman, Whatley, McGehee, 1979). ▪ Kleinkinder zeigen oder geben einem anderen Kind Spielzeug (Porter, 2003). ▪ Kleinkinder zeigen auf ein Spielzeug, wobei sie gemeinsam mit dem anderen Kind die Aufmerksamkeit darauf richten (Shin, 2012).

Alter	Soziale Entwicklung
12–18 Monate *(Fortsetzung)*	■ Die Fähigkeit von Kleinstkindern, im Alter von 12 Monaten gemeinsam die Aufmerksamkeit auf etwas zu richten, erlaubt eine Vorhersage über ihre soziale Kompetenz mit 30 Monaten (Van Hecke et al., 2007). ■ Kleinkinder fordern andere Kleinstkinder zum Spielen auf (Porter, 2003). ■ Kleinkinder können sich in diesem Alter gegenseitig nachmachen – zum Beispiel schlagen sie oft in einer fröhlichen Sinfonie beim Essen die Löffel auf den Tisch. Durch das Nachahmen kommunizieren sie miteinander (Trevarthen / Aitken, 2001). ■ Handlungen werden in der Absicht, ein Ziel zu erreichen, ausgeführt; die Ziele können sich jedoch von einem Augenblick zum nächsten ändern (Jennings, 2004). ■ Kleinkinder kommunizieren unter Einsatz des Körpers (Løkken, 2000b; Porter, 2003) und durch Schweigen und Bewegung (Kultti, 2015). ■ Kinder kommunizieren auf vielfältige Weise: mit beschwichtigenden Handlungen, drohendem Verhalten, aggressivem Verhalten, Gesten der Furcht und des Rückzugs und Handlungen, die Isolierung zur Folge haben (Pines, 1984). ■ Kleinstkinder haben mindestens zwölf gemeinschaftliche Themen in ihrem Spiel; zum Beispiel kann es eine positive Gefühlsregung sein, die sie teilen. Mit Lachen zeigen sie, dass sie die Handlung des anderen verstehen. Sie ermuntern den anderen, seine Handlung zu wiederholen, indem sie lachen und/oder lächeln (Brenner / Mueller, 1982). ■ Kleinkinder sind kleine Wissenschaftler, die experimentieren um herauszufinden, wie etwas funktioniert. Dies wirkt sich darauf aus, wie sie mit den Peers auskommen. Sie machen ständig etwas bei anderen Kindern, um zu sehen, welche Reaktion sie erhalten. ■ Zwischen 13 und 15 Monaten zeigen Kinder handlungsbezogenen Rollentausch in sozialen Spielen, wie Rennen und einander Jagen oder Kuckuckspielen (Howes / Matheson, 1992). ■ Im Alter von 14 bis 18 Monaten können Kinder Sequenzen aus 3 Schritten nachahmen und Peers besser imitieren, als sie Erwachsene imitieren (Ryalls, Gul, Ryalls, 2000; Zmyj, Aschersleben, Prinz, Daum, 2012). ■ Im Alter von 14 bis 18 Monaten können Kinder ihre Peers, die sie beobachtet haben, von 5 Minuten bis hin zu 48 Stunden danach noch nachahmen (man hatte den Peers bestimmte Handlungen mit ihrem Spielzeug beigebracht) (Hanna / Meltzoff, 1993). ■ Zwischen dem 16. und 20. Lebensmonat spielen 50% der Kinder reziproke Spiele und 5% beginnen mit kooperativem sozialen Rollenspiel – sie übernehmen komplementäre Rollen innerhalb der sozialen „so tun als ob"-Spiele (Howes / Matheson, 1992). ■ Kleinkinder haben Freude daran, sich gemeinsam Bücher anzusehen. Sie bilden dabei eine informelle Gruppe, der sie sich beliebig zugesellen oder sie verlassen können, und sie sitzen auf den Beinen, dem Schoß oder im Arm ihres geliebten Elternteils oder ihrer Lieblingserzieherin. ■ Kleinkinder lieben Sand und Wasser und das Spiel mit bruchsicheren (!) Flaschen und Bällen. Wenn jedes von ihnen einen eigenen Behälter oder Bottich mit Wasser oder Sand hat, verläuft das Spiel reibungsloser.
18–24 Monate	■ Im Alter zwischen 19 und 23 Monaten spielen 56% der Kinder komplementäre und wechselseitige Spiele (Rennen und Jagen, Kuckuck) und 6% spielen kooperative soziale Rollenspiele (Howes / Matheson, 1992). ■ Kleinkinder können kinästhetisch miteinander kommunizieren, wobei sie lernen sich im Spiel abzuwechseln, wenn sie dem Anführer folgen und im Raum umhergehen – in die Gruppe hinein und hinaus, mal Anführer sind und mal folgen – so wie man in einem Gespräch mal zuhört und mal redet (Løkken, 2000a, 2000b).

Alter	Soziale Entwicklung
18–24 Monate *(Fortsetzung)*	▪ Kleinkinder können sich versammeln, eine Traube bilden und sich zusammentun. Wenn ein Erzieher anfängt, mit einem Kind etwas Interessantes zu tun, kommen die anderen oft aus allen Ecken des Raumes angerannt. ▪ Kleinkinder können zusammen mit Bauklötzen bauen, wobei zum Beispiel eines der Anführer ist und das andere ihm folgt (Porter, 2003). ▪ Kleinkinder können auf ein gemeinsames Ziel hinarbeiten. ▪ Die Kinder fangen erst jetzt an zu verstehen, dass die Vorlieben anderer sich von ihren eigenen unterscheiden, und sie nehmen den Standpunkt des anderen ein. ▪ Kinder, die im Alter zwischen 18 und 24 Monaten anfangen „*meins*" zu sagen, sagen mit größerer Wahrscheinlichkeit „*deins*" im Alter von 24 Monaten und können dann mit anderen teilen (Hay, 2006).
24–36 Monate	▪ Ältere Kleinkinder teilen Vorstellungen von Bedeutungen. Zum Beispiel haben unterschiedliche Arten des Schlagens unterschiedliche Bedeutungen (Brownlee / Bakeman, 1981). ▪ Ältere Kleinkinder werden zu echten Sozialpartnern. Die meisten 27 Monate alten Kinder können kooperieren, um eine Aufgabe zu erfüllen (Brownell, Ramani, Zerwas, 2006). ▪ Viele ältere Kleinkinder verstehen den Unterschied zwischen Eigentum und Besitz (Fasig, 2000); dennoch ist es immer noch schwierig für sie, den Drang zu beherrschen, mit einem attraktiven Spielzeug spielen zu wollen, das ein anderes Kind hat. ▪ Ältere Kleinkinder benutzen eine Vielzahl von Wörtern für eine Vielzahl von Funktionen, um zum Beispiel etwas zu beschreiben, Unterschiede zu erklären, das Gefühl der Zugehörigkeit zu einer sozialen Gruppe zu fördern und das Skript für ein Rollenspiel zu entwickeln (Forman / Hall, 2005b). ▪ Ältere Kleinkinder leiten andere Kinder durch Vorsagen, Zeigen und affektive Signale mit Blick auf ein Ziel (Eckerman / Peterman, 2001).

Tabelle 4: Grundlegende Peer-Entwicklungs- und Lerntabelle (Geburt bis 3 Jahre)

Unterschiede bei Individuen und Gruppen

Jedes Kind bringt seine individuellen Eigenschaften in die Interaktionen mit Peers mit ein. Temperament, Geschlecht, Erfahrung und Sprache der Kinder beeinflussen ihre Beziehungen zu den Peers. Kinder mit Behinderungen lernen ebenfalls viel durch die Interaktionen mit ihren Peers. Beginnen wir mit der Betrachtung, wie das Temperament die Peer-Interaktionen beeinflusst.

Temperament

Ein Kleinkind möchte zum Beispiel lieber in der Nähe seiner Pädagogin bleiben und nicht mit seinen Peers auf Erkundung gehen. Dieses Kleinkind muss vielleicht erst einmal Liebe und Zutrauen tanken, bevor es mit anderen Gleichaltrigen hinausgehen und Neues auskundschaften kann. Ein anderes Kleinkind rennt los, aber vergewissert sich oft, indem es schnell zurückflitzt und den Kopf im Schoß der Pädagogin verbirgt. Ein weiteres Kind, das gerade angefangen hat zu laufen, geht für längere Zeit von der sicheren Seite der Erzieherin fort, sucht aber ihren Blick, wenn es an ihr mit unsicheren Schritten vorbeiläuft, und ist sich sicher, dass die Pädagogin auf es aufpasst.
Sehr quirlige Kinder sind im Allgemeinen fröhlich und voller Energie. Sie sind oft aufgeregt und erregbar. Wenn diese Kinder ihre Gefühle zur angemessenen Zeit beherrschen

können, werden sie im Zentrum der Aufmerksamkeit stehen. Wenn sie es nicht können und zu heftig umarmen, zu laut kreischen und zu schnell im Raum umherlaufen, werden sie unter Umständen von ihren Peers gemieden (Dennis, Hong, Solomon, 2010). Diese Kinder brauchen fürsorgliche Erwachsene, die Freude an ihnen haben, ihre Überschwänglichkeit teilen und ihnen helfen, ihre starken Gefühle in die richtigen Bahnen zu lenken.

Kinder, die schüchtern, vorsichtig oder ängstlich sind, fühlen sich möglicherweise von den Beziehungen zu ihren Peers überfordert. Schüchterne Kinder sind oft zögerlich und vorsichtig, bevor sie sich anderen Kindern nähern, um mit ihnen zu spielen, und sie brauchen für den ersten Schritt die Unterstützung der Erwachsenen. Erwachsene sollten wenn nötig bei diesen Kindern bleiben, bis diese sich wohlfühlen. Kinder, die ängstlich sind, ziehen sich oft zurück – selbst von Peers, die sie schon lange Zeit kennen. Ermuntern Sie diese Kinder, Ihnen wie einem Schatten zu folgen, bis sie sich bei den vertrauten Erziehern im Raum wohl und sicher fühlen. Dann kann der vertraute Erwachsene das Kind vielleicht dazu bewegen, mit seiner Unterstützung mit den Peers zu spielen.

Dieses Thema werden wir in Kapitel 5 wieder aufgreifen.

Gender

Im älteren Kleinkindalter beginnt die Zeit, in der Jungen es oft vorziehen, mit Jungen zu spielen und Mädchen mit anderen Mädchen. Diese Gendertrennung entwickelt sich, weil Kleinkinder sich zu Peers hingezogen fühlen, deren Spielstil zu ihrem eigenen passt.

In einer Studie stellten Brenda Todd, John Berry und Sara Thommessen fest, dass viele Jungen im Alter von 9 bis 32 Monaten *„aktive"* Spielzeuge bevorzugten, wie z.B. Autos, Lastwagen und Bälle, während viele Mädchen in demselben Alter *„pflegerisches"* Spielzeug vorzogen, wie Puppen, Teddys und Kochutensilien (Todd, Berry, Thommessen, 2016). Nach Meinung der Forscher verstärken sich diese Vorlieben im Laufe der Kleinkindzeit.

Sobald Jungen und Mädchen die Vorstellung entwickeln, dass bestimmte Spielzeuge nur für Jungen und andere nur für Mädchen bestimmt sind, ermuntern Sie die Kinder, mit vielen unterschiedlichen Spielzeugen zu spielen, indem Sie ihnen Bilder zeigen, auf denen beide, Jungen und Mädchen, mit vielen unterschiedlichen Arten von Material und Spielzeug spielen. Wählen Sie zum Vorlesen auch Bücher aus, in denen die Gender-Stereotypen in Frage gestellt werden: Zeigen Sie zum Beispiel Mädchen und Jungen, die sowohl ruhig mit ihrem Spielzeug als auch aktiv auf dem Spielplatz spielen (Wittmer / Petersen, 2017).

Kultur und Sprache

Zahlreiche Kleinst- und Kleinkinder wachsen mehrsprachig auf. Da die Interaktionen zwischen Kleinst- und Kleinkindern meist nonverbal sind, hat dies auf die Peer-Beziehungen in diesem Alter wenig Auswirkung. Zweijährige verwenden untereinander Wörter aus der Sprache, die sie lernen. Ihre Sprache ist meist konkret – sie sprechen über das, was vor ihnen ist. Die Kinder scheinen intuitiv herauszufinden, was das andere Kind benennt oder was es möchte.

Peers mit Behinderungen[1]

Kinder mit diagnostizierten besonderen Bedürfnissen befinden sich in inklusiven Einrichtungen zusammen mit nichtbehinderten Kindern. Die Motivation, von Peers zu lernen, ist etwas Großartiges! Bringen Sie nicht-mobile Kinder mit ihren Peers zusammen. Benutzen Sie entsprechende Hilfsmittel, um die Teilhabe der Kinder zu fördern. Finden Sie Möglichkeiten für ein Kind mit Kommunikationsstörungen, um bspw. Gebärdensprache mit den Peers zu verwenden oder Kommunikationstafeln. Helfen Sie einem behinderten Kind dabei, das Spiel „Auf-den-Tisch-Schlagen" oder „Geben-und-Zurückgeben" zu spielen. Ein attraktives Spielzeug in der Hand eines Kindes mit Behinderung kann ein anderes Kind dazu anregen, das Objekt zu berühren und eine Interaktion zu beginnen.

Ermuntern Sie Kinder ohne Behinderung, Zeit mit Kindern mit Behinderung zu verbringen. Machen Sie Bemerkungen darüber, in welcher Weise die Kinder gleich sind, anstatt zu sagen, worin sie sich unterscheiden: „Sieh mal, Tamaras Augen sind braun, genau wie deine" (Wittmer / Petersen, 2017). Geben Sie zum Beispiel Kleinkindern die Möglichkeit, ein anderes Kind in einem kleinen Wagen zu ziehen, wenn sie dazu in der Lage sind. Geben Sie den Kindern Zeit und Raum, um zu lernen, miteinander umzugehen. Da Pädagoginnen sich möglicherweise die meiste Zeit in der Nähe der Kleinkinder mit Behinderungen aufhalten, könnte die Peer-Interaktion dadurch verhindert werden. Pädagoginnen sollten zeitweise bewusst Kinder mit Behinderungen mit ihren Peers zusammenbringen und diskret aus dem Hintergrund beobachten, wie das Miteinander verläuft.

•••

Kleinst- und Kleinkinder sind aktiv Lernende. Sie setzen sich Ziele und verwenden eine Vielzahl an Strategien, um ihre Ziele zu erreichen, wozu auch die Handlungen der Peers untereinander gehören. Sie zeigen in der frühen Kleinstkinderzeit Interesse an ihren Peers und ziehen es vor, gleichaltrige Peers zu beobachten, statt jüngere oder ältere. Ältere Kleinstkinder lachen miteinander.

Wenn sie älter werden, stimmen sie bezüglich der Bedeutungen mit den anderen Kindern überein; sie imitieren andere Kinder und fangen an, wechselseitige und synchrone Interaktionen gemeinsam auszuführen. Ihr Spiel wird komplexer. In jedem Entwicklungsstadium lernen sie erstaunliche neue Fertigkeiten und werden auf diesem Weg zu Experten im Umgang mit ihren Peers.

Im nächsten Kapitel betrachten wir die Möglichkeiten, wie Betreuer Kleinst- und Kleinkinder in ihrem sozialen Lernen fördern können.

Die Anleitung durch Erwachsene ist unabdingbar, wenn die großen Möglichkeiten, die den Kindern bei der Knüpfung ihrer Beziehungen untereinander zur Verfügung stehen, genutzt werden sollen. Erwachsene bereiten den Boden für die sozialen Interaktionen der Kinder. Das Verstehen der frühen sozialen Entwicklung, empathisches Beobachten und mitfühlende, proaktive Ansätze, die den Kindern dabei helfen sollen, soziale Kompetenz zu erwerben – das sind die Schlüssel, die den Kindern Tür und Tor für erfolgreiche Beziehungen öffnen.

[1] Anmerkung des Lektorats: Zu diesem Thema empfehlen wir das Buch „Die inklusive Kindertageseinrichtung – Wege zum gemeinsamen Lernen" von Patti Gould und Joyce Sullivan (Gryphon House, dt. Ausgabe 2015 verlag modernes lernen, Bestell-Nr. 1255).

Kapitel 3

Strategien zur Förderung der Beziehungen zwischen Kleinst- und Kleinkindern

Wie bereits erwähnt, ist die Begleitung durch Erwachsene unabdingbar dafür, um die großen Möglichkeiten, die den Kindern bei der Knüpfung ihrer Beziehungen untereinander zur Verfügung stehen, zu fördern. Erwachsene bereiten den Boden für die sozialen Interaktionen der Kinder. Das Verstehen der frühen sozialen Entwicklung, empathisches Beobachten und mitfühlende, proaktive Ansätze, um den Kindern dabei zu helfen, soziale Kompetenzen zu erwerben: das alles sind die Schlüssel, die den Kindern die Tore für erfolgreiche Beziehungen öffnen.

Strategien, die etwas bewirken

Was für eine Freude ist es, zu beobachten, wie Kleinst- und Kleinkinder miteinander umgehen! Ihr Bedürfnis nach Kontakten zu anderen Kindern ist offensichtlich. Die meisten Kinder geben sich große Mühe, um das Interesse anderer zu gewinnen. Ausnahmen hiervon fallen uns auf, und wir bemühen uns, diesen Kindern dabei zu helfen, Spaß mit den Peers zu haben und miteinander zu lernen.
Die *erste Strategie* zur Förderung grundlegender sozialer Einstellungen und Fähigkeiten besteht darin, zu reflektieren, zu beobachten und zu dokumentieren, inwieweit die Kinder bereit dafür sind und Ressourcen besitzen, um soziales Verhalten zu zeigen.
Die *zweite Strategie* beinhaltet die wichtigen Interaktionen zwischen Erwachsenem und Kind, die das soziale Lernen unterstützen.
Die *dritte Strategie* besteht im Schaffen einer fürsorglichen Gemeinschaft: Das Reflektieren über eine einfühlsame Umgebung in der betreuenden Einrichtung und darüber, wie die Einrichtung oder der Tagesablauf sensibel strukturiert werden können, um die Bedürfnisse der Kleinst- und Kleinkinder zu erfüllen.
Das Ziel der *vierten Strategie* besteht darin, enge Beziehungen zu den Familien zu knüpfen. Beginnen wir damit, über die soziale Entwicklung zu reflektieren, sie zu beobachten und zu dokumentieren.

Reflektieren, beobachten und dokumentieren

Beobachten und dokumentieren Sie die Bedeutungsübereinstimmungen zwischen den Peers, das Imitieren, Spielen nach Regeln und das freie Spiel und die kooperativen Strategien. Stellen Sie sich die nachfolgenden Fragen, während Sie die Kleinst- und Kleinkinder beobachten:

Sowohl bei Kleinst- als auch bei Kleinkindern:

- Welche Ziele versuchen sie mit ihren Peers zu erreichen?
- Welche Strategien verfolgen sie in der Interaktion miteinander?
- Scheinen einige Kinder bestimmte Kinder zu bevorzugen? In welcher Weise ändert sich ihr Verhalten anderen Peers gegenüber?

Bei Kleinstkindern:

- Zeigen sie Interesse an ihren Peers? Wenn ja, wie zeigt sich dieses Interesse?
- Versuchen sie, das Spielzeug des anderen zu berühren? Scheint dies der Versuch einer Interaktion mit dem anderen Kind zu sein?

- Wenn sie dicht beieinander sind, versuchen sie dann, sich gegenseitig zu berühren?
- Wie kommunizieren die Kleinstkinder miteinander?
- Scheinen ältere Kleinstkinder in der Lage zu sein, die Absichten eines anderen Kleinstkindes zu verstehen? Wenn zum Beispiel ein Kleinstkind auf etwas zeigt, blickt dann das andere Kind auf das Objekt oder die Person, auf die sein Peer zeigt?

Bei Kleinkindern:

- Kristallisiert sich ein Anführer unter den Kindern heraus?
- Wie zeigen sie, dass sie den Unterschied zwischen sich und anderen erkennen?
- Wie und wen imitieren sie? Was bezweckt ein Kind mit dem Imitieren? Möchte es neue Fähigkeiten lernen, eine soziale Beziehung herstellen? Oder beides?
- Welche Routinen, Spiele und gemeinsamen Themen kristallisieren sich heraus?
- Welche Kinder sind befreundet? Wie zeigen sie ihre Freundschaft?
- Welche Wörter benutzen sie untereinander? Welche Funktion haben diese Wörter? Welche „Macht" haben sie?
- Wie zeigen sie, dass sie *Besitz* und *Eigentum* unterscheiden?
- Benutzen einige Kinder die Begriffe *„meins"* und *„deins"*?
- Was trägt zur Fröhlichkeit eines Kleinkindes bei?

Stellen Sie Beobachtungen an, machen Sie Fotos oder Videos von den Kindern, um diese Fragen beantworten zu können. Teilen Sie Ihre Beobachtungen der Familie mit und zeigen Sie ihr, was Sie dokumentiert haben. Erörtern Sie mit ihr die Absichten der Kinder. Bitten Sie die Familie, ihnen zu erzählen, ob sie ähnliche Verhaltensweisen bei sich zu Hause beobachtet haben. Besprechen Sie mit den Kolleginnen des Teams die Antworten auf diese Fragen. Erstellen Sie für jedes Kind ein Portfolio mit Beispielen für seine Interessen und sein Verhalten in Bezug auf seine Peers.

Wenden Sie Strategien an, die auf der Beziehung zwischen Erwachsenem und Kind beruhen

Erwachsene geben den Weg vor, auf dem Kinder gesunde soziale Beziehungen und soziale Fertigkeiten entwickeln können. Jeden Tag lernen Kinder von ihren erwachsenen Bezugspersonen wie man sich in Beziehungen verhält. Zum Gerüst für gesunde soziale Fertigkeiten gehört es, dass Erwachsene bei Peer-Interaktionen und -Beziehungen helfen und sie fördern, ohne Vorgaben zu machen oder die Interaktionen an sich zu reißen (Williams et al., 2007). Beziehungsbasierte Strategien können sowohl *„Mind-mindedness"*[2] beinhalten als auch das Voraussetzen guter Absichten und die Ermutigung zu und Förderung von Peer-Interaktionen.

---

[2] Der Begriff der Mind-Mindedness geht ursprünglich auf die Psychologin und Bindungsforscherin Elizabeth Meins (1997) zurück. Ihr zufolge bezeichnet MM die „Neigung einer Mutter, ihr Kind als Individuum mit eigener Psyche zu behandeln" (S. 136) und nicht lediglich als ein Wesen, dessen Bedürfnisse befriedigt werden müssen (Meins, 1997). Eine Mutter, die mind-minded ist, tendiert somit dazu, den dem kindlichen Verhalten zugrundliegenden Seelenzustand aktiv zu hinterfragen, anstatt lediglich auf gezeigtes Verhalten zu reagieren. (Quelle: K. Stiegler, Mind-Mindedness und Depressivität bei psychisch erkrankten Müttern mit Säuglingen. Dissertation 2014)

Wenden Sie Strategien der Mind-mindedness an

Wenn Sie kommentieren, was Kinder fühlen oder denken, so als seien Sie Gedankenleser, hilft Ihnen das, sich auf die Gefühle der Kinder einzustimmen, und es hilft den Kindern bei Interaktionen mit ihren Peers. Diese Art, sich in die Kinder hineinzuversetzen, wird *„Mind-mindedness“* genannt. Wenn Sie die Gefühle und Gedanken der Kinder kommentieren, fühlen diese sich anerkannt und lernen die Wörter, mit denen sie ihre Gefühle ausdrücken können. Wenn Sie Empathie für Kinder, die Schwierigkeiten haben, ausdrücken, lernen diese Kinder, Empathie für andere zu empfinden. Wenn Sie Gefühle und Gedanken anderer und der Kinder kommentieren, lernen die Kinder es, die Sichtweise anderer Menschen zu erkennen (Kirk et al., 2015).
Verwenden Sie eine reiche, beschreibende und emotionale Sprache. Verwenden Sie Sprache, um zu beschreiben, wie Peers miteinander umgehen und um die Interaktionen unter den Peers und ihre Gefühle auszudrücken. Wenn ein Kleinkind das Spielzeug eines anderen Kleinkindes, offensichtlich mit der Absicht, Kontakt aufzunehmen, berührt, kommentieren Sie diese Absicht. Benutzen Sie Wörter für die Vielfalt der Gefühle, die von den Kindern zum Ausdruck gebracht werden soll. Weisen Sie einen Peer darauf hin, was ein anderes Kind fühlt; sagen Sie zum Beispiel: „Lamont weint. Er ist traurig.“ Sobald Kinder die Wörter für Gefühle lernen, können sie diese anderen gegenüber besser ausdrücken. Ermuntern Sie Kleinkinder, bei ihren Peers Sprache anzuwenden. Ermuntern Sie sie dazu, zu sprechen oder Zeichen zu verwenden, um mit ihren Peers zu kommunizieren. Wenn ein Kleinkind weint, helfen Sie ihm, dem Peer, der es bspw. gerade getreten hat, zu sagen oder zu bedeuten „Hör bitte auf“ oder „Das hat mir wehgetan“.

Setzen Sie gute Absichten voraus

Wenn Pädagoginnen beim Umgang der Kinder mit ihren Peers gute Absichten voraussetzen, unterstützen sie die positiven Interaktionen. Forman und Hall (2005a) geben ein Beispiel für ein „Videative“ (Wortschöpfung aus Video und Narrative) mit der Bezeichnung „Nehmen um zu geben“:

> *Carrie, ein Kleinkind, steht weinend mit dem Schnuller im Mund im Raum. Als die Erzieherin sie beruhigt, nähert sich Lana, eine ihrer Peers, und tätschelt ihr den Kopf. Während Lanas Hand Carries Haar glättet, gleitet sie um den Schnuller in Carries Mund herum. Sie zieht ihn heraus und steckt ihn sofort wieder in Carries Mund. Die erfahrene Erzieherin erkennt sofort, dass es nicht Lanas Ziel ist, Carrie zu ärgern, indem sie ihr den Schnuller wegnimmt, sondern dass sie sie vielmehr trösten will, indem sie ihr den Schnuller wiedergibt. Lana musste aber, um geben zu können, erst wegnehmen. Die scharfsinnige Erzieherin lobt Lana und sagt: „Oh, danke schön, Lana“, und klatscht in die Hände. Lana fängt auch an zu klatschen und fühlt sich gut, weil sie helfen konnte.*

Die Pädagogin hätte davon ausgegehen können, Lana wolle Carrie ärgern; stattdessen geht sie von der positiven Annahme aus, dass Lana Carrie helfen will. Lana hat nun gelernt, wie schön es sich anfühlt zu helfen!

Interaktionen zwischen Peers bestärken und unterstützen

Erwachsene, die sich auf den Boden setzen, während sie mit mehreren kleinen Kindern sprechen oder singen und die Kinder dadurch dazu einladen, sich auf ihren Schoß zu setzen, fördern Peer-Interaktionen. Kleinst- und Kleinkinder kommen und gehen, wie sie wollen; sie tanken emotional durch dieses Berühren auf oder lassen sich mit großem Vertrauen rückwärts auf den Schoß der Erzieherin fallen, und dann sind sie wieder auf und davon, um die Umgebung, Aktivitäten und Freunde zu erkunden, die sich weiter weg von der Erzieherin aufhalten.

Als Pädagogin können Sie auf vielerlei Art und Weise soziale Interaktionen fördern. Lassen Sie die Kleinstkinder sich nebeneinander mit dem Rücken auf den Boden legen, so dass ihre Hände sich berühren können. Legen Sie zwei Kleinstkinder, die sich schon herumrollen können, in geringer Entfernung nebeneinander auf den Rücken. Beobachten Sie, ob die zwei sich herumdrehen, um einander ansehen zu können. Legen Sie zwei Kleinstkinder mit dem Bauch nach unten vor einen langen, niedrigen Spiegel *(beaufsichtigen Sie kleine Kinder sorgfältig, wenn sie auf dem Bauch liegen!)*. Lassen Sie zwei Kleinstkinder mit Spielzeug vor sich auf dem Boden nahe beieinander sitzen, oder lesen Sie beiden aus einem Buch vor, ermuntern Sie sie, die Bilder zu berühren. Sie werden merken, wie sie allmählich anfangen sich abzuwechseln. Kleinkinder können an niedrigen Tischen essen und so miteinander kommunizieren und sich gegenseitig beobachten. Rechnen Sie damit, dass sie irgendwann in Gelächter ausbrechen, wenn sie sich dabei beobachten, wie sie den Kopf schütteln oder auf den Tisch schlagen. Stellen Sie einladende Bänke für zwei Kleinkinder auf den Spielplatz. Legen Sie Kisten, die groß genug für 2 oder 3 Kinder sind, mit einem weichen Material aus und verstecken Sie diese dann an einem „geheimen“ Ort im Raum. Dieser Platz gibt den Kleinkindern das Gefühl sich zu verstecken, aber die Pädagoginnen können sie leicht sehen und hören, wie sie kichern. Sie entwickeln Beziehungen!

Seien Sie manchmal in der Nähe – aber nicht dabei. Es ist äußerst wichtig für Kinder, sich bei ihren vertrauten Erwachsenen sicher und geborgen zu fühlen. Wenn sie sich dann geborgen fühlen, profitieren sie davon, Zeit mit ihren Peers zu verbringen, wobei die Pädagogin in der Nähe und aufmerksam ist, aber ihnen nicht zu nahe kommt.

Sie sind ein attraktiver Partner für Kinder, und oft bevorzugen sie den Erwachsenen für ihr Spiel statt eines Peers. Wie Wissenschaftler aber festgestellt haben, beschäftigen Kinder sich häufiger und positiver mit ihren Peers, wenn sie im Alter zwischen 18 und 40 Monaten ihren Peers näher sind als den Pädagoginnen (Legendre / Munchenbach, 2011). Achten Sie jedoch auf Kinder, die immer weit weg von Erwachsenen spielen wollen, besonders wenn ihr Spiel aggressiv ist. Diese Kinder brauchen eventuell Unterstützung von einem liebevollen Erwachsenen, um ihre Emotionen und ihr Verhalten zu steuern.

Bauen Sie soziale Kompetenz auf. Zweijährige, die sich erfolgreich an einer dramatischen Spielsituation beteiligen, machen bei der Spielszene mit, anstatt zu versuchen, sie zu unterbrechen oder zu verändern (Honig / Thompson, 1997). Sie können Kindern helfen, die noch lernen, wie man erfolgreich an solch einem Spiel teilnimmt. Setzen oder knien Sie sich zu einem Zweijährigen, der bei einer Gruppe von anderen Kindern mitmachen möchte, die Steine waschen. Finden Sie einen Stein für das Kind, den es der Gruppe zeigen kann, wenn es dazukommt, oder stellen Sie in der Nähe einen kleinen Behälter mit Wasser bereit, so dass das Kind mitspielen kann, ohne sich in das Spiel der anderen Kinder hineinzudrängen.

Alternativ können Sie die Kinder fragen, ob Sam, der gerne mitspielen möchte, die Steine mit einem besonderen Tuch abtrocknen kann, das Sie gefunden haben und das genau das richtige ist, um „Steine zum Glänzen zu bringen“. Wenn eine Pädagogin das Spiel mit dem Kind, das mitmachen möchte, beobachtet, gibt es normalerweise einen Weg für dieses Kind, mit den anderen Kindern zusammen zu spielen und nicht gegen sie zu agieren.

Arrangieren Sie Situationen, in denen zwei Kleinkinder kooperieren müssen, zum Beispiel einen Kürbis von draußen nach drinnen bringen oder Wasser vom Wasserbecken zur Pflanze tragen. Oder befestigen Sie zwei kindersichere Filzstifte an einer Staffelei, um die beiden zum gemeinsamen Malen von Kreisen anzuregen. Denken Sie darüber nach, wie Sie die Neigung zur Kooperation fördern können, anstatt zu konkurrenzbetonten Handlungen zu animieren.

Lesen Sie immer wieder Bücher, in denen es um soziale Interaktion geht. Finden Sie Bücher aus Stoff oder Pappe für Kleinstkinder und Bücher mit großen Bildern für Kleinkinder. Suchen Sie nach Büchern, in denen Kleinstkinder mit anderen zusammen und auch alleine sind. Es ist nicht nötig, formale Gruppen zu bilden, in denen alle kleinen Kinder im Kreis zusammensitzen müssen; vorgeschriebene Zeiten im Kreis behindern oft die Begeisterung der Kinder für Bücher, wenn es die Strategie der Pädagogin ist, eine große Gruppe von Kleinkindern zusammensitzen und zuhören zu lassen. Lesen Sie lieber ein Buch mit einem Kind oder mehreren, die sich auf einem Sofa zusammenkuscheln. Verteilen Sie Bücher im Raum und in gemütlichen Ecken, in denen Pädagoginnen und Kinder es sich bequem machen können. Legen Sie die Bücher so hin, dass die Kinder den Umschlag sehen können. Ein Kindersofa lädt die Kleinen dazu ein, sich dort mit einem anderen Kind zusammen hinzusetzen und sich ein Buch anzusehen. Stellen Sie ein großes Sofa für einen Erwachsenen und ein oder mehrere Kind(er) bereit, auf dem sie der begeistert vorlesenden Erzieherin zuhören können. Schon dem kleinsten Kind kann man mehrere Male am Tag vorlesen.
Kleine Fotobücher, die gerade die richtige Größe für die kleinen Hände haben, können mit Fotos der Kinder aus den Familiengruppen oder aus der Kita gefüllt werden. Die Kinder lernen hierbei, den Namen eines Kindes mit seinem Foto in Verbindung zu bringen. Gestalten Sie zum Beispiel ein Buch mit den Bildern und Namen der Kinder auf der Grundlage von Bill Martins und Eric Carles Kinderbuch: „Brown Bear ... what do you see / ... sweet child ...“ („Brauner Bär, brauner Bär, was siehst du denn hier? – Ich sehe einen weißen Hund und der schaut zu mir. Weißer Hund, weißer Hund ... Liebes Kind, liebes Kind, wen siehst du denn hier? – Ich sehe die Sarah, und die schaut zu mir.“)

Legen Sie die Bücher für alle zugänglich hin, damit die Kleinst- und Kleinkinder sie hochnehmen, herumtragen und zu einer Pädagogin bringen und mit ihr ansehen können. Ein Fotobuch mit den Bildern eines einzelnen Kindes von seiner Geburt bis zum Alter von 3

Jahren hilft diesem Kind ebenfalls dabei, ein Selbstbild zu entwickeln. Fotobücher mit Fotos der Kinder, wie sie spielen oder einfach zu verschiedenen Tageszeiten zusammen sind, tragen dazu bei, Erinnerungen an ihre sozialen Interaktionen zu formen sowie wenn die Erzieherin davon erzählt, wie viel Spaß sie zusammen gehabt haben: „Erinnerst du dich, als du und Jamal zusammen am Sandtisch gespielt habt? Du hast den Sand ausgegossen und die Becher gefüllt."

Wenn die Namen der Kinder benutzt und Lieder mit Namen gesungen werden, achten die Kinder aufeinander und lernen die Namen ihrer Peers – was ein wichtiger Schritt zu einer positiven sozialen Beziehung ist. Namensspiele sind perfekt für Kleinst- und Kleinkinder; singen Sie zum Beispiel: „Wo ist Sammy? Wo ist Sammy? Hier ist er." Zeigen Sie mit einem überraschten oder erfreuten Gesichtsausdruck auf ihn. Laminieren Sie ein großes Foto von jedem Kind und halten Sie es vor einer kleinen zufälligen Gruppe hoch, die neben Ihnen steht oder sitzt. Fragen Sie: „Wer ist das?" Wenn es niemand errät (auch nicht das Kind, das selbst auf dem Foto ist), sagen Sie es den Kindern und halten Sie das Foto dicht neben das dargestellte Kind. Benutzen Sie oft die Namen der Kinder, um einem Kind zu zeigen, was ein anderes gerade macht. Setzen Sie sich zum Beispiel mit einer kleinen Gruppe von Kleinkindern zum Essen an einen Tisch und nennen Sie jedes Kind bei seinem Namen, wenn Sie es begrüßen. Wenn ein Kind sich für den Tag verabschiedet, ermuntern Sie die anderen, es beim Verabschieden bei seinem Namen zu nennen.

Schaffen Sie ein fürsorgliches Umfeld für die Gemeinschaft und planen Sie ein bedürfnisorientiertes Angebot

Junge Kinder haben ein großes Bedürfnis nach verlässlichen und fürsorglichen Routinen und Interaktionen, die die Entwicklung ihres Gehirns fördern. Ein *„erfahrbares Umfeld"* in Einrichtungen zur Kinderbetreuung ist ein Angebot, bei dem Pädagoginnen durchweg positive und fördernde Interaktionen innerhalb der täglichen Routinen und Aktivitäten anbieten, um das Lernen der Kinder zu fördern (La Paro / Gloeckler, 2016). Bei dieser Art der Betreuung, die Kinder wertschätzt und ihre Bedürfnisse versteht, entwickeln junge Kinder Erwartungen hinsichtlich warmherziger, tröstender und anregender Beziehungen – sowohl zu Erwachsenen als auch zu ihren Peers.

Das Umfeld

Fördern Sie Peer-Interaktionen, indem Sie den Kindern ausreichend Möglichkeiten geben, in einem geplanten Umfeld, ausgestattet mit einer Auswahl an Material, das ihrem Alter und Entwicklungsstand entspricht, auf „Erkundungsreisen" zu gehen. Bringen Sie Kleinstkinder in einem „Nest" zusammen, damit sie sich unter den Augen eines wachsamen Erwachsenen ansehen und berühren können. Ein bruchsicherer Spiegel, der an der Wand mit einer Matte davor angebracht ist, verlockt Kleinst- und Kleinkinder, mit ihrem Spiegelbild zu spielen und ihr Gegenüber zu imitieren. Schaffen Sie gemütliche Ecken für zwei Kinder, oder ein kleines Zentrum, das für mehrere Kinder die richtige Größe hat. Andere gemütliche und einladende Ecken und Spielräume können für Rollenspiele, einen Bücher-Winkel, aktive Spiele, Plätze zum Bauen, einen Bereich für die Sinne und eine Kreativecke eingerichtet werden. Verkleidung für Rollenspiele, Tücher, Spielherde, Puppen und Accessoires laden die Peers zum Entdecken ein. Bequeme Sofas in Kinder-

und Erwachsenengröße erlauben es den älteren Kleinst- und Kleinkindern, dicht nebeneinander zu sitzen, Bücher anzuschauen und ihre Pädagoginnen und Peers zu umarmen.

Räume für aktives Spiel ermuntern Kinder, ihre Grobmotorik zu schulen, indem sie bspw. Bälle werfen und zusammen auf Matten klettern. Bereiche zum Bauen bieten sich für lautstärkere Spiele der Kinder an. Im Bereich der Sinne können zum Beispiel flache Wasserbehälter mit Steinen auf einem kleinen Tisch aufgestellt werden. Darum herum stehen Kinder gerne, plantschen mit dem Wasser, befühlen die Steine und lachen miteinander. Schieben Sie den Tisch gegen eine Wand, und hängen Sie einen (bruchsicheren!) Spiegel dahinter auf, dann haben die Kinder ein ungewohntes Bild von sich und ihren Peers vor Augen.

Bei Kleinkindern führen große Geräte, Konstruktionen und Spielelemente weniger häufig zu Konflikten und Aggressionen (DeStefano / Mueller, 1982). Gemeinschaftsbereiche, wie zum Beispiel ein deutlich markierter Spiel-Parkplatz, sind eine Aufforderung für die Kinder, den Platz gemeinschaftlich zu nutzen. Jeder kann dort sein Auto parken.
Die Größe der Spielzeuge scheint tatsächlich von Bedeutung zu sein. Aufgrund ihrer Untersuchungen mit Kleinkindern entwickelte die Wissenschaftlerin Gunvar Løkken (2000b) die Theorie, bei Kindern könnten kleinere Spielzeuge zu der Schlussfolgerung führen: „Dieses Spielzeug ist nur für ‚mich' zum Spielen da." Bei größeren Spielelementen nehmen sie eher an: „Das Ding ist für ‚uns' zum Spielen da."
Spielzeug mit offener Verwendungsmöglichkeit – Bauklötze, Material für Rollenspiele oder künstlerische Betätigung, Wasser, Kisten – sind problemloser für Spiele mit Peers. Es gibt nicht die *eine* richtige Art mit ihnen zu spielen, und Kinder mit unterschiedlichen Interessen und Fähigkeiten können leichter damit zusammen spielen.

Bedarfsgelenkte Programmplanung

Ein Angebot, das nachhaltig auf die Entwicklung einwirkt, ist dem Alter, dem Individuum und der Kultur der Kinder in einer Gruppe angemessen. Bei solch einem Angebot planen die Pädagoginnen für die Bedürfnisse, Stärken und Interessen der einzelnen Kinder. Bei Kindern gibt es lange Zeiträume, in denen die Aktivitäten abwechselnd nach ihren Interessen und Zielen gewählt werden können. Dies stärkt ihre Aufmerksamkeit und Konzentration, da ihnen Zeit zugestanden wird, bei einer Aufgabe beharrlich durchzuhalten. Die Planung ist den Bedürfnissen der Kinder in einem Raum angepasst. Die Philosophie baut auf der Überzeugung auf, Kinder seien aktiv Lernende.
Freiheit, Zeit und Raum für Bewegung sind wichtig. Løkken argumentiert, es sei möglicherweise das Recht der Kleinkinder, sich frei mit ihren Peers zu bewegen. Sie betont, „Spiel, das hauptsächlich über den Körper des Kleinkindes stattfindet, könnte möglicherweise eine größere soziale Bedeutung für Kleinkinder haben, als das Spiel mit kleinem Spielzeug ... der Aufbau von Peer-Beziehungen in diesem Alter scheint mehr Freude durch Körperbetonung als durch Spielzeug zu machen ...". Nach der Erfahrung der Wissenschaftlerin Phyllis Porter ist das *Einengen durch „Behältnisse"* eine Barriere für soziale Interaktion. Wenn ein Kind in das harte Plastik eines Kindersitzes, einer Wippe oder einer Schaukel eingesperrt ist oder vor einer Spielkonsole sitzt, wird es daran gehindert, Erfahrungen zu machen, einschließlich der Erfahrungen mit seinen Peers (Porter, 2003).
In einem Umfeld mit bedarfsorientierten Angeboten berücksichtigen die Pädagoginnen die entwicklungsentsprechenden Fähigkeiten der Kinder. Kleinkinder finden es zum Beispiel schwierig, für sehr lange Zeit in einer Gruppe zu sitzen, aber sie gesellen sich normalerweise zu ihren Peers, wenn eine Erzieherin auf dem Boden sitzt und ihre Handpuppen mit den Gestalten einer beliebten Geschichte oder eines Reimes hervorholt. Die

meisten Menschen lieben irgendeine Art von Musik, und Babys sind da keine Ausnahme. Sie werden munter, wenn eine Erzieherin eine flotte Melodie singt, wie „Ri, ra, rutsch, wir fahren mit der Kutsch". Sie entspannen sich bei einem beruhigenden Lied wie „Schlaf, Kindlein schlaf". Kleingruppen, die etwas gemeinsam machen, sind interessant für Kleinkinder – wenn sie nicht gerade mit anderen Aufgaben zu beschäftigt sind.

Unterstützen Sie die Familien

Die Interaktionen der Kinder mit ihren Familien sind der Eckpfeiler ihrer sozialen Kompetenz. Die Bindung zwischen Kind und Eltern und anderen Erwachsenen in der Familie ist die Basis seiner Sicherheit, und ein sicheres Kind ist frei und kann mit Zuversicht und positiver Einstellung erkunden, lernen und Beziehungen aufnehmen. Können Eltern auf ihre Kinder eingehen, entsteht eine starke, frühe und sichere Bindung bei jungen Kindern, die in direktem Bezug zu kompetentem Verhalten mit ihren Peers steht (Groh, 2014). Wie die Wissenschaftlerin Holly Brophy-Herb es ausdrückt: Mütterliche Zuwendung „ist nicht nur ein Vorbild für erwünschtes soziales Verhalten, sondern auch die Gelegenheit für Kleinkinder, neue soziale Fertigkeiten zu lernen und vielleicht auch anzuwenden. Eine Mutter, die zum Beispiel schnell darauf eingeht, wenn ihr Kleinkind bei einer Aktivität Laute äußert, indem sie eine Bemerkung zu dem Kind macht, lächelt oder ihm den Blick zuwendet, zeigt damit, was allgemein anerkannte soziale und wünschenswerte Verhaltensweisen sind, nämlich Empathie, Interesse und Freundlichkeit" (Brophy-Herb, 2011).
Helfen Sie den Familien, damit sie begreifen, dass Kinder von ihnen lernen, wie man sich in Beziehungen verhält. Wenn Eltern und Familienmitglieder auf die Bedürfnisse eines Kindes eingehen und ein Vorbild für Empathie und Verbundenheit sind, bringen sie ihm die Fertigkeiten und die innere Einstellung bei, die es für Beziehungen braucht und die ihm helfen, Kompetenz für Interaktionen auszubilden. Sichere Bindung an zugewandte Erwachsene kann auch Kleinstkindern mit einem leicht erregbaren Temperament helfen: Babys mit leicht erregbarem Temperament, die eine sichere Bindung an ihre Mütter hatten, waren als Kleinkinder sozialer und explorierfreudiger (Stupica et al., 2011).
Ermuntern Sie die Eltern, positive Führungsstrategien anzuwenden, bei denen sie Empathie für andere zeigen und Gefühle mit Worten ausdrücken. Erklären Sie den Familien, wie wichtig es ist, mit Kindern zu sprechen. Wie Craig Hart und Betty Risley (1995) in einer bahnbrechenden Untersuchung entdeckten, hören Kinder in kommunikationsfreudigen Familien bis zum Alter von 3 Jahren dreißig Millionen mehr Wörter, als Kinder in weniger gesprächigen Familien. Auch die Qualität der Sprache unterscheidet sich. In kommunikationsfreudigen Familien hören Kinder häufig eine positivere und aufmunternde Sprache. Wenn Kinder in solch einem kommunikationsfreudigen Umfeld ihren Familienmitgliedern zuhören und mit ihnen reden, lernen auch sie ein umfangreiches und vielfältiges Vokabular. Sprache, die sich an das Kind richtet – *nicht Sprache, die das Kind im Fernsehen hört* – beeinflusst seine späteren Sprachfertigkeiten (Weisleder / Fernald, 2013). Die Häufigkeit, mit der Eltern sich verbal ihren Kindern zuwenden, lässt eine Vorhersage über deren spätere Sprachkompetenz zu (Fernald / Weisleder, 2015).
Sprache gibt dem Kind mehr Werkzeuge an die Hand, um Interaktionen mit Peers zu steuern. Interaktionen im Alter von 9 Monaten, in denen Eltern und Kind sich abwechselten, standen nach Aussage von Monica Hedenbro und Per-Anders Rydelius in direkter Korrelation zu höherer Peer-Kompetenz und sozialer Kompetenz im Alter von 48 Monaten (Hedenbro / Rydelius, 2014). Eltern und fürsorgliche Familienmitglieder können die sozialen Fertigkeiten der Kinder in ihrer Ausprägung fördern. Nach den Ergebnissen der Wissenschaftler Rosie Ensor und Claire Hughes führen zusammenhängende Gespräche

zwischen Mutter und Kind – besonders wenn eine Sprache verwendet wird, die Gefühle beschreibt – zu einem tieferen soziale Verstehen bei den Kindern (Ensor / Hughes, 2008). Stellen Sie Materialien zur Verfügung, wie zum Beispiel Artikel und Videos, um den Eltern zu helfen, die Kunst der Interaktion mit ihren Kindern zu erlernen. Ermuntern Sie die Eltern, mit ihren Kindern über ihren Tag und ihre Beziehungen zu ihren Peers zu sprechen. Geben Sie den Kindern Fotobücher mit nach Hause, in denen Bilder von den Kindern sind, mit denen sie während des Tages spielen. Das bringt die Kinder dazu, die Namen der anderen Kinder zu benutzen, und motiviert sie, etwas über ihre Freunde zu erzählen.

Zusammenfassung der Strategien

Erwachsene können ein Gerüst für soziale Kompetenz bereitstellen, indem sie Sprache benutzen und darüber sprechen, was Peers machen und fühlen, indem sie Kleinkinder ermuntern, Sprache im Umgang mit ihren Peers zu verwenden, indem sie positive Verhaltensweisen in Beziehungen vorleben und nah vor Ort sind, um Interaktionen zwischen Peers zu fördern. Ein interessantes Umfeld mit ansprechenden, abgegrenzten Bereichen innerhalb eines Raumes löst Interaktionen der Kinder untereinander aus.

- Reflektieren, beobachten und dokumentieren:
  - Denken Sie über die Ziele, Strategien und Theorien der Kinder nach, wenn sie mit ihren Peers umgehen.
  - Beobachten und dokumentieren Sie Bedeutungsübereinstimmungen unter den Peers, Beispiele für Nachahmen, Regelspiele, freies Spiel und kooperative Strategien.

- Wenden Sie Strategien an, die auf der Beziehung zwischen Erwachsenem und Kind beruhen:
  - Benutzen Sie „Mind-mindedness“-Strategien, indem Sie zum Beispiel kommentieren, was ein Kind denkt und fühlt, und nehmen Sie die Perspektive des Kindes ein.
  - Verwenden Sie Kindern gegenüber eine reiche, beschreibende und emotionale Sprache, damit diese die Wörter lernen, mit denen sie Gefühle ausdrücken und verstehen können.
  - Ermuntern Sie Kinder, sich verbal oder über Zeichensprache mit ihren Peers zu verständigen.
  - Helfen Sie Kindern dabei, die Perspektive eines anderen einzunehmen.
  - Setzen Sie gute Absichten voraus.
  - Ermutigen Sie die Kinder zu Interaktionen mit Peers und zum Herstellen von Beziehungen und fördern Sie diese.
  - Seien Sie manchmal in der Nähe, aber nicht direkt dabei, damit Peers die Gelegenheit haben, selbständig miteinander umzugehen.
  - Schaffen Sie soziale Kompetenz, indem Sie älteren Kleinkindern helfen, beim Spiel der anderen mitzumachen. Auf diese Weise ermöglichen Sie Kooperation.
  - Lesen Sie mit Kindern Bücher über soziale Kompetenz, in denen hilfreiches, freundliches Verhalten vorgelebt wird.

- Erstellen Sie ein Fotobuch der Kinder in deren Raum, um ihnen dabei zu helfen, die Namen ihrer Peers zu lernen.
- Benutzen Sie oft die Namen der Kinder und singen Sie häufig Namenslieder, damit die Kinder die Namen ihrer Peers lernen.

- Schaffen Sie eine fürsorgliche Gemeinschaft:
  - Geben Sie den Kindern viel Zeit für die Erkundung eines interessanten und reichhaltigen Umfeldes.
  - Bringen Sie die Kleinstkinder in einem „Nest" zusammen, damit sie sich gegenseitig ansehen und miteinander kommunizieren können.
  - Bringen Sie einen langen, niedrigen (bruchsicheren!) Spiegel an der Wand an und legen Sie eine Matte davor auf den Boden. Lassen Sie zwei Babys zusammen in den Spiegel schauen.
  - Stellen Sie ältere Kleinstkinder und Kleinkinder in Hochstühlen nebeneinander, so dass sie sich berühren und miteinander lachen können.
  - Stellen Sie für ältere Kleinstkinder und Kleinkinder klar abgegrenzte Bereiche im Raum zur Verfügung – eine Bücherecke, Platz für aktives Spiel, Platz zum Bauen, einen Bereich für die Sinne und eine Kreativecke. Das lädt zu einem gemeinsamen Spiel der Peers in einem bestimmten Bereich ein.
  - Sorgen Sie für größere Geräte, Konstruktionen oder Spielelemente, die zu weniger Konflikten unter Peers führen.
  - Stellen Sie Gemeinschaftsbereiche zur Verfügung, die dazu verlocken, den Platz dort gemeinsam zu nutzen.
  - Sorgen Sie für Material, das zu freiem, fantasievollen Spiel anregt, zum Beispiel Bauklötze, Material für Rollenspiele, Material für künstlerisches Gestalten, Wasser und Sand. Hier können Peers auf unterschiedlichem Entwicklungsstand zusammen spielen.
  - Lassen Sie die Kinder sich frei bewegen. Engen Sie sie nicht ein. Peers können nicht interagieren, wenn sie in „Behältnissen" feststecken.
  - Regen Sie die Kinder an, bei der Gruppenzeit mitzumachen, aber zwingen Sie sie nicht. Erzwungene Gruppenzeit kann zu Frustration der Peers führen.

- Unterstützen Sie die Familien:
  - Ermuntern Sie die Familien ansprechbar zu sein und auf die Bedürfnisse der Kinder einzugehen. Die Haltung der Kinder zu Beziehungen und ihre Geschicklichkeit im Umgang mit Peers lernen sie durch ihre Beziehung zu den Familienmitgliedern; dort erwerben sie auch ihre Kompetenz für soziale Interaktionen.
  - Fordern Sie zu gemeinsamen Gesprächen auf, in denen Erwachsene und Kleinst- und Kleinkinder sich abwechseln.
  - Ermutigen Sie zu positiven Führungsstrategien, die Empathie für Kinder beinhalten und Kinder lehren, was sie tun sollen.
  - Stellen Sie Informationen zur Verfügung, die darauf hinweisen, wie wichtig eine sichere Bindung ist. Sie lässt eine Voraussage auf die spätere soziale Kompetenz mit Peers zu.

Kapitel 4

Die Fähigkeit zur Fürsorge – Prosozial sein, Freunde umarmen, Spaß haben

Die grundlegenden sozialen und emotionalen Fähigkeiten, die notwendig sind, um miteinander umzugehen, zu kommunizieren, zu imitieren, zu spielen und übereinstimmende Bedeutungen zu entwickeln, sind die Voraussetzung für die Kinder, um sich ihren Peers gegenüber prosozial zu verhalten. Diesem Thema wenden wir uns nun in diesem Kapitel zu.

> *Wenn wir Kinder für fähig halten, fürsorglich zu sein und Beziehungen untereinander zu pflegen, und wenn wir diese Fähigkeit fördern, dann tragen sie dieses Selbstbild mit in die Welt. (Gillespie / Hunter, 2010)*

- Können Kleinkinder sich wirklich mit anderen Kleinkindern befreunden?
- Ich habe gesehen, wie ein Kleinkind einem anderen weinenden Kleinkind ein Spielzeug gab. Wie kann ich Kleinkinder dazu veranlassen, das häufiger zu tun?
- Was kann ich tun, um sowohl jüngeren als auch älteren Kleinkindern dabei zu helfen, freundlicher zueinander zu sein?
- Ich möchte einen Raum schaffen, der Fürsorglichkeit ausstrahlt und in dem alle – Pädagoginnen eingeschlossen – netter zueinander sind. Wie mache ich das?

In diesem Kapitel diskutieren wir, wie Kinder prosoziales Verhalten lernen, zum Beispiel freundlich zu sein, Empathie zu empfinden und andere zu trösten. Wir lernen, wie Vertrautheit unter den Peers positive Interaktionen verstärkt und wie Kleinkinder sich befreunden. Wir entdecken, wie junge Kinder mit vertrauensvoller Hingabe Fröhlichkeit mit einem Peer erleben. Wir erkennen, dass Erwachsene die Schlüsselposition zur Förderung und Unterstützung prosozialer Einstellungen und Verhaltensweisen der Kinder innehaben.

> *Nachdem Maria sich wehgetan hat, packt sie ihr Stoffkaninchen fest um den Hals und vergießt ein paar Tränen. Santiago, der in ihrer Nähe sitzt, bekommt einen besorgten Gesichtsausdruck und kommentiert „Sie traurig“, wobei er sanft den Arm ausstreckt, um Marias Kopf zu berühren. „Bist du okay?“, fragt ein anderes Kind, Timmy, der daneben sitzt. Er berührt vorsichtig ihren Arm, wobei ihm offensichtlich bewusst ist, dass sie vielleicht nicht bedrängt werden möchte. Er sieht besorgt aus, als er fragt: „Was ist passiert?“ Santiago macht sich auf den Weg, um einen Sticker zu besorgen, wobei er zu den anderen sagt: „Vielleicht möchte sie gern einen Sticker haben.“ Ein drittes Kind, Ella, kommt näher und berührt Maria sanft am Kopf.*

An diesem Beispiel ist nicht nur bemerkenswert, was die Jungen und Ella machen, sondern auch, was sie nicht machen. Sie kommen nicht zu nahe und sie wetteifern nicht um Marias Aufmerksamkeit. Sie scheinen ihre Bedürfnisse zu erkennen.
Wenn kleine Kinder prosozial sind, helfen und trösten sie ihre Peers. Sie zeigen Wärme und Zuneigung, sie teilen Raum und Spielzeug, sie kooperieren miteinander, sie zeigen Empathie und Mitleid und ihr Verständnis für andere. Viele Menschen finden es schwer vorstellbar, dass Kleinkinder prosozial sein können. Sind sie denn nicht eigentlich in der schwierigen Trotzphase? Selbstverständlich können Kleinkinder Konflikte haben, aber sie sind auch in der Lage, sich um andere zu kümmern. Sie besitzen dafür sogar große Fähigkeiten.

> *Der 25 Monate alte Zack bringt der 27 Monate alten Tamara ihre Babypuppe und Decke zurück in ihren Gruppenraum. Tamara hatte damit am Ende des Flurs gespielt;*

dann fing sie an zu weinen und rannte zurück in ihren Gruppenraum, ließ aber Puppe und Decke zurück. Zack marschiert mit entschlossenem Gesichtsausdruck mit Puppe und Decke den Flur entlang in den Raum zu Tamara.

Er selbst scheint die Puppe nicht besonders beachtenswert zu finden (er hält sie an den Zehen fest), aber er benimmt sich, als wüsste er, welchen Wert sie für Tamara hat. Er kommt mit großen Schritten herein und übergibt Tamara sofort ihre Schätze. Er scheint sich in Tamara einzufühlen, als er ihr ganz bewusst den für sie wertvollen Besitz übergibt.

Die Fürsorge-Ressourcen von Kleinkindern

Warum helfen und trösten so viele kleine Kinder einander? Menschen werden mit dem Wunsch zu helfen und sich um andere zu sorgen geboren (Hepach, Vaish, Tomasello, 2013; Thompson / Newman, 2013; Warnekan, 2013). Kinder lernen auch durch ihren Umgang mit anderen, sich prosozial zu verhalten (Brownell, 2013). Wenn Kinder Freude erfahren und positive Aufmerksamkeit erhalten, wenn sie anderen helfen, sind sie motiviert, sich weiterhin prosozial zu verhalten (Paulus / Moore, 2012; Paulus, 2014). Zwar hat die Forschung festgestellt, dass Kinder intrinsisch motiviert sind, anderen zu helfen und sie zu trösten. Die Forschungsergebnisse weisen aber auch darauf hin, welch wichtige Rolle die Erwachsenen und die Erfahrungen der Kinder für die Förderung der prosozialen Entwicklung spielen.

Fürsorgliche Erwachsene fördern eine fürsorgliche Haltung bei Kleinst- und Kleinkindern ihren Peers gegenüber. Kinder, die Freundlichkeit und Liebe kennengelernt haben, sind mit größerer Wahrscheinlichkeit anderen gegenüber prosozial eingestellt und erwarten auch von anderen prosoziales Verhalten ihnen selbst gegenüber. Zusätzlich zu dem Bemühen, Kleinst- und Kleinkindern ein Gefühl der Geborgenheit zu vermitteln, sind Eltern und Erzieher auch ein Vorbild für prosoziale Einstellungen und Verhaltensweisen, wenn sie sensibel auf den Kummer der Kinder, auf Hunger und auf ihr Bedürfnis nach Wohlbefinden und Sicherheit eingehen. Auch durch Ihre eigene liebevolle und einfühlsame Beziehung zu den Kleinst- und Kleinkindern entfachen Sie bei ihnen den prosozialen Funken für ihre Peers.

Auch durch Ihre eigene liebevolle und einfühlsame Beziehung zu den Kleinst- und Kleinkindern entfachen Sie bei ihnen den prosozialen Funken für ihre Peers.

Zwar haben Eltern schon seit Jahrhunderten die Freundlichkeit von Kindern beobachtet, aber die Forschung begann erst in den späten 1970er Jahren, die prosozialen Fähigkeiten von jungen Kindern zu verstehen. Die Wissenschaftler Carolyn Zahn-Waxler, Marian Radke-Yarrow und Robert King beobachteten 10 Monate alte bis zweieinhalbjährige Kinder und ihre „Fähigkeit zur Fürsorge“ (Zahn-Waxler, Radke-Yarrow, King, 1979). Sie beobachteten drei Altersgruppen: 10 bis 19 Monate, 15 bis 24 Monate und 20 bis 29 Monate. Über einen Zeitraum von neun Monaten berichteten die Mütter über die Reaktionen ihrer Kinder auf Zorn, Furcht, Trauer, Schmerz oder Ermüdung (oder andere negative Emotionen) eines anderen Kindes; ebenso über die Reaktionen auf positive Emotionen, wie Zuneigung und Freude. Die Forscher lasen die detaillierten Berichte der Eltern und analysierten dann simulierte emotionale Ereignisse, die sie alle drei Wochen im Haus der teilnehmenden Familien vorbereitet hatten. Zum Beispiel stieß die Mutter sich den Fuß an einem Gegenstand und rief aus „Aua, mein Fuß!“, um zu sehen, wie das Kind darauf reagierte.

Das prosoziale Verhalten vertiefte sich, je älter die Kinder wurden, und es nahm viele verschiedene Formen an. Es scheint unglaublich, aber von den 10 bis 19 Monate alten und den 15 bis 24 Monate alten Kindern zeigten 11 Prozent prosoziale Verhaltensweisen, wie Berühren, Tätscheln oder das Überreichen eines tröstlichen Geschenkes.

In der Gruppe der 20 bis 29 Monate alten Kinder zeigten 33 Prozent prosoziale Reaktionen. Bei den 15 bis 24 Monate alten und den 20 bis 29 Monate alten Kindern zeigten die meisten Kinder verbal ihre Sympathie, Unterstützung und Besorgnis; sie sagten Dinge wie „Das ist okay" und „Es ist alles gut jetzt. Du kannst wieder fröhlich sein". Viele Kinder stellten Fragen wie „Was ist los?" oder rieben die Stelle, an der sich jemand den Fuß wehgetan hatte. Viele betrachteten die Situation egozentriert und versuchten dem Verletzten liebevoll zu helfen, indem sie etwas anboten, das sie selbst tröstlich finden würden; ein Kind bot zum Beispiel seiner Mutter das Fläschchen an, legte sich neben sie und trank dann wieder selbst aus der Flasche. Wir nehmen an, die Mutter wollte vermutlich nicht aus dem Fläschchen trinken, aber das Kleinkind bot ihr etwas an, das für es selbst sehr wertvoll war. Die Kleinkinder waren manchmal auch in der Lage, sich vorzustellen, was die andere Person vielleicht wünschen oder brauchen würde – dies wird *„dezentrieren"* genannt.
Die meisten Kinder in den beiden älteren Gruppen halfen auf irgendeine Art und Weise; ein Kind brachte seiner Großmutter, der kalt geworden war, zum Beispiel einen Pullover. Manchmal hatten sie die großartige Idee, eine dritte Person um Hilfe zu bitten – gewöhnlich die Mutter. Fast alle in der ältesten Gruppe (20 bis 29 Monate) teilten während dieser Untersuchung zu irgendeinem Zeitpunkt etwas mit jemand anderem.
Obwohl also die meisten Kinder in der Lage waren, prosoziales Verhalten zu zeigen, verhielten sich die meisten Kleinkinder in den beiden älteren Gruppen sowohl prosozial als auch aggressiv. Einige Kinder taten anderen absichtlich weh, und obwohl sie sich offensichtlich der Not des anderen Kindes bewusst waren, taten sie ihm weiterhin weh und bedrängten es. Kleinst- und Kleinkinder haben die Fähigkeit fürsorglich zu sein, sie brauchen aber Erwachsene, die ihnen helfen, diese Fürsorge-Kompetenz auszubilden.

Prosoziale Entwicklung und prosoziales Lernen

> *Pädagoginnen, die sehr junge Kinder betreuen, möchten diesen helfen, freundlich, großzügig und empathisch zu werden. Es ist wichtig, früh damit zu beginnen, denn frühe prosoziale Tendenzen erhalten sich oft bis in die späteren Jahre. (Hyson / Taylor, 2011)*

Die folgenden Abschnitte legen detailliert die unglaubliche prosoziale Entwicklung dar, die Kleinst- und Kleinkinder in der frühen Kindheit durchlaufen. Wenn Erzieher und Eltern diesen Lernprozess verinnerlichen, können sie sehr wirksam und enthusiastisch die prosozialen Fähigkeiten der Kinder unterstützen und fördern.

Die prosoziale Entwicklung von Kleinstkindern

> *„Um es ganz deutlich zu sagen: Erwachsene sollten niemals die Kompetenz junger Kinder unterschätzen ... Kleinstkinder haben eine bemerkenswerte Fähigkeit zu prosozialem Verhalten – ein Können, das von traditionellen Fachleuten für die Entwicklung des Kindes unterschätzt wurde." (McMullen et al., 2009)*

Durch ihre kreative Forschung haben Wissenschaftler uns die Augen für das prosoziale Verhalten von Kleinstkindern geöffnet. Kleinstkinder können beurteilen, ob eine Person nett ist oder nicht. Sie zeigen ihre Zuneigung, indem sie mit ihren Peers schmusen, sie umarmen und tätscheln. Sie schauen Erwachsene an, damit diese einem Peer in Not helfen. Sie versuchen ihre Peers zu trösten. Lassen Sie uns diese Vorgänge im Einzelnen betrachten.
Zur großen Überraschung vieler Menschen können viele sehr junge Kleinstkinder entscheiden, wer von zwei Personen nett ist und wer die nicht so nette Person ist – anders ausgedrückt, sie können ein soziales Urteil fällen (Hamlin et al., 2007). In einer Studie von Kiley Hamlin und Karen Wynn beobachteten 5 Monate alte und 9 Monate alte Kleinstkinder eine Hundehandpuppe, die vergeblich versuchte, eine Schachtel aufzumachen. Dann half eine Katzenhandpuppe in einem grauen Hemd (die Öffnerin) dem Hund, die Schachtel aufzumachen. In der nächsten Szene schlug eine andere Katzenhandpuppe in einem orangefarbenen Hemd (die Schließerin) die Schachtel wieder zu, obwohl deutlich war, dass der Hund versuchte, die Schachtel zu öffnen. Als ihnen die Öffner-Handpuppe und die Schließer-Handpuppe zur Auswahl angeboten wurden, griffen 72 Prozent der 5 und 9 Monate alten Kinder nach der hilfreichen Handpuppe und hielten sie fest. Diese sehr jungen Kinder zogen die prosoziale Handpuppe der antisoziale Handpuppe vor. Kleinstkinder können ein Urteil darüber fällen, wer ihnen hilft und wer ihnen schaden will (Hamlin / Wynn, 2011).
Erstaunlicherweise scheinen auch 3 Monate alte Kinder in der Lage zu sein, dasselbe Urteil zu fällen. Kleinstkinder – kleine Wesen, die hauptsächlich hilflos erscheinen und es noch schwer finden, einen Gegenstand auch nur zu ergreifen – schauen länger auf hilfreiche Handpuppen als auf Handpuppen, die eine andere Person daran hindern, ihr Ziel zu erreichen (Hamlin et al., 2010). Es überrascht nicht, wenn Kleinstkinder emotional und physisch eine Bezugsperson meiden, die mit ihnen und anderen barsch ist.

Kleinstkinder können Zuneigung zeigen. Aber wie zeigen Kleinstkinder denn einem anderen Kind Zuneigung? Kuscheln sie, schmiegen sie sich an, drängen sie sich aneinander und umarmen sie sich? Das machen sie, wenn diese Verhaltensweisen bestärkt und vorgeführt werden. Zwei Kleinstkinder, die nebeneinander auf der Seite liegen und sich ansehen, strecken sich vielleicht aus und berühren sich an den Händen. Zwei kleine Jungen können mit breitem Lächeln aufeinander zukrabbeln, zwei kleine Mädchen krabbeln und geben sich nasse Küsse. Diese liebevollen Interaktionen wurden von Mary McMullen und Kolleginnen (2009) an drei verschiedenen Institutionen bei Kleinst- und Kleinkindern beobachtet, in denen die Pädagoginnen sowohl zugeneigt als auch freundlich waren und ein fürsorgliches Verhalten Peers gegenüber unterstützten und förderten.

> *„Wir versuchen, den Kindern das Gefühl zu geben, etwas Besonderes und Einzigartiges zu sein, indem wir ihnen interessante Beschäftigungen anbieten, die eine Herausforderung darstellen, aber von jedem einzelnen von ihnen bewältigt werden können. Wir bieten die Unterstützung und Ermutigung an, die sie brauchen, um die Aufgabe zu lösen und um stolz sein zu können. Wir stellen an den Wänden entlang Spiegel auf, damit sie sich selbst beim Spielen sehen können, und wir machen ihnen deutlich, wie besonders sie für uns sind, indem wir sie im Laufe des Tages oft in den Arm nehmen." Kommentar einer Pädagogin (McMullen et al., 2009)*

Diese Pädagoginnen, die fachlich ausgebildet und sehr erfahren waren, glaubten daran, dass Beziehungen von großer Bedeutung sind. Sie nahmen die Babys oft in den Arm und kuschelten mit ihnen, sie schafften ein liebevolles, warmherziges Umfeld, in dem die Babys sich aufgehoben und sicher bei ihren Bezugspersonen fühlten. Die Kleinst- und Kleinkinder in diesen Räumen lernten in den Armen hingebungsvoller Erwachsener, wie sie mit ihren Peers prosozial umgehen sollten.

Kleinstkinder erwarten von Erwachsenen, dass sie anderen helfen. Eine der ersten prosozialen Verhaltensweisen, die Kinder zeigen, ist das Helfen. Selbst Kleinstkinder unter einem Jahr scheinen untereinander das Bedürfnis nach Hilfe zu verstehen. Wie der Wissenschaftler Moritz Köster und seine Kollegen feststellten, erwarten 9 Monate alte Kinder, dass Erwachsene einem kleinen Wesen zu Hilfe kommen, das Schwierigkeiten hat, sein Ziel zu erreichen, nicht aber einem Kind, das alleine zurechtkommt. Konnten die Kleinstkinder dem Helfer sagen, wer Hilfe brauchte? Nein! Wenn die Hilfsperson aber auf der Schwelle erschien, blickten die schweigenden Kleinstkinder auf das kleine Kind, das Hilfe brauchte und erwarteten offensichtlich von der Hilfsperson Zuwendung für das bedürftige Kind. Die Kleinstkinder sahen auch überrascht aus, wenn die Hilfsperson sich einem nicht-hilfebedürftigen Kind zuwandte (Köster et al., 2016).

Kleinstkinder entwickeln und vermitteln Empathie. Empathie ist definiert als „... die Fähigkeit, Gefühle eines anderen zu bemerken und achtsam und fürsorglich auf ihn einzugehen ..." (Quann / Wein, 2006). Sie beinhaltet auch zu verstehen, dass diese Gefühle bei der anderen Person ihren Ausgang haben und nicht in uns selbst. Wenn wir sehen oder hören, was ein anderer Mensch fühlt, werden dieselben Schaltkreise in unserem Gehirn aktiviert (Davidov et al., 2013). Wenn eine andere Person verzweifelt ist und wir Empathie empfinden, zeigen wir unsere Besorgnis oder versuchen, etwas für diese Person zu tun. In der Vergangenheit meinten wir, Kleinstkinder könnten unmöglich in ihrem ersten Lebensjahr um andere besorgt sein. Wie die Forschung jedoch herausgefunden hat, beginnen Babys bereits mit 8 Monaten, durch ihren Gesichtsausdruck oder ihre Stimme ihre Sorge um die verzweifelte Mutter zum Ausdruck zu bringen, und anscheinend auch ihre Neugier und/oder den Versuch, die Mutter zu trösten (Roth-Hanania et al., 2011). Es scheint, als könnten Kleinstkinder in einer Weise reagieren, die Empathie bekundet.

Jane Liddle und ihre Kolleginnen in Australien stellten sich die Frage, wie Kleinstkinder auf ein anderes Baby reagieren würden, das bekümmert zu sein schien, und ob ein unglückliches Kleinstkind sich durch den Trost eines anderen Babys beruhigen ließe.

Fünfundzwanzig 7 bis 10 Monate alte Kleinstkinder wurden in Dreiergruppen beobachtet, manchmal in Anwesenheit der Mütter, manchmal ohne sie.

Die drei Babys wurden in ihren Buggys im Dreieck zueinander aufgestellt. Mit einiger Mühe konnten sie sich gegenseitig berühren. Ganz gleich, ob die Mütter anwesend waren oder nicht, die Kleinstkinder reagierten auf den Kummer eines ihrer Peers mit unverwandtem Hinsehen, Stirnrunzeln oder Lächeln, Winken, Armausstrecken, Berühren und Lautproduktion. Das folgende Beispiel zeigt, wie Johanna und Fred Annie helfen, als diese aufgebracht ist. Achten Sie darauf, wie das Anblicken, die Töne und die schaukelnden Beine Annie dazu brachten zu lächeln.

> *Annie ist aufgebracht. Zwölf Sekunden später trifft sie der Blick von Johanna, die sie beobachtet. Johanna erwidert Annies Blick und erhebt die Finger einer Hand in einer Art Winken. Annie legt eine Pause bei ihrem Quengeln ein und strampelt mit ihren Füßen in Johannas Richtung. Johanna sieht Fred an und verpasst Annies Reaktion. Annie fängt sofort wieder mit dem Quengeln an, strampelt mit den Beinen und schüttelt den Kopf von einer Seite zur anderen. Dann wendet Annie sich Fred zu, der sie beobachtet hat. Sie blicken einander drei Sekunden lang an, bevor Annie wegschaut und jetzt nicht mehr bekümmert ist.*
>
> *Während Johanna ihm zuschaut, lenkt Fred Annies Aufmerksamkeit mit einigen Lauten und einem Lächeln wieder in seine Richtung. Annie sieht Fred kurz an, wendet sich dann ab und reibt sich die Augen. Fred wiederholt seine Laute und streckt seine Beinchen zu Annie aus, sieht dann Johanna an und dann wieder zurück zu Annie. Annie blickt auf Fred und dann nach unten zu seinen Beinen, die er hin und her schwingt. Während Fred mit den Beinen hin und her schaukelt, wiederholt er die Laute das dritte Mal mit einem Lächeln. Johanna antwortet mit einigen Lauten und hebt die Finger in einer winkenden Geste hoch, wobei sie Fred anschaut. Daraufhin macht Annie ebenfalls bei dem Spiel mit: Sie baumelt mit den Beinen, schaut die anderen an, lächelt und bildet Laute mit Johanna und Fred; das geht fast drei Minuten lang so weiter. (Liddle et al., 2015)*

In diesem Versuch haben die Babys sich nicht von den bekümmerten Kleinstkindern abgewendet. Sie reagierten nur selten, indem sie selbst auch bekümmert wurden. Sie konnten anscheinend den Unterschied zwischen sich und den anderen wahrnehmen, dass es also das andere Baby war, das unglücklich war und nicht sie selbst. Die häufigste Reaktion bestand darin, das unglückliche Baby zu betrachten; einige Kleinstkinder blickten aber auch auf die Mutter des weinenden Kindes, als ob sie von ihr erwarteten, dass sie dem Baby hilft. Im Betrachten anderer Kinder, die Kummer hatten, wird das Interesse an und die Neugier der Babys gegenüber dem unglücklichen Peer deutlich. Während der Hälfte des Zeitraumes reagierten die jungen Kleinstkinder auf den Kummer eines anderen Kleinstkindes auch mit verschiedenen Gesichtsausdrücken, Winken, sich Ausstrecken, Berühren und lautlichen Äußerungen. In mehr als einem Drittel der Episoden, in denen Kleinstkinder auf das Weinen eines Peers reagierten, halfen sie dem anderen Baby erfolgreich dabei, weniger bekümmert zu sein.
Dieser Versuch zeigte die Anfänge von Empathie und prosozialem Trösten bei Kleinstkindern, die noch nicht einmal ein Jahr alt waren. Jane Liddle und ihre Kolleginnen nannten dies beginnende „Baby-Empathie".

Die prosoziale Entwicklung bei Kleinkindern

Als ein jüngeres Kleinstkind anfängt zu weinen, läuft eines der Kleinkinder durch den Raum zu ihm hinüber und gibt ihm einen Kuss auf den Kopf. Als der 15 Monate alte Sawyer eines Morgens in den Kleinkind-Raum kommt, laufen zwei Mädchen zu ihm hin und umarmen ihn. Kleinkinder tätscheln einander, so wie sie auch selbst sanft getätschelt werden, wenn sie Kummer haben. Prosoziales Verhalten wird viel häufiger während des zweiten und dritten Lebensjahres gezeigt.

Angeregt durch die Forschung von Wynn, Hamlin und Kollegen untersuchten die Wissenschaftler Celine Scola, Claire Holvoet, Thomas Arciszewski und Delphine Picard, ob junge Kinder die prosozialen oder die antisozialen „Anderen" bevorzugen. In ihrer Studie wurden Ein- und Zweijährigen kurze Cartoons gezeigt, in denen eine Person (der Protagonist) mit zwei anderen Ball spielte. Einer von ihnen (der Geber) verhielt sich prosozial, und der andere (der Festhalter) verhielt sich antisozial. Später wurden den Kindern Bilder mit der gebenden und der festhaltenden Person angeboten, und sie wurden dazu ermutigt, nach der Karte zu greifen, die sie haben wollten. Die meisten Kleinkinder (77%) wählten die gebende Person, selbst wenn die Farbe des Gesichtes verändert worden oder das Gesicht zerknautscht war (Scola et al., 2015).
Kleinkinder ziehen also prosoziales dem antisozialen Verhalten vor und können soziales Verhalten auch beurteilen. Kleinst- und Kleinkinder bevorzugen positive Menschen und gehen den negativen, antisozialen aus dem Weg (Vaish et al., 2010). Es ist auch im Hinblick auf ihr eigenes Überleben sinnvoll, wenn Kleinst- und Kleinkinder Freundlichkeit der Boshaftigkeit vorziehen. Dennoch ist es überraschend, wie früh in ihrem Leben sie dieses Urteil schon fällen können.
Diese Urteilskraft hat auch Auswirkungen darauf, wem Kleinkinder helfen und wen sie nachahmen. 21 Monate alte Kleinkinder halfen eher einem Erwachsenen dabei, einen Gegenstand, der sich außer Reichweite befand, zu bekommen, wenn dieser Erwachsene ihnen ein Spielzeug in einer früheren Interaktion hatte geben wollen (aber aus irgendeinem Grund daran gehindert gewesen war) (Dunfield / Kuhlmeier, 2010). Die Kleinkinder erfassten nicht nur die freundlichen Absichten der Wissenschaftler, sondern fanden auch eine Möglichkeit, ihnen zu helfen.
Kleinkinder können auch auf der Grundlage des Verhaltens des anderen entscheiden, wen sie nachahmen. 16 Monate alte Kinder entschieden sich für Essen, das prosoziale Puppen „gegessen" hatten, anstatt für das Essen der antisozialen Puppen (Hamlin / Wynn, 2012). Wir fragen uns also, ob auch Kinder, die in einer Betreuungs- und Fördereinrichtung sind, nur jenen Erwachsenen und Peers helfen und sie nachahmen, die sich selber prosozial verhalten.
Kleinkinder helfen einander, wenn sie spielen. Einem anderen Kleinkind ein Spielzeug zu bringen nennt man ***„instrumentelle Hilfe"***. Kleinkinder können auch einem Freund helfen, der sich wehgetan hat oder traurig ist. Diese Art der Hilfe ist eher ***„empathisch"*** (Svetlova et al., 2010). Im folgenden Beispiel hilft Orly Carly, sowohl auf instrumentelle als auch auf empathische Weise.

> *Carly spielt neben dem Spielzeugregal, als Tommy an ihr vorbeirennt und ihr versehentlich auf die Finger tritt. Sie fängt an zu weinen. Orly steht für kurze Zeit daneben und schaut zu, wie die Erzieherin kommt und Carly hochnimmt und auf ihren Schoß setzt. Orly dreht sich um, geht zur Sitzecke und holt Carlys Fläschchen und Decke. Er bringt sie zu Carly, gibt sie ihr und wartet kurz, bis Carly aufhört so laut zu weinen. Dann kehrt er zu seinem Buch zurück, in dem er gerade gelesen hatte. (Whaley / Rubenstein, 1994)*

Orly hatte darüber nachgedacht, was Carly helfen würde, um mit dem Weinen aufzuhören, und er fand dann die tröstenden Gegenstände. Sowohl jüngere als auch ältere Kleinkinder helfen ihren Peers (Hepach et al., 2016).

In einer Studie wurde beobachtet, wie 18 Monate alte und 30 Monate alte Kinder anderen Kindern halfen, die nicht an die Bälle herankamen, die sie brauchten, um weiterzuspielen. Die helfenden Kinder behielten die Bälle nicht für sich, sie übergaben sie den Peers, die sie für ihr Spiel benötigten.
Kleinkinder möchten auch Erwachsenen helfen (Hepach et al., 2013). In einem anderen Experiment halfen 18 Monate alte Kinder Erwachsenen, die Hilfe brauchten, um eine Aufgabe zu Ende zu bringen – ganz gleich, ob der entsprechende Erwachsene anwesend war oder nicht (Hepach et al., 2017).
Manchmal wissen kleine Kinder nicht, wie sie helfen könnten. Einmal sah ein Kleinkind, wie ein Peer in einer Eltern-Kind-Spielgruppe sich die Finger in einer Schublade klemmte, und es war sich nicht sicher, wie es helfen könnte. Schließlich steckte es dem weinenden Kind seinen Daumen in den Mund, wodurch das verletzte Kind sich beruhigte. Wir können auf diese Geschehnisse achten und solche tapferen Bemühungen, sowohl Erwachsenen als auch Peers zu helfen, mit Worten würdigen. An dieser Hilfe für Peers in Not erkennen wir, wie Empathie gezeigt wird und sich entwickelt: Ein Kleinkind blickt besorgt auf, als ein Peer auf der anderen Seite des Raumes anfängt zu weinen. Ein Kleinkind bringt einem missmutigen Peer Spielzeug. Ein anderes Kind holt einen Sticker für einen Freund, der sich wehgetan hat und weint und dabei sein Plüschkaninchen fest an sich drückt. Diese Kinder scheinen für ihre Peers *„Empathie"* zu empfinden: Sie fangen an, die Gefühle anderer zu verstehen und versuchen, andere zu trösten. Um Empathie empfinden zu können, müssen Kleinst- und Kleinkinder in der Lage sein, Gefühle von Verzweiflung, Traurigkeit oder Frustration bei anderen zu erkennen. Der besorgte Gesichtsausdruck von Kindern, die Empathie empfinden, sagt uns, dass sie auf die Gefühle anderer Kinder reagieren.
Auch die Forscherinnen Valerie Quann und Carol Anne Wien (2006) untersuchten Empathie bei Kleinst- und Kleinkindern. Sie beobachteten dreizehn Episoden von Empathie im Verlauf von neun dreistündigen Einheiten. Aus diesen Beobachtungen ergaben sich drei Arten von Empathie:

- **Proximale Empathie:** Ein Kind ist in der Nähe eines anderen, das aufgebracht ist. Das erste Kind ist nicht die Ursache dafür, dass dieses andere Kind aufgebracht oder verletzt ist, reagiert aber trotzdem liebevoll und besorgt auf den Kummer des anderen Kindes.

  Die 23 Monate alte Destiny und die 20 Monate alte Pratha spielen im Kreativ-Bereich und versuchen, Papier mit einer Schere zu zerschneiden. Destiny, die nicht viel Erfahrung im Gebrauch von Scheren hat, kämpft damit, die Schere richtig zu halten. Dabei biegt sich ihr Zeigefinger nach hinten und sie fängt an zu weinen. Pratha sagt „Aua" und berührt Destinys Hand. Dann blickt Pratha auf, vermutlich auf der Suche nach der Pädagogin. Die Pädagogin Leona kommt mit Eiswürfeln und tröstet Destiny. Pratha steht mit besorgtem Gesichtsausdruck daneben.

- **Altruistische Empathie:** Ein Kind ist nicht in der Nähe des bekümmerten Kindes, hört aber mit dem auf, was es gerade macht, um zu versuchen, das aufgebrachte Kind zu trösten, und es gibt sich die allergrößte Mühe, ihm zu helfen.

  Der 20 Monate alte Matthew ist heute schlecht gestimmt, weint am Gitter vor der Tür des Aufenthaltsraumes und will nach draußen (wahrscheinlich, weil er seiner

Mutter hinterhergehen will, die vor etwa einer Stunde fortgegangen ist). Zwei Pädagoginnen haben versucht ihn zu trösten und abzulenken, aber er ist weiterhin aufgebracht. Die 17 Monate alte Amanda bringt ihm mehrere Eisenbahnen; jeder weiß, die sind sein Lieblingsspielzeug. Er wirft sie über das Gitter. Einer Pädagogin gelingt es, ihn mit einem Puzzle abzulenken.

Später sammelt die andere Pädagogin die Eisenbahnen auf und legt sie in ihren Behälter zurück. Amanda guckt in den Behälter. Sie blickt sich im Raum um, und als sie Matthew sieht, hellt sich ihr Gesicht auf. Sie bringt einen Zug dorthin und legt ihn ohne ein Wort zu sagen auf den Tisch neben ihn. Der 17 Monate alte Colin geht am Tisch vorbei, nimmt die Eisenbahn und geht damit weg. Matthew schreit und fängt an, hinter Colin herzulaufen. Matthew geht in eine Ecke, weint laut und wirft Spielzeug umher. Er hat eine große Glocke in der Hand, als Amanda mit einer anderen Eisenbahn, die sie gefunden hat, zu ihm geht; sie bietet sie ihm an. Er legt die Glocke hin, nimmt den Zug und setzt sich auf den Teppich und hält den Zug fest. Amanda geht zurück, um weiter ihre Bücher mit Emma und einer Praktikantin zu lesen. Matthew legt die Eisenbahn hin, geht an ein Bücherregal, sucht sich ein Buch aus und setzt sich damit zu ihnen. Den Rest des Morgens ist er viel vergnügter.

In diesem Beispiel versucht Amanda sehr beharrlich, Matthew zu trösten. Wie Quann und Wien hervorheben, ist Amandas Lösung viel feiner auf Matthew abgestimmt, als die der Erzieherin.

- **Selbstkorrigierende Empathie:** Ein Kind verursacht einem anderen Kind Kummer und versucht dann, es wieder gutzumachen.

Madison und Tony spielen still mit einem Puzzle auf einem Teppich. Als Tony aufsteht, stößt er aus Versehen Madison an, die gleichzeitig aufgestanden ist. Tony streckt seine Hand aus und klopft Madison beruhigend auf den Rücken.

Kleinkinder scheinen zu verstehen, dass andere, wenn sie traurig sind, dies durch Tränen, ein trauriges Gesicht und eine in sich gesunkene Körperhaltung ausdrücken. Sie „fühlen mit“ den anderen Kindern.

Der durch Handeln ausgdrückte Teil der Empathie besteht darin, andere zu trösten. Wir sehen oft sehr junge Kinder, die aus ganzem Herzen versuchen, andere zu trösten. Nachdem er Zweijährige beobachtet hatte, zeichnete der Forscher Lois Murphy Beispiele von Kindern auf, die andere trösten, die Ursache des Kummers beseitigen oder andere Kinder beschützen, wie im folgenden Beispiel mit dem kleinen Heinrich:

Heinrich sitzt in einem Spielzeugauto. Wallis ist auf einem Fahrrad in der Nähe unterwegs. Wallis fällt vom Fahrrad und es fällt auf ihn. Er windet sich und kämpft, um sich zu befreien. Heinrich steigt aus dem Kinderauto und zieht das Fahrrad zur Seite, damit Wallis darunter hervorkriechen kann. Sobald Wallis wieder aufsteht, fährt Heinrich davon. (Murphy, 1936)

Nach Murphys Beobachtungen trösten Zweijährige andere Kinder mit Tätscheln, Umarmen, Küssen und mitfühlende Ausdrücken wie: „Das hat wehgetan, nicht?“ Sie versuchen, die Ursache des Kummers des anderen zu beseitigen. Sie helfen einem Kind aus einer körperlichen Notlage, indem sie ihm zum Beispiel hochhelfen, wenn es hingefallen ist.

Sie schützen ein anderes Kind vor Verletzungen, indem sie es auffangen, wenn es fällt, oder indem sie es warnen und sagen „Du kannst fallen“. Sie schlagen Lösungen vor und bitten zum Beispiel einen Erwachsenen, ein Kind vor einer gefährlichen Situation zu bewahren.

Die Zweijährigen, die Murphy beobachtete, hatten ein Repertoire an mitfühlenden Verhaltensweisen, mit denen sie trösteten, halfen und andere Kinder beschützten; sie warnten andere Kinder vor Gefahren und schlugen sogar Erwachsenen vor, wie sie anderen helfen könnten. Diese jungen Kinder reagierten auf körperliche Schwierigkeiten wie Unfälle, Hinfallen und die Notwendigkeit, jemanden zu verbinden.

Wie entwickeln Kinder Empathie? Kleinkinder scheinen in der Lage zu sein, an andere zu denken, aber einige von ihnen zeigen mehr Empathie als andere. Mehrere Faktoren können zu den empathischen Fähigkeiten eines Kindes beitragen. Ganz allgemein müssen Kinder den Unterschied zwischen dem Selbst und anderen kennen oder die *„theory of mind“* besitzen, um anderen Menschen gegenüber Empathie zu zeigen und zu versuchen, die Not des anderen zu lindern. Junge Kinder zeigen diese Fähigkeit viel früher als bisher angenommen (Kawakami et al., 2015). Zusätzlich sind Kleinkinder, die mehr Ausdrücke für Gefühle kennen und verwenden (*„traurig“, „glücklich“, „frustriert“*), empathischer mit ihren Peers (Nichols et al., 2009). Zuneigung zwischen zwei Kleinkindern erhöht ebenfalls ihre empathischen Reaktionen. Kinder, die einander mögen, scheinen die Emotionen und Reaktionen des jeweils anderen zu verstehen (Howes / Farver, 1992). Und nicht zuletzt spielt die Sensibilität der Erwachsenen für die Bedürfnisse der Kinder eine wesentliche Rolle. Es ist wichtig, daran zu denken, dass Kinder eher Empathie entwickeln, wenn sie eine empathische Fürsorge als Vorbild haben. Empathie muss den Kindern gezeigt werden, sie müssen dazu ermutigt werden und sie fühlen, bevor sie selbst eine Neigung zu Empathie entwickeln können (Nichols et al., 2009).

„Sie (die Peers) beginnen eher mit vertrauten statt mit unvertrauten Spielpartnern ein Spiel, wenden sich ihnen mit positiven Gefühlen zu oder lassen sich auf komplexe Interaktionen mit ihnen ein.“ (Howes, 1988, zitiert bei Shonkoff / Phillips, 2000)

Wie wir wissen, lernen auch ältere Kleinkinder erst allmählich die Bedeutung von *„sich abwechseln“*, *„teilen“*, *„haben“* und *„besitzen“*. Oft benutzen wir das Wort *„teilen“* wenn wir eigentlich *„sich abwechseln“* meinen. *„Teilen“* bedeutet, eine Anzahl von Gegenständen unter einer Gruppe aufzuteilen, wie zum Beispiel Spielzeug oder Essen. Viele 18 Monate alte Kinder können teilen, wenn sie dazu aufgefordert werden, und die meisten 24 Monate alten Kinder können teilen, ohne dazu aufgefordert zu werden.

Forscher gaben jungen Kleinkindern zwischen 18 und 24 Monaten Teller mit O-förmigen Frühstückscerealien (Loops). Wenn ein Erwachsener einen Teller mit den Loops vor ein Kleinkind hinstellte, dann aber seufzte und auf die Loops schaute, teilten nur 25 Prozent der 18 Monate alten Kinder unaufgefordert das Essen mit ihm. Hingegen teilten bei den 24 Monate alten Kindern 75 Prozent unaufgefordert mit ihm. Wenn der Erwachsene seine Hand ausstreckte oder verbal um einige Loops bat, gaben ihm 50 Prozent der 18 Monate alten Kinder und fast alle 24 Monate alten etwas ab (Brownell et al., 2013). Junge Kinder brauchen oft einen Hinweis, um daran zu denken, etwas zu teilen.

In einer anderen Studie teilten jedoch 18 bis 24 Monate alte Kinder bereitwillig Spielzeug, wie zum Beispiel Murmeln miteinander. Dieses Ergebnis lässt vermuten, dass kleine Kinder nicht selbstsüchtig sind, sondern großzügig mit ihren Ressourcen umgehen, wenn sie untereinander teilen (Ulber et al., 2015).

> *Jed und Beth sitzen beide auf einem Kubenstuhl, vor sich zwei umgedrehte Kubenstühle, die als Tisch dienen. Jedes Kind hat einen Spielzeugbecher. Beth sieht in ihren Becher und legt einige Loops hinein, die sie in einem Beutel von zu Hause mitgebracht hat. Beth guckt Jed an und fragt: „Hast du welche?“ Jed schaut in seinen Becher und schüttelt verneinend den Kopf. Beth langt in ihren Beutel und füllt seinen Becher mit den Loops. Sie essen weiter. (Whaley / Rubenstein, 1994)*

Kleinkinder können Freunde finden, Freunde sein und Freunde haben. Wie Carolee Howes (2000) in ihrer Untersuchung von Kleinkindern in einer Kita feststellte, hatten über die Hälfte der Kinder Freundschaften, die nach dem ersten Geburtstag der Kinder begonnen hatten, und die während der ganzen einjährigen Forschungszeit andauerten.

Mit 15 Monaten zeigt sich ein Kind sehr freudig erregt, als es nach vier Monaten der Trennung seinen Freund wiedersieht. Sie beide quieken, als sie sich wiedererkennen, berühren einander vorsichtig und umarmen und küssen sich. (Howes, 2000)

Kleinkinder blicken morgens zur Tür, um zu sehen, ob ihr Freund schon angekommen ist. Sie sind gern mit einem Freund zusammen und umarmen und küssen sich, und sie haben ihre ganz eigene Art, miteinander zu spielen. Befreundete Kleinkinder helfen sich gegenseitig, teilen mit dem anderen und spielen komplexere Spiele als mit anderen Peers. Bei Freundschaften empfinden Kinder aufrichtige Zuneigung zueinander. Sie möchten mehr Zeit miteinander verbringen und vermissen sogar den anderen, wenn sie getrennt sind. Kleinkinder haben kein festes Repertoire an Verhaltensweisen, die sie durchgängig bei allen Kindern anwenden. Sie können zu bestimmten Kindern Freundschaften entwickeln, zu anderen Kindern hingegen nicht.

In einem Betreuungs- und Förderzentrum wurden zwei Mädchen über einen längeren Zeitraum hinweg in ihrer Kleinst- und Kleinkindergruppe beobachtet. Emily war 14 Monate alt, Katie 13 Monate. Sie gingen liebevoll miteinander um und zeigten ihre gegenseitige Zuneigung, indem sie sich berührten oder versuchten, der anderen die Nase abzuwischen. Sie hatten eine Beziehung, die durch gemeinsames Spielen geprägt war – sie machten einander nach, fingen Spiele an, gestikulierten und äußerten Laute. Die beiden Kinder, die von den Erzieherinnen als Freundinnen bezeichnet wurden, bevorzugten die gegenseitige Gesellschaft und spielten wechselseitige Spiele. (Shin, 2010)

Kimberley Whaley und Tamara Rubenstein (1994) beobachteten in einer über zweihundert Stunden langen Videoaufzeichnung, wie Kleinkinder im Alter von 22 bis 36 Monaten miteinander umgingen. In ihrem Artikel „How Toddlers ‚do' Friendship" (Wie Kleinkinder Freundschaft ausdrücken) bezeichneten die Forscherinnen die Kinder als „Freunde", wenn

- sie in ihrem täglichen Leben die Gelegenheit zu spielerischer Interaktion mit einem bestimmten Partner hatten
- die Partner ausreichend gut miteinander bekannt waren, um vorgegebene, festgelegte soziale Interaktionen miteinander durchzuspielen
- eine Gemeinschaft, Vertrautheit und Zuneigung aus diesen Interaktionen abgeleitet werden konnten und
- die Kinder das Zusammensein mit diesem Kind bevorzugten.

Whaley und Rubenstein nennen sechs Charakteristika, die sie bei den Freundschaften der Zweijährigen beobachten konnten: Helfen, Vertrautheit, Loyalität, Teilen, Gleichheit und rituelles Handeln. Die Kinder zeigten ihre Loyalität, indem sie ihre Freunde in der Gegenwart anderer unterstützten.

Beth und Jed hatten etwa fünfzehn Minuten lang mit Bällen gespielt, als eine Pädagogin sie unterbricht und Jed zum Windelnwechseln mitnimmt. Während dieser im Badezimmer ist, kommt Harry heran und nimmt den roten Ball auf, mit dem Jed ge-

spielt hatte. Beth beobachtet das, dreht sich dann um und läuft in die hintere Ecke des Raumes. Sie greift in den Korb mit den Bällen und holt einen gelben Ball heraus. Beth trägt den gelben Ball zu Harry, streckt die Hand nach dem roten aus und sagt: „Jeds Ball." Sie reicht Harry den gelben Ball, der dann mit diesem weiterspielt. Beth geht mit ihrem und Jeds roten Ball in den Armen zum Badezimmer. (Whaley / Rubenstein, 1994)

Obwohl sie sich zum größten Teil nicht verbal ausdrückt, verteidigt Beth ihren eigenen Gegenstand und den ihres Freundes. Junge befreundete Kinder imitieren einander auch, um Gleichheit und ein Gefühl von „Zusammengehörigkeit" herzustellen.

Carly und Orly haben miteinander gespielt und sich fünfunddreißig Minuten lang gegenseitig nachgeahmt, dann fängt Orly an, um den großen Tisch im Raum herumzulaufen, wobei sie aus voller Kraft „Ringel, ringel Rosen" singt. Carly folgt ihr, rennt hinter Orly her und singt mit. Orly trägt Bluejeans, die ein bisschen zu groß sind und Carly trägt einen Overall. Während sie läuft, fängt Orlys Hose an herunterzurutschen, also greift sie mit der Hand nach hinten und fasst nach der Hose, um sie beim Laufen obenzuhalten. Fast gleichzeitig greift Carly mit der Hand nach hinten, fasst an eine Stelle ihres Overalls, die sich in der gleichen Höhe befindet wie bei Orly und läuft weiter hinter dieser her. (Whaley / Rubenstein, 1994)

Diese Erlebnisse geben Zweijährigen ein Gefühl von emotionaler und physischer Verbundenheit. Bevor die Sprache verwendet wird, bindet nonverbales Imitieren zwei Kinder aneinander. Das charakteristische Merkmal, durch das sich das Imitieren von Freunden und das Imitieren von Nicht-Freunden voneinander unterscheidet, ist die Exaktheit. Zwischen Freunden führt das Imitieren zu einem Synchronismus. Selbst wenn dieser Synchronismus durch eine Pädagogin unterbrochen wird, nehmen Zweijährige das Imitieren wieder auf, und zwar so eng aufeinander abgestimmt, dass es oft schwer ist zu entscheiden, welches Kind die Interaktion anführt (Whaley / Rubenstein, 1994). Spiele, wie ein Baby, einen Bären oder ein Monster darstellen, sind nur einige der Rituale, die bei befreundeten Kleinkindern beobachtet werden konnten. In einer anderen Einrichtung entwickelten Kleinkinder besondere Spiele mit ihren Freunden, spielten sie ausschließlich mit ihren Freunden und schienen sich auf dieses Spiel mit ihnen zu freuen.

Die Freunde Zack und Maria sind 2 Jahre alt. Seit ihrer Kleinstkinderzeit sind sie in derselben Gruppe zusammen. Sie verbringen viel Zeit miteinander, wenn sie in ihrer Tagesstätte sind. Zack und Maria ziehen es vor, zusammen zu sein und wählen sich gegenseitig als Partner, statt eines der anderen Kinder aus der Gruppe. Diese beiden Kinder empfinden viel Freude, wenn sie zusammen sind und haben ihre Lieblingsspiele, die sie zusammen spielen. Sie sagen dem anderen: „Ich liebe dich." Da sie seit ihrer Kleinstkinderzeit gemeinsam in dieser Einrichtung sind, haben sie gemeinsame Zeit und Kontinuität in der Gruppe erlebt.

Kleinkinder können nicht nur Freundschaften schließen, sondern sie trauern auch, wenn eine Beziehung zu Ende geht (Whaley / Rubenstein, 1994). Eine Erzieherin von Kleinkindern in der „Boulder Journey School" in Colorado erlebte, wie ein Kind in ihrer Gruppe sich an seine Freundin, die zu einer anderen Gruppe wechseln musste, zu erinnern schien und traurig wurde.

Charley, ein Mädchen im Kleinkindalter, sieht sich ein Buch mit dem Titel „All about me" („Alles über mich") an, das Olivia, einem Mädchen aus ihrer Gruppe gehört. Olivias Mutter musste die Zeiten ändern, zu denen Olivia in die Tagesstätte kommt. Ein „All about me"-Buch enthält Bilder von einem Kind und beginnt mit der Zeit, in dem es ein Baby war. Fast jeden Tag nimmt Charley Olivias Buch und sieht es sich an. Wir können nicht mit Sicherheit sagen, ob sie trauert, weil sie Olivia nicht mehr jeden Tag in ihrem Raum sieht, sie scheint aber an sie zu denken.

„A day without a friend is like a pot without a single drop of honey left inside." Winnie the Pooh (A. A. Milne)

Vertrautheit und Freundschaft zwischen Kleinkindern sind ein wichtiger Teil ihres Lebens. Freundschaften machen Spaß. Sie erlauben es Kindern, ihre Fähigkeit, Beziehungen zu pflegen, zu vertiefen, und sie fördern Empathie. Kleinkinder reagieren vermutlich dreimal so häufig auf einen Freund in Not, als auf einen anderen Spielkameraden, der nicht ihr Freund ist (Howes / Farver, 1987). Ändern junge Kinder ihr Verhalten in Reaktion auf das Verhalten anderer Kinder? Die Kleinkinder in dem folgenden Beispiel konnten ihre Sprache anpassen, wenn sie mit Sammy spielten.

Sammy hat eine zerebrale Kinderlähmung und kann glucksende Geräusche mit seiner Zunge machen. Unaufgefordert gehen zwei Kleinkinder zu der Couch, auf der er liegt. Sie machen glucksende Geräusche, während sie neben der Couch stehen und ihm ins Gesicht sehen. Er macht auch Geräusche, sie imitieren ihn, und Sammy bricht in Gelächter aus. Sie passen ihre Sprache den Geräuschen an, die er machen kann. Statt Sprache zu benutzen, die Sammy nicht für die Kommunikation verwenden kann, passen sie ihre Sprache der seinen an. Sie „sprechen seine Sprache".

Wenn Kleinkinder ihr Verhalten auf den Grad der Fähigkeiten eines anderen Kindes abstimmen, zeigen sie soziale Kompetenz.

„Die gemeinsamen Momente der Freude bauen das soziale Gehirn der Kinder auf." Mariah Moser, Somatische Psychotherapeutin

Wenn Kleinst- und Kleinkinder lachen und vergnügt, voller Freude und ausgelassen beieinander sind, demonstrieren sie die Fröhlichkeit kleiner Kinder (Løkken, 2000a, 2000b). Wenn sie fröhlich sind, fühlen Kleinkinder sich sicher miteinander und bringen sich in emotionale Beziehungen ein, die ein Lächeln auf ihren Mund zaubern und Lachen in ihrem Bauch auslösen. Fröhlichkeit kann bei Kleinkindern viele Formen annehmen, wie zum Beispiel zusammen tanzen und rennen, kreischen und lachen, oder gemeinsam Geräusche machen, einen Hügel hinunterrollen oder sogar das „urkomische" Spiel des sich Anspuckens spielen. Wenn wir zusammen mit einem anderen Erwachsenen wirklich lachen, lassen wir jede Vorsicht hinter uns und fühlen uns fast eins mit diesem Menschen. Wir finden dieselben Dinge komisch. Wir festigen unsere Freundschaft durch Lachen. Wenn Kleinkinder miteinander lachen, wird auch ihre Beziehung gefestigt. Wenn unser Ziel Freude ist, wird mehr Fröhlichkeit in die Einrichtungen für junge Kinder einziehen!

Alter	Prosoziales Verhalten
4–8 Monate	▪ Kleinstkinder gurren, lächeln und lachen einander an (Porter, 2003). ▪ Die meisten 5 und 10 Monate alten Kinder treffen ein soziales Urteil, indem sie eine hilfsbereite Puppe einer antisozialen vorziehen (Hamlin / Wynn, 2011). ▪ 6 und 10 Monate alte Kleinstkinder beurteilen Individuen aufgrund ihres Verhaltens anderen gegenüber. Kleinstkinder ziehen eine Person, die einer anderen hilft, einer Person vor, die andere behindert; sie ziehen eine hilfsbereite Person einer neutralen vor, und sie ziehen eine neutrale Person einer Person vor, die andere behindert (Hamlin, Wynn, Bloom, 2007).
8–12 Monate	▪ Es gibt Hinweise auf Empathie bei Babys – empathische Sorge und prosoziales Verhalten für Peers im ersten Lebensjahr (Liddle, Bradley, Mcgrath, 2015). ▪ Einige Kinder zeigen im Alter von 8 und 10 Monaten Besorgnis über ihre Mütter, wenn diese ihre Verzweiflung erkennen lassen. Diese Kinder geben Laute von sich, gestikulieren oder zeigen einen besorgten Gesichtsausdruck (Roth-Hanania et al., 2011). ▪ Kinder im Alter von 8 bis 12 Monaten versuchen, andere bekümmerte Babys zu trösten. Sie lächeln, geben Laute von sich, winken, strampeln und schaukeln mit den Beinen und schütteln ihren Kopf von einer Seite zur anderen, in Richtung des weinenden Kindes (Liddle, Bradley, Mcgrath, 2015). ▪ Ältere Kleinstkinder zeigen Erwachsenen und Peers gegenüber ihre Zuneigung (McMullen et al., 2009). ▪ 9 Monate alte Kinder blicken Erwachsene an, damit diese einem anderen Kind helfen (Köster, Ohmer, Nguyen, Kärtner, 2016).
12–18 Monate	▪ Prosoziales Verhalten wird gezeigt. Kleinkinder holen einen außer Reichweite liegenden Gegenstand, den ein erwachsener Versuchsleiter aus Versehen fallengelassen hat (Warneken / Tomasello, 2007). ▪ 12 bis 18 Monate alte Kinder geben ihren Eltern ihr Spielzeug, wenn diese sie dazu auffordern oder durch Lob dazu anregen (Parke et al., 2010). ▪ 12 und 18 Monate alte Kinder warnen spontan einen Erwachsenen, indem sie auf ein verstecktes unangenehmes Objekt hinweisen. Forschungsergebnisse zeigen, dass Kinder spontan eingreifen, um anderen dabei zu helfen, eine schwierige Situation zu vermeiden, bevor sie eintritt (Knudsen / Liszkowski, 2013). ▪ 16 Monate alte Kinder wählen ein Essen, das eine prosoziale Puppe gegessen hat, und nicht das Essen, das eine unfreundliche Puppe gegessen hat (Hamlin / Wynn, 2012). ▪ Die Bevorzugung eines anderen Kindes beginnt mit etwa 12 Monaten (Howes, 2000). ▪ Befreundete Kleinkinder zeigen eine deutliche Bevorzugung füreinander und haben eine fürsorgliche, liebevolle, spielerische und humorvolle Beziehung (Shin, 2010). ▪ Befreundete Kleinkinder suchen Nähe, möchten dicht beim anderen sein und zeigen Zuneigung zum Beispiel durch Lächeln, Lachen und Umarmen (Whaley / Rubenstein, 1994).

Alter	Prosoziales Verhalten
18–24 Monate	▪ In einem Cartoon bevorzugen Kleinkinder prosoziale Charaktere und zeigen damit ihre Bevorzugung des prosozialen Verhaltens (Scola, Holvoet, Arciszewski, Picard, 2015). ▪ Kinder im Alter von 18 bis 30 Monaten helfen Peers, die Hilfe brauchen (Hepach, Kante, Tomasello, 2016). ▪ Kleinkinder zeigen drei Arten von Empathie – proximale, altruistische und selbstkorrigierende (Quann / Wein, 2006). ▪ 18 Monate alte Kinder helfen bei der Arbeit von Erwachsenen, sogar auch dann, wenn der Erwachsene nicht physisch präsent ist (Hepach, Haberi, Lambert, Tomasello, 2017). ▪ Die meisten Kleinkinder können anderen gegenüber, die Kummer haben, freundlich sein. Sie meinen aber unter Umständen, dass das, was sie selbst trösten würde, auch das andere unglückliche Kind trösten müsste. Das eine Kind bietet also vielleicht dem verletzten oder traurigen Kind seine Decke oder sein Fläschchen an (Zahn-Waxler, Radke-Yarrow, King, 1979). ▪ Einige Kleinkinder sind in der Lage, anderen, die sich weh getan haben oder traurig sind, Hilfe anzubieten. Andere haben vielleicht ein eindrucksvolles Repertoire an altruistischen Verhaltensweisen, und wenn eine Sache nicht hilft, versuchen sie eine andere Möglichkeit (Zahn-Waxler, Radke-Yarrow, King, 1979). ▪ Zwischen 18 und 24 Monaten wird das auf andere Personen ausgerichtete Teilen von Ressourcen häufiger, spontaner und selbständiger. Das Kind benötigt immer weniger die Unterstützung und Ermunterung des Empfängers (Brownell, Lesue, Nichols, Svetlova, 2013). ▪ Im Alter von 18 bis 24 Monaten teilen Kinder ihre Ressourcen gleich auf. Dies lässt vermuten, dass junge Kinder mit ihren Ressourcen großzügig sind, wenn sie diese untereinander teilen (Ulber, Hamann, Tomasello, 2015). ▪ Freunde berühren einander, lehnen sich aneinander an und lächeln einander eher zu als Kinder, die nicht befreundet sind. ▪ Freunde bevorzugen sich gegenseitig als Interaktionspartner (Whaley / Rubenstein, 1994).
24–36 Monate	▪ Ältere Kleinkinder können sich prosozial verhalten, indem sie – andere Kinder mit Tätscheln, Umarmungen und Küssen trösten – versuchen, die Ursache für den Kummer des anderen zu beseitigen – ein anderes Kind schützen – ein anderes Kind warnen – Lösungen für die Probleme eines Peers vorschlagen (Murphy, 1936) ▪ Im Alter von 2 Jahren teilen Kinder freiwillig ihre von ihnen geschätzten Ressourcen mit nichtvertrauten Menschen, wenn es für sie nicht von Nachteil ist. Dies hängt jedoch davon ab, ob der Empfänger seinen Wunsch deutlich äußert (Brownell Svetlova, Nichols, 2009). ▪ Ältere Kleinkinder sind von sich aus dazu motiviert, anderen zu helfen (Hepach, Vaish, Tomasello, 2012). Sie werden nicht durch von außen kommende Belohnungen motiviert. Wird jedoch die intrinsische Motivation gelobt, so wird dadurch das prosoziale Verhalten unterstützt (Warneken / Tomasello, 2008). ▪ Ältere Kleinkinder beginnen zu versehen, was Fairness ist (Geraci / Surian, 2011). ▪ Ältere Kleinkinder sind prosozial, selbst wenn ihre erwachsenen Partner es nicht sind (Sebastián-Enesco, Hernández-Lloreda, Colmenares, 2013). ▪ Zweijährige sind selbst fürsorglich; sie sind nicht einfach nur Empfänger von Fürsorge (Kawakami / Takai-Kawakami, 2015).

Alter	Prosoziales Verhalten
24–36 Monate *(Fortsetzung)*	▪ Zweijährige versorgen Kleinstkinder in einer altersmäßig gemischten Gruppe auf sanfte und respektvolle Weise (McGaha, Cummings, Lippard, Dallas, 2011). ▪ Sechs Charakteristika finden wir in Freundschaften zwischen Zweijährigen: Helfen, Vertrautheit, Loyalität, Teilen, Ähnlichkeit und rituelles Handeln (Whaley / Rubenstein, 1994). ▪ Kinder können Fröhlichkeit ausdrücken – sie lachen, zeigen Entzücken und erleben miteinander Freude und Ausgelassenheit (Løkken, 2000a, 2000b). ▪ Zwei- bis Dreijährige, die zu einer Kitagruppe gehören, in der sie über Gefühle unterrichtet werden, zeigen Fortschritte im Verstehen von Gefühlen (Grazzani, Ornaghi, Agliati, Brazzelli, 2016). ▪ Es gibt eine enge Beziehung zwischen dem emotionalen Verstehen im Alter von 3 Jahren und dem prosozialen Verhalten im Alter von 4 Jahren (Ensor, Spencer, Hughes, 2011).

Tabelle 5: Prosoziale Entwicklung und prosoziales Lernen (Geburt bis 3 Jahre)

Unterschiede bei Individuen und Gruppen

Temperament, Gender und Kultur haben einen Einfluss darauf, wie junge Kinder auf prosoziale Weise mit ihren Peers umgehen.

Temperament

Junge Kinder, die gehemmt, zurückhaltend oder verschlossen sind, brauchen freundliche Unterstützung, um sich zu ihren Peers vorzuwagen, während sie die Hand der Pädagogin oder die von Vater oder Mutter halten. Mit schrittweiser und geduldiger Hilfe fassen diese Kinder allmählich Vertrauen zu den Erwachsenen und Kindern in ihrem Leben (Fox et al., 2013). Einige Neugeborene und Kleinstkinder wirken leicht erregbar. Die Erwachsenen müssen erst herausfinden, wie sie sie berühren und halten müssen, um sie zu beruhigen. Wenn Neugeborene, die leicht zu beunruhigen sind, einfühlsame und sichere Bindungen erfahren, werden sie als Kleinkinder eher erkundungsfreudig und sozial sein (Stupica, 2011).

Kinder, die emotional negativ eingestellt sind, runzeln oft die Stirn, jammern häufig, haben Angst und werden schnell zornig (Spinrad / Stifter, 2006). Diese Kinder haben Schwierigkeiten damit, glücklich mit ihren Peers zu spielen. Sie brauchen einfühlsame Erwachsene in ihrem Leben, die diese Art Temperament verstehen und nicht kritisieren, sondern stattdessen warmherzig, offen und emotional zugewandt sind (Kim / Kochanska, 2012). Trösten Sie diese Kinder, wenn sie verzweifelt sind, und begleiten Sie diese Kinder zu den Peers, sobald sie sich bei Ihnen sehr sicher fühlen.

Unterstützen Sie Kinder, die sehr überschwänglich sind und es schwer finden, ihre Ausgelassenheit zu regulieren. Oft sind sie mitten in ihrem Temperamentausbruch und müssen Hilfe bekommen, indem man sie sanft umarmt, leise mit ihnen spricht und vorsichtig darauf achtet, dass andere Kinder nicht geschubst werden, während sie umherspringen. Helfen sie Kindern, die anderen wehtun und die von anderen abgelehnt werden.

Gender

Wie Sie vielleicht gehört haben, sind Mädchen angeblich prosozialer als Jungen. Jedoch zeigte die Untersuchung von Ronit Roth-Hanania, Maayan Davidov und Caroly Zahn-Waxler keine Unterschiede zwischen den prosozialen Reaktionen von 8 bis 16 Monate alten Jungen und Mädchen auf den Kummer ihrer Mutter (Roth-Hanania, Davidov, Zahn-Waxler, 2011). In anderen Forschungsarbeiten wurde kein Gender-Unterschied festgestellt, wenn es um die Frage ging, wie besorgt 24 Monate alte Kinder auf ein weinendes Kleinkind reagieren (Nichols, Svetlova, Brownell, 2015).
Betrachtet man hingegen Untersuchungen bei Vorschulkindern (3 bis 4 Jahre), so sind Mädchen empathischer als Jungen (nach Aussage der Erzieher dieser Kinder) (Belacchi / Farina, 2012). Erzieher sollten prosoziales Verhalten sowohl bei Jungen als auch bei Mädchen fördern, um eventuellen Gender-Unterschieden und -Stereotypen entgegenzuwirken, die möglicherweise bis zum Vorschulalter Einfluss genommen haben.

Kultur

Kulturelle Werte beeinflussen das prosoziale Verhalten von Kleinkindern. Nach Moritz Köster und seinen Kollegen aus Deutschland und Brasilien unterstützen brasilianische Mütter hilfreiches Verhalten ihrer Kleinkinder durch *„ausdrückliche“* Vorgaben, durch ernstes und beharrliches Einfordern. Deutsche Mütter verwenden eher *„behutsame“* Vorgaben, um ihre Kinder zu ermuntern, bei Aufgaben zu helfen. Behutsame Vorgaben beinhalten: fragen, dringend bitten und wiederholt auffordern. Kinder in Brasilien helfen mit größerer Wahrscheinlichkeit bei ausdrücklichen Vorgaben, deutsche Kinder dagegen helfen mit größerer Wahrscheinlichkeit bei behutsamen Vorgaben. Diese Forschung ist wichtig für Pädagoginnen. Die Ergebnisse informieren uns über die kulturspezifischen Methoden, mit denen Kinder lernen zu helfen (Köster et al., 2016). Pädagoginnen, die Kinder höflich bitten zu helfen (behutsame Vorgabe), fragen sich u.U., warum die Kinder nicht reagieren. Die Pädagoginnen denken vielleicht, die Kinder seien bewusst ungehorsam. Stattdessen haben die Kinder möglicherweise prosoziales Verhalten innerhalb einer bestimmten Kultur gelernt und die Art, wie ein anderer Erwachsener sie auffordert ihnen zu helfen, ist ihnen unvertraut. Pädagoginnen müssen jegliche kulturellen Unterschiede erkunden und diese respektvoll akzeptieren; sie müssen mit den Familien über deren Standpunkte und Praktiken sprechen und den Kindern vorsichtig dabei helfen zu lernen, dass es viele Arten gibt, wie Erwachsene prosoziales Verhalten einfordern.

Kleinst- und Kleinkinder haben die Fähigkeit, fürsorglich zu sein. Sie sind in der Lage, prosozial zu sein bzw. zu werden, d.h., freundlich zu sein, Empathie zu empfinden und andere zu trösten. Wenn junge Kinder prosozial sind, helfen und trösten sie ihre Peers. Sie zeigen Warmherzigkeit und Zuneigung, teilen Platz und Spielzeug, kooperieren mit anderen und zeigen Empathie, Mitleid und Verständnis für andere.
Kleinstkinder finden heraus, wer nett ist, zeigen Affekte, erwarten von Erwachsenen, anderen zu helfen und entwickeln sowie kommunizieren beginnende Empathie für andere.
Die Fähigkeit von Kleinkindern, zu helfen, Empathie zu empfinden, andere zu trösten, zu teilen, Freundschaften zu schließen und fröhlich zu sein, entwickelt sich ständig weiter.
Temperament, Gender und Kultur beeinflussen die prosoziale Entwicklung und das Verhalten von Kindern.
Im nächsten Kapitel untersuchen wir, welche Wege Betreuern offenstehen, um Kleinst- und Kleinkinder darin zu fördern, ihre Fähigkeiten zur Fürsorglichkeit zu entwickeln.

Kapitel 5

Strategien, die der Entwicklung des Fürsorgepotenzials dienen

Strategien, die einen Unterschied bewirken

Kinder brauchen von der Geburt an bis zum Alter von 3 Jahren Ihre Anleitung, um prosozial zu werden (Gross et al., 2015). Im Allgemeinen haben Kinder eine natürliche Neigung zu helfen, diese Neigung muss jedoch durch ihre Kultur, die Familie, die Pädagoginnen und überhaupt alle Erwachsenen in ihrem Leben gepflegt werden.
Sehen Sie sich selbst als jemanden, der eine ***„strukturierte Hilfestellung“*** anbietet („guided participation“, Rogoff et al., 2003). Strukturierte Hilfestellung beinhaltet, Gelegenheiten zu schaffen, in denen die Kinder prosozial sein können, indem Sie Aktivitäten mit ihnen teilen und die Situationen an das Entwicklungsstadium der Kinder anzupassen (Dahl, 2015). Kinder müssen erfahren, wie es ist, mit Ihnen, mit anderen Erwachsenen und mit Peers prosozial umzugehen. Wer Kindern helfen will, prosozial zu werden, muss prosoziale Möglichkeiten aufspüren und anbieten können.

Reflektieren, beobachten und dokumentieren

Prosoziale Verhaltensweisen können häufiger auftreten, als es eine Pädagogin vielleicht vermuten wird. Aggressive und kränkende Verhaltensweisen verursachen oft Verstörtheit zu Hause oder in der betreuenden Einrichtung. Aber machen Sie sich ganz bewusst auch in solchen Milieus auf die Suche nach prosozialen Verhaltensweisen, da diese selbst dort durchaus zu finden sind. Erwachsene sollten mit Enthusiasmus, positiver Einstellung und Unterstützung dabei sein und junge Kinder darin fördern, Empathie zu zeigen, zu trösten und anderen zu helfen.
Beobachtung und Dokumentation der prosozialen Versuche der Kinder, ihrer Haltung und ihres Verhaltens machen das wundervolle Fürsorge-Potenzial von Kleinst- und Kleinkindern sichtbar: für die Kinder selbst, für Pädagoginnen, Familien und die Gemeinschaft. Wenn Pädagoginnen freundliches Verhalten der Kinder beobachten, motiviert es sie dazu, über Möglichkeiten nachzudenken, wie die Kinder zu einem noch umsichtigeren Verhalten untereinander ermutigt werden könnten. Halten Sie prosoziale Augenblicke auf Fotos und Videos fest. Stellen Sie Schautafeln her und betrachten Sie diese und die Videos zusammen mit den jungen Kindern. Stellen Sie den Kindern Fragen zu dem, was sie sehen, während Sie sich die Videos gemeinsam ansehen. Fragen Sie zum Beispiel eine kleine Gruppe von älteren Kleinkindern „Was hat Ade gemacht, um Athena (die weinte) zu helfen?“ oder „Was würdest du machen, um Athena zu helfen?“. Durch solche Fragen wird zum einen das prosoziale Verhalten hervorgehoben, und zum anderen werden die Kinder dazu ermuntert, ein soziales Problem zu lösen.
Stellen Sie sich die folgenden Fragen, während Sie das prosoziale Verhalten junger Kinder beobachten:

„Der zentrale Gedanke besagt: Kinder erleben bestimmte soziale Erfahrungen, zu denen einbeziehende Aufforderungen, Teilnahme und Lob gehören. Diese tragen dazu bei, Hilfsbereitschaft entstehen und sich entwickeln zu lassen.“ (Dahl, 2015)

Bei Kleinstkindern:

- Wann lächeln und / oder lachen Kleinstkinder einander an?
- Wie reagieren Kleinstkinder auf einen ärgerlichen oder ängstlichen Gesichtsausdruck von Erwachsenen oder Peers?
- Wie reagieren Kleinstkinder auf ein anderes unglückliches Kleinstkind?
- Erkennen Sie Bemühungen in der Gruppe, andere unglückliche Kleinstkinder zu trösten?
- Wie zeigen Kleinstkinder einander ihre Zuneigung?
- Woran erkennen Sie, ob Kleinstkinder sich übereinander freuen?

Bei Kleinkindern:

- Wie helfen Kinder einander?
- Wie zeigen sie ihre Freundschaft?
- Wie nehmen Kinder Kontakt mit ihren Peers auf?
- Wie trösten Kinder einander und / oder erweisen einander Freundlichkeiten?
- Welche Arten von Empathie können Sie erkennen – proximale, altruistische und / oder selbstkorrigierende?
- Auf welche Weise zeigen Kinder prosoziales Verhalten – Trost, oder den Versuch, die Ursache des Unglücks eines anderen Kindes zu beseitigen, ein anderes Kind zu schützen, zu warnen, Vorschläge zur Lösung des Problems eines Peers zu machen?
- Welche kulturellen Unterschiede im Hinblick auf prosoziales Verhalten erleben Kinder in ihren Familien?

Beobachtung hilft uns dabei, die Absicht der Kinder zu verstehen. In einem Artikel über die Förderung prosozialen Verhaltens bei Kleinst- und Kleinkindern erzählen uns Linda Gillespie und Amy Hunter (2010) in einem wunderbaren Beispiel, wie Verständnis für die kindliche Entwicklung und das Beobachten des kindlichen Verhaltens dazu führen, dass Kleinkinder eine gemeinsame prosoziale Erfahrung machen.

> *Einige Kinder spielen in einem Kleinkindraum mit ihren fünf Plastikarmbändern, die ihre Erzieherin ihnen gegeben hat. Josh streift all seine Armbänder auf seinen Arm und sieht sich dann nach weiteren Armbändern um. Er streckt die Hand aus, nimmt Sashas Armbänder und fängt an, sich diese über seinen Arm zu streifen. Natürlich protestiert Sasha und sagt „Meine".*
>
> *Joshs Erzieherin beobachtet, welches Ziel Josh hat, nämlich alle Armbänder auf seinen Arm zu streifen. Sie sagt: „Sasha, lass uns mal Josh beobachten und sehen, was er tun will. Josh versucht, seinen ganzen Arm mit Armbändern zu füllen." Sasha*

schaut hin und gibt dann Josh eines ihrer Armbänder. Auch die anderen Kleinkinder fangen an, ihre Armbänder mit Josh zu teilen. „Toll!", sagt die Erzieherin, „schaut mal, was ihr alle zusammen gemacht habt. Joshs ganzer Arm ist voll von Armbändern!" Die Erzieherin machte ein Foto, um zu dokumentieren, wie erfreut alle Kinder darüber sind, Josh geholfen zu haben.

Zu einem späteren Zeitpunkt wird die Erzieherin Josh anleiten, erst zu fragen, bevor er anderen Kindern ein Spielzeug wegnimmt; zu diesem Zeitpunkt jedoch half die Erzieherin den Kleinkindern, die Sichtweise eines Peers einzunehmen. Statt eine negative Absicht vorauszusetzen, lernten die Kinder, über die Absichten und Ziele anderer nachzudenken.

Wenden Sie Strategien an, die auf der Beziehung zwischen Erwachsenem und Kind beruhen

Erfahrungen mit frühen Beziehungen können prosoziales Verhalten beeinflussen (Newton et al., 2016). Kinder werden in ihren ersten Beziehungen und den dort stattfindenden Aktivitäten prosozial (Brownell, 2013). Erwachsene, die Beziehungen zu Kleinst- und Kleinkindern aufbauen, wenden eine Vielzahl von Strategien an, um ihnen dabei zu helfen zu lernen, wie man andere tröstet, über die Sichtweise anderer nachdenkt und Empathie für andere empfindet.

In diesem Buch unterstreichen wir, wie wichtig die Vorbildfunktion der Erwachsenen und ihre Sensibilität für die prosoziale Einstellung von Kindern sind (Newton et al., 2016). Diese Sensibilität beginnt damit herauszufinden, was Kinder fühlen und denken. Dann braucht man Freundlichkeit, Mitgefühl und Warmherzigkeit Kindern gegenüber. Strategien, die auf Beziehungen basieren, verwenden Mind-mindedness, gehen von guten Absichten aus, ermutigen zu Interaktionen mit Peers und fördern diese.

Verwenden Sie Strategien der Mind-mindedness

Die Verwendung von Strategien der Mind-mindedness bei Kindern fördert ihr prosoziales Verhalten (Newton et al., 2016). Zur Mind-mindedness (wie auch zur Sensibilität) gehört bei Erwachsenen das Bemühen darum, die Sichtweise des Kindes zu verstehen und sich zu überlegen, warum das Kind sich auf eine bestimmte Art und Weise verhält. Der Erwachsene muss mit dem Kind über dessen Gefühle, Wünsche und Absichten sprechen. Wenn ein Erwachsener sagt: „Du scheinst wütend zu sein. Es war schwer für dich, als du deine Schuhe nicht anziehen konntest", dann „liest" der Erwachsene die Gedanken des Kindes. Hierfür muss er mit dem Kind, seinen Gewohnheiten und seinem Temperament vertraut sein. Erzieher, die Strategien der Mind-mindedness einsetzen, stellen eine starke emotionale Verbundenheit zwischen sich und dem Kind her.

Behalten Sie diese vier Eckpfeiler im Sinn: das Betonen, Begrüßen und Bestärken prosozialer Verhaltensweisen und die Anbahnung von Situationen, die Kinder in diesem Verhalten bestätigen. Wenn Erwachsene diese vier Ansätze praktizieren, werden Kinder mit größerer Wahrscheinlichkeit prosozial (Gross et al., 2015). Verwenden Sie bestimmte Formulierungen zur Bestätigung, wenn Kleinst- und Kleinkinder anderen mit prosozialem freundlichen Tätscheln und mit Umarmungen begegnen, ihnen helfen und sie leiten: „Rosa, du hast Damont geholfen, seine Schuhe zu finden. Das hat ihm sehr gefallen. Du bist eine großartige Helferin." Die Bestätigung macht jungen Kindern nicht nur deutlich, welche Aufmerksamkeit sie für dieses Verhalten bekommen, sondern sie werden auch ein Identitätsgefühl von sich selbst als prosozialer Person entwickeln.

Entwickeln Sie sehr sorgfältig prosoziale Gefühle und betonen Sie diese Haltung im Umfeld Ihrer pädagogischen Arbeit. Wenn prosoziales Verhalten wertgeschätzt wird, fühlen und lernen die Kinder, wie wichtig Warmherzigkeit ist.
Pädagoginnen fragen sich oft, ob sie prosoziales Verhalten der Kinder belohnen sollten. Wie mehrere Forscher, die die natürlichen altruistischen Neigungen von Kindern untersuchten, festgestellt haben, stören extrinsische Belohnungen das prosoziale Verhalten der Kinder. Die Kinder fangen an, sich mehr auf die Belohnung zu konzentrieren, statt auf das prosoziale Verhalten. Verbales Kommentieren und Ermuntern hingegen wird wahrscheinlich das prosoziale Verhalten fördern, da die Erwachsenen die Freundlichkeit des Kindes selbst hervorheben, auf die prosozialen Auswirkungen auf andere Kinder hinweisen und sich auf das Bemühen des Kindes konzentrieren (Warneken / Tomasello, 2008).

Verwenden und trainieren Sie das Sprechen über Emotionen

Abdalla, ein Zweieinhalbjähriger, rennt zu seinem Freund, der weint und sagt: „Du bist traurig? Ich bin traurig." Abdalla drückt emotionales Verstehen aus (EV), die Fähigkeit, die eigenen Emotionen und die anderer Menschen zu erkennen und zu verstehen.

„Emotionales Verstehen" (EV) steht in direkter Beziehung zur sozialen Kompetenz eines Kindes. Wenn Kinder ihre eigenen Emotionen und die ihrer Peers verstehen, verhalten sie sich ihnen gegenüber mit größerer Wahrscheinlichkeit prosozial (Ensor et al., 2011).
In einer Studie von Ilaria Grazzani und Kollegen wurden Erzieherinnen von 2 bis 3 Jahre alten Kindern darin unterrichtet, wie man das EV der Kinder fördern kann. Die Erzieher dieser Gruppe trafen sich viermal in der Woche für eine kurze Zeit mit einer kleinen Gruppe von Kindern. Jedes Mal las die Erzieherin eine bebilderte Geschichte vor und sprach dann mit den Kindern über die Emotionen, die in dieser Geschichte eine Rolle spielten. In einer Geschichte über zwei Kaninchen waren die Kaninchen zum Beispiel abwechselnd ängstlich, glücklich, böse, wütend oder traurig. Die Erzieherin sprach dann mit den Kindern darüber, was sie böse, ängstlich, glücklich, wütend oder traurig gemacht hatte, wobei sie sich jedes Mal auf eines der Gefühle konzentrierte. Sie stellte Fragen wie: „Gibt es noch anderes, das dich böse macht?", „Was für ein Gesicht machst du, wenn du böse bist?". Die Kleinkinder, die diese Geschichten hörten und darüber ein Gespräch führten, verbesserten sich im Vergleich zu einer Gruppe,

die solche Geschichten nicht hörten, in ihrem EV und prosozialen Verhalten (Grazzani et al., 2016).

Verwenden Sie emotionale Sprache und trainieren Sie die Kinder, emotionale Wörter zu lernen und zu gebrauchen. In der Forschungsarbeit von Michelle Lauw und Kollegen wurde Eltern von Kleinkindern in einem Elternkurs für emotionales Training beigebracht, die Emotionen ihrer Kinder nicht zu übergehen. Der Kurs hieß „Auf die Kinder einstimmen". Die Eltern nahmen die Emotionen ihrer Kinder zur Kenntnis und sprachen mit ihnen darüber. Im Verlauf von sechs Monaten, in denen die Eltern ihre Kinder anleiteten, über ihre Emotionen zu sprechen, verbesserte sich das ungestüme Verhalten der Kleinkinder (Lauw et al., 2014).

Erfüllen Sie die emotionalen Bedürfnisse der einzelnen Kinder, indem sie auf ihr Weinen eingehen, trösten Sie die Kleinen, wenn sie bekümmert sind, und verwenden Sie Wörter aus dem Bereich der Emotionen. In der Folge werden die Kinder eher bereit sein, Empathie für den Kummer ihrer Peers zu zeigen. Um anderen gegenüber prosozial sein zu können, müssen Kleinst- und Kleinkinder fühlen, wie es ist, wenn man selber prosozial behandelt wird, und sie müssen emotionales Verständnis lernen.

Vorleben, vorleben und nochmals vorleben

Eine der wirkungsvollsten Strategien, die Erwachsene anwenden können, um prosoziales Verhalten zu fördern, ist das ständige Vorleben. Zeigen Sie Kindern, wie man freundlich ist und wie man anderen hilft. Sie lernen von Erwachsenen, wie man mit anderen Menschen umgeht. Leben Sie Wertschätzung vor, indem Sie sich bei einem Kind bedanken, das einen Arm hochnimmt, um Ihnen dabei zu helfen, ihm das Hemd anzuziehen (Honig, 2014). Wenn Sie ein Kind in Not sehen, nehmen Sie ein anderes Kleinst- oder Kleinkind mit, um nachzuschauen, was es hat, und trösten Sie das Kind. Leben Sie vor, wie man fürsorglich, hilfsbereit und tröstend mit anderen umgeht. In einer Studie von Rebecca Williamson, Meghan Donohue und Erin Tully sahen sich Zweijährige ein kurzes Video an, in dem ein Erwachsener in Reaktion auf den Kummer einer anderen Person ein neuartiges prosoziales Verhalten zeigte. Die Zweijährigen hatten dann die Chance, das neuartige Verhalten bei ihren eigenen Eltern nachzuahmen, die sich in einer physischen Notlage

Wie geht man mit dem Teilen um?

Ermuntern Sie Kinder zu teilen oder nicht? Das Teilen ist eine der schwierigsten Herausforderungen für Erzieher kleiner Kinder. Einjährige und junge Kleinkinder verstehen es nicht, wenn Sie ihnen sagen, sie müssten teilen. Ältere Kleinkinder dagegen fangen an, Begriffe zu lernen wie teilen, sich abwechseln, Besitz und Eigentum. Wenn ein Kind zum Beispiel ein Spielzeug hat, es hinlegt, weggeht und es dann von dem Kind zurückhaben will, das es aufgehoben hat, sagen Sie: „Kareem hat das Spielzeug jetzt. Wenn er damit fertig ist, kannst du es haben." Wenn ein Kind ein Spielzeug von Zuhause mitbringt, könnten Sie sagen: „Das Spielzeug gehört Everett. Frag ihn, ob du damit spielen darfst." Wenn ein Kind ein Spielzeug hat, das ein anderes Kind haben möchte, ermuntern Sie das erste Kind zu sagen: „Kann ich erst einmal damit spielen?" Sie können das Wort „teilen" verwenden, wenn Sie Essen am Tisch herumreichen: „Wir teilen das Essen heute. Matias bekommt etwas, Anna bekommt etwas. Wir teilen." Oder: „Stephen hatte zwei Lastwagen und hat Alex einen abgegeben. Er hat sein Spielzeug geteilt."

Es gibt viele Situationen, in denen man nicht von einem Kind erwartet zu teilen. Wenn ein Kind sich darauf konzentriert, eine Aufgabe mit mehreren Lastwagen zu Ende zu bringen, unterstützen Sie das Kind in seiner Durchhaltefähigkeit und Selbstregulation. Sie können das zweite Kind auffordern zu fragen, ob es mit dem Spielzeug spielen kann, wenn das erste damit fertig ist. Oft werden Sie jungen Kindern Wörter anbieten müssen, die sie in dieser Situation anwenden können, oder Sie bieten anderes Spielzeug oder alternative Aktivitäten an. Wenn Kinder warten müssen, brauchen sie die Hilfe Erwachsener, um das zu verstehen und etwas anderes zu tun zu finden.

befanden. Die Kinder, die das Video gesehen hatten, waren ihren Eltern gegenüber prosozialer und wendeten sowohl das neuartige prosoziale Verhalten an als auch andere prosoziale Verhaltensweisen, die vorher nicht vorgelebt worden waren, wie Umarmen, Küssen und verbales Trösten. Die Kinder, die das Video gesehen hatten, schienen ein größeres Bedürfnis zu haben, den Schmerz der Eltern zu lindern, als die andere Gruppe, die das Video nicht gesehen hatte (Williamson et al., 2012). Junge Kinder lernen beständig durch das Beobachten anderer Menschen.

Unterstützen Sie die Kommunikation der Kinder untereinander

Bringt man Kleinst- und Kleinkindern die Zeichensprache für *„Stopp"*, *„Hilfe"* und *„mehr"* bei, hilft ihnen dies, ein stärkeres Gefühl der Selbstkontrolle während der Interaktionen mit ihren Peers zu haben. Seien Sie ein Vorbild für beschreibendes Sprechen, und ermuntern Sie die Kinder, diese Wörter im Umgang mit Peers zu benutzen.

Heben Sie andere Sichtweisen und das Lösen von Problemen hervor

Die Sichtweise einer anderen Person zu verstehen ist selbst für Erwachsene schwierig, aber wir können auf die Worte des anderen hören und Hinweise der Körpersprache beachten, um zu entscheiden, wie der andere sich fühlt. Junge Kinder fangen gerade erst an, etwas über ihre eigenen Gefühle und die der anderen zu lernen, und sie brauchen ständig Unterstützung darin, über den emotionalen Zustand eines Peers oder die Absichten eines anderen nachzudenken. Helfen Sie Kleinkindern dabei, den Kummer eines anderen Kindes zu bemerken und darüber nachzudenken, wie sie dem anderen Kind helfen können, das niedergeschlagen ist, weint oder Schwierigkeiten mit einer Aufgabe hat. Sagen Sie zum Beispiel zu einem Kind: „Ich glaube, Shawn ist traurig. Sieh mal. Er weint. Was könnten wir machen, damit es ihm bessergeht?" Wenn das Kind es schwerfindet, eine hilfreiche Lösung zu finden, bieten Sie ihm zwei Lösungen zur Auswahl an, und lassen Sie das helfende Kleinkind entscheiden. Oder unterstützen Sie das helfende Kleinkind dabei, dem traurigen Kind zwei Lösungen anzubieten.

„Scham wird als Hindernis für prosoziales Verhalten angesehen, wohingegen Schuldgefühle als Motivator betrachtet wird." (Drummond et al., 2016)

Statt Kinder zu beschämen, helfen Sie ihnen, ein Problem wieder in Ordnung zu bringen. Kinder zu beschämen, heißt auch, sie in Verlegenheit zu bringen, wenn man ihnen sagt, sie sollten sich schämen, und sie zu erniedrigen. Beschämen bedeutet, jemanden erniedrigen, schlecht machen und herablassend behandeln. Helfen Sie Kindern, Dinge wieder gutzumachen, wenn sie zum Beispiel das Spielzeug eines anderen Kindes kaputtgemacht haben. Lösen Sie das Problem, wie man das Spielzeug reparieren könnte, oder helfen Sie den Kindern herauszufinden, wie sie dem Kind, das sie verletzt haben, helfen könnten.
Wie Jesse Drummond und Kollegen (2016) beobachteten, reagierten Kleinkinder in einem durchschnittlichen Alter von 29 Monaten natürlicherweise entweder beschämt oder schuldbewusst, wenn ihnen suggeriert wurde, sie hätten das Spielzeug eines Erwachsenen zerbrochen. Eine beschämte Reaktion zeigte sich zum Beispiel darin, dem Erwachsenen aus dem Weg zu gehen, und selten in einem Eingeständnis oder in dem Versuch, das Spielzeug zu reparieren. Kleinkinder mit schuldbewussten Reaktionen auf das Zerbrechen des Spielzeugs halfen später eher, schneller und häufiger einem Erwachsenen bei Kummer. Scham schien die Kinder eher dazu zu verleiten, der Person, der sie wehgetan hatten, aus dem Weg zu gehen, vermutlich aus Angst, noch einmal beschämt zu werden. Sie konzentrierten sich auf sich selbst, anstatt auf den anderen. Kinder zu beschämen hilft ihnen nicht dabei, prosozial zu werden!

Schaffen Sie eine fürsorgliche Gemeinschaft als Umfeld und eine den Bedürfnissen angepasste Planung

Das Umfeld und die Angebote, die wir für Kinder erstellen, zeigen und enthüllen unseren Respekt für ihre aktiven Lernkapazitäten, ihr Kontaktbedürfnis und ihre Individualität. Eine sorgfältig und durchdacht ausgestattete Umgebung und Angebotsplanung sind eine deutliche Botschaft dafür, dass die jungen Kinder uns am Herzen liegen und wir sie für so wertvoll halten, um in einer größtmöglich interessanten, zugewandten, sozial förderlichen und motivierenden Atmosphäre zu leben, die wir für sie erschaffen können.

Das Umfeld

In einem prosozialen Umfeld können Kinder die Erfahrung machen, sich gegenseitig als freundlich, hilfsbereit, loyal und empathisch zu erleben. Die Erzieher können die räumliche Umgebung mit gemütlichen Ecken für zwei Kinder gestalten und Spielzentren für zwei oder drei Kinder einrichten. Die jeweils doppelte Zahl des gleichen Spielzeugs regt zum Nachahmen an und fördert das Gefühl, mit anderen Kindern etwas gemeinsam zu haben.

Die Erzieher können für jeden Tag gut überlegt planen, welche Beziehungen zustandekommen sollten. Da die Erwachsenen die Interessen und Ziele eines jeden Kindes wahrnehmen, können sie das Umfeld verändern, Materialien hinzufügen oder andere Möglichkeiten eröffnen, in denen Kinder ihre Beziehungen zu den Peers und Erwachsenen gestalten können. Die Kinder können aus einem interessanten und verlockend arrangierten Angebot von Erkundungsmöglichkeiten auswählen, wobei hilfsbereite Erwachsene ihnen zur Verfügung stehen, wenn sie emotional „auftanken" müssen. Schon durch die Auswahl interagieren Kinder ganz natürlich miteinander.

„Die Umgebung sollte wie ein Aquarium wirken, das Ideen, Gebräuche, Einstellungen und die Kultur der Menschen, die in ihm leben, widerspiegelt. Das ist es, worauf wir hinarbeiten." Loris Malaguzzi, Begründer des Reggio Emilia Ansatzes

Kontinuität der Betreuung und der Gruppenzusammensetzung innerhalb der Einrichtungen / Institutionen

Da es eher zu Freundschaften kommt, nachdem Kinder einige Zeit zusammen verbracht haben, sollten Erzieher jede Strategie gut abwägen, bei der Kinder alle sechs bis zwölf Monate in einen neuen Gruppenraum kommen oder ein Kind an seinem Geburtstag von seiner Gruppe getrennt wird, oder wenn es gerade einen motorischen Meilenstein erreicht hat und jetzt alleine laufen kann. Gruppenkonstanz fördert Vertrautheit, Freundschaft und prosoziales Verhalten. Peers, die sich gut kennen, fangen eher an miteinander zu spielen, sind positiver und lassen sich auf komplexere Interaktionen ein (Howes, 1988). Außerdem ist es eine beängstigende und einsame Erfahrung für ein Kind, in einen neuen Raum umzuziehen, ohne die vertrauten Gesichter der Peers und der Erzieherinnen. Da gab es ein kleines Mädchen, das nicht 3 Jahre alt werden wollte, weil es wusste, es würde dann allein aus dem Kleinkindraum ausziehen und in den Vorschulraum umziehen müssen. Es ist doch etwas sehr Trauriges, wenn sich eine Zweijährige deshalb nicht auf ihren Geburtstag freut! In eine neue Gruppe zu kommen, ist schon für einen Erwachsenen eine Herausforderung – stellen Sie sich vor, was dies erst für ein kleines Kind bedeutet!

Unterstützen Sie die Familien

Eltern möchten wissen, worauf sie sich in den ersten Jahren mit ihren Kindern konzentrieren sollten, um eine gesunde soziale Entwicklung zu fördern. Wie wir wissen, führt die Sensibilität der Eltern – ihre Warmherzigkeit, Freundlichkeit und die Fähigkeit, Hinweise, wie z.B. auf Hunger, zu erkennen – und ihr einfühlsames Verhalten den Kindern gegenüber, zu Kindern, die sich prosozialer verhalten (Blandon / Scrimgeour, 2015).

Eltern von Kindern, die prosozial sind, erlauben es ihnen nicht, anderen wehzutun (Christopher et al., 2013; Dahl, 2016). Vielmehr vermitteln sie deutlich die Botschaft, dass ihre Kinder niemandem wehtun dürfen. Zum Beispiel sagen Vater oder Mutter dem Kind, das ein anderes getreten hat, sehr deutlich: „Nicht treten. Treten tut weh. – Sieh mal, dein Freund weint jetzt."

Eltern prosozialer Kinder geben sich große Mühe, ihrem Kind niemals einen Klaps zu geben oder es zu schlagen, denn sie wissen, hiermit leben sie unangemessenes Verhalten vor. Sie haben gelernt, Schlagen lehrt ein Kind nicht, welches prosoziale Verhalten es anwenden sollte. Vielmehr helfen Eltern prosozialer Kinder diesen dabei, die Verbindung zwischen ihrem Handeln und dessen Auswirkung auf das andere Kind zu sehen. Zum Beispiel: „Du hast sie gebissen. Das hat ihr wehgetan." Sie geben Gründe und Erklärungen dafür, warum sich ein Kind in einer bestimmten Art so verhalten sollte und warum nicht. Sie sagen nicht einfach *„nein"* oder *„hör auf"*. Sie benutzen eine emotional ausdrucksstarke Sprache. Sie bringen ihren Kindern bei, was sie statt Beißen oder Schlagen tun könnten. Ein Elternteil könnte sagen: „Tätschel sanft – es fühlt sich gut an, wenn du sanft berührst." Sie sind freundlich und liebevoll mit ihren Kindern. Sie umarmen und küssen sie. Die Eltern sind ein Vorbild für ihre Kinder, wie man anderen hilft. Das Ergebnis ist: Die Kinder ahmen ihre Eltern nach, erwarten Freundlichkeit von anderen und wenden dasselbe prosoziale Verhalten ihren Peers gegenüber an (Zahn-Waxler et al., 1992).

Zusammenfassung der Strategien

- Reflektieren, beobachten und dokumentieren:
  - Reflektieren Sie Ihre Rolle, bieten Sie den Kindern im gesamten Verlauf der frühen Lebensjahre strukturierte Hilfestellungen an, um ihr prosoziales Lernen zu fördern.
  - Denken Sie über Ihre Rolle nach, die es ermöglichen sollte, prosoziales Verhalten zu entdecken und gleiche Chancen für alle zu schaffen. Sorgen Sie für ein prosoziales Ambiente in ihrem Arbeitsbereich.
  - Beobachten und dokumentieren Sie die häufig subtilen, aber doch deutlich sichtbaren prosozialen Haltungen und Verhaltensweisen von Kleinst- und Kleinkindern.
  - Fangen Sie prosoziale Momente durch Fotos und Videoaufnahmen ein. Betrachten Sie diese zusammen mit den Kindern. Ermuntern Sie die Kinder, darüber zu reden, was sie tun, um hilfsbereit und freundlich ihren Peers gegenüber zu sein.
  - Erstellen Sie eine Dokumentation auf Schautafeln, die deutlich macht, was zwischen den Peers geschieht, welche prosozialen Strategien eingesetzt werden und wie das Ergebnis ist. Zeigen Sie diese Dokumentation auch den Familien.
- Wenden Sie Strategien an, die auf der Beziehung zwischen Erwachsenem und Kind beruhen:
  - Helfen Sie den Kindern, sich in Beziehungen kompetent zu fühlen. Wie Sie selbst sich jungen Kindern gegenüber verhalten, hat einen Einfluss darauf, wie diese sich ihren Peers gegenüber verhalten.
  - **Setzen Sie als Strategien die vier Eckpfeiler prosozialen Verhaltens ein: Betonen, Begrüßen, Bestärken und Ermöglichen.**
  - Begrüßen Sie prosoziale Einstellungen und Verhaltensweisen der Kinder. Durch Ihre Zustimmung entwickeln junge Kinder ihre Identität als jemand, der prosozial ist.
  - Führen und üben Sie Gespräche über Gefühle, um das emotionale Verstehen bei Kindern zu entwickeln. Ein tieferes Einfühlungsvermögen steht in Beziehung zu prosozialerem Verhalten.
  - Seien Sie Vorbild, Vorbild und nochmals Vorbild. Kinder lernen durch die Beobachtung anderer.
  - Begreifen Sie, wie schwer es für Kinder ist zu teilen. Sie lernen erst die Unterschiede zwischen den Begriffen „teilen", „Eigentümer sein", „etwas besitzen" und „sich abwechseln".
  - Unterstützen Sie die Kommunikation der Kinder untereinander.
  - Helfen Sie Kleinkindern dabei, das Problem zu lösen, wie sie anderen Kindern helfen können.
  - Betonen Sie vor den Kindern, wie wichtig es ist, die Sichtweise eines anderen Menschen einzunehmen und Empathie für ihre Peers zu empfinden.
  - Beschämen Sie die Kinder nicht, wenn sie Gegenstände beschädigen oder andere Menschen verletzen. Scham trägt dazu bei, dass Kinder sich nur auf sich selbst konzentrieren. Helfen Sie ihnen vielmehr dabei, sich darauf zu fokussieren, wie

sie denjenigen helfen können, die verletzt sind, oder wie sie Gegenstände wieder „heilmachen“ können, die zerbrochen sind.

- Schaffen Sie eine fürsorgliche Gemeinschaft:
  - Schaffen Sie ein prosoziales Umfeld – gemütliche Ecken, interessante Erkundungsmöglichkeiten, und sorgen Sie für Spielzeug in doppelter Ausführung.
  - Stehen Sie für das emotionale „Auftanken“ der Kinder zur Verfügung.
  - Sorgen Sie für Kontinuität in der Betreuung und in Bezug auf die Gruppen ihrer Institution.
- Unterstützen Sie die Familien:
  - Geben Sie den Familien Informationen über sensibles und empathisches Verhalten als Eltern und diskutieren Sie darüber. Helfen Sie den Eltern zu verstehen, wie viel prosozialer ihre Kinder dadurch werden.
  - Ermuntern und unterstützen Sie die Eltern darin, den Kindern sehr eindrücklich (aber nicht durch Bestrafung) zu vermitteln, dass sie niemandem wehtun dürfen.
  - Ermuntern und unterstützen Sie die Eltern, indem Sie Gründe anführen, warum Kinder sich prosozial verhalten sollten und niemanden verletzen dürfen.
  - Ermuntern und unterstützen Sie die Eltern dabei, ein Vorbild für Freundlichkeit und Hilfsbereitschaft zu sein.

Prosozial zu sein, veranlasst Kinder dazu, an andere zu denken. Prosoziales Verhalten von Kleinst- und Kleinkindern beinhaltet zu helfen, zu trösten, vor Gefahren zu warnen und Empathie für Erwachsene und Peers zu empfinden. Eltern und Fachkräfte können prosoziales Verhalten unterstützen, indem sie liebevolle Fürsorge zeigen und ein Vorbild für Freundlichkeit sind. Sie können das Fürsorge-Potenzial der Kinder fördern, indem sie über Gefühle sprechen, die emotionale Selbstregulation unterstützen, die Sprachentwicklung fördern und sich auf Wiedergutmachung anstatt auf Beschämen konzentrieren. Sie schaffen ein Umfeld mit gemütlichen Ecken, Sitzbereiche für ein oder zwei Kinder, Raum für Bewegung und Platz für Rituale und Routinen der Kleinkinder. Das prosoziale Potenzial der Kinder wird darüber hinaus ausgeweitet, wenn sie sich in einer Gruppe von Kindern befinden, die sie kennen, mit denen zusammen sie gemeinsam als Gruppe von einem Bereich in den nächsten wechseln, oder mit denen sie zusammenbleiben, wenn das Material ausgetauscht wird, um ihren wachsenden Interessen zu genügen. Eltern und Pädagoginnen können die Bedeutung der Freunde im Leben der Kleinkinder wertschätzen und diese Freundschaften fördern. Sie können für die Kleinkinder Möglichkeiten bereitstellen, um fröhlich zu sein und dies drinnen oder draußen alle hören zu lassen, und Tag für Tag sorgfältig prosoziale Beziehungen und ein prosoziales Ambiente planen.

WILD
BOY

Kapitel 6

Konflikte zwischen Peers – Kämpfen und Lernen

Der 14 Monate alte Jeremy beobachtet die 15 Monate alte Deseree genau, greift dann schnell ein und fasst nach dem Spielzeug, das vor ihr liegt. Deseree, die das Spielzeug gerade nehmen wollte, fängt an zu schreien und schnappt sich das Spielzeug zurück. Der Kampf geht weiter, und es kommt zu einem heftigen Tauziehen um das Spielzeug, bis die Erzieherin sich einmischt, um zu helfen.

Wo kleine Kinder sind, da gibt es soziale Konflikte. Obgleich wir wissen, wie prosozial Kinder dieses Alters sein können, kann es doch häufig zu dieser Art des Konfliktes kommen, den wir in obigem Beispiel beschrieben haben, wenn sehr junge Kinder zusammen sind. Es kommt zu Konflikten, wenn ein Kind oder auch mehrere Kinder sich den Handlungen eines anderen Kindes widersetzen, dagegen protestieren, was ein anderes Kind macht oder sagt, oder sich für etwas rächen, was der andere ihnen in ihren Augen Schlimmes zugefügt hat. Konflikte zwischen Kleinst- und Kleinkindern sind normalerweise nicht aggressiv, aber sie beinhalten komplexe Emotionen wie Zorn, Trauer, Enttäuschung und Frustration. Mit der richtigen Art der Unterstützung durch fürsorgliche und aufmerksame Erwachsene werden Konflikte zu Gelegenheiten, um kleinen Kindern dabei zu helfen, emotionale, soziale, sprachliche und kognitive Einstellungen und Fähigkeiten zu lernen.
Wie wir bereits erläutert haben, entwickeln Kinder von der Geburt an bis zum Alter von 3 Jahren soziale Kompetenzen, wenn aufmerksame und liebevolle Erwachsene ihnen bei Selbstregulation, sozialen Entscheidungen und prosozialem Verhalten helfen. Diese sehr jungen Kinder lernen, wie sie sich sprachlich ausdrücken können, und sie lösen Probleme sicher auch häufig körperlich. Sie lernen Macht und Dominanz kennen und wie man mit Peers im Spiel kooperiert und verhandelt. Kein Wunder, dass Konflikte entstehen!
Konflikte bieten jedoch vorzügliche Gelegenheiten, um Beziehungen zwischen Kindern und Pädagoginnen zu gestalten. Konflikte können Kindern helfen, etwas über sich selbst und über die Bedürfnisse anderer zu erfahren. Sie bieten die Situationen, in denen Kleinkinder wichtige Fertigkeiten für das Lösen von Problemen lernen und die ihnen dabei helfen, sozial kompetent zu werden.

Der Wert von Konflikten

Die Pädagogin Mari fragt ihre Leiterin, ob sie aus der Betreuung einer Kleinkindergruppe in die Betreuung von Vorschulkindern wechseln könne. Es erscheint ihr, als ob die Kinder sich den ganzen Tag lang gegenseitig das Spielzeug wegnähmen und sich zum Weinen brächten. Sie wisse nicht, ob sie das noch einen Tag länger aushalten würde. Verzweifelt bittet sie die Leiterin und die anderen Pädagoginnen, ob sie ein Meeting machen könnten, um über die störenden Konflikte zu sprechen.

Während des Meetings erfährt Mari, dass Konflikte zwischen Kleinkindern unvermeidbar sind und einen großen Wert besitzen. Sie wäre nicht darauf gekommen, welch wunderbare Anlässe Konflikte dafür bieten, um Kindern dabei zu helfen, etwas zu lernen. Ihr wird jetzt deutlich, wie wichtig sie und ihre Kolleginnen im Leben dieser sehr jungen Kinder sind. Sie und ihr Team schöpfen neue Energie und sind nun dazu bereit, neue Strategien auszuprobieren.

Konflikte sind wichtige Lehrzeiten für junge Kinder. Ein Konflikt ist etwas anderes als mutwillige Aggression, und er ist eine der wichtigsten Gelegenheiten, in denen Kinder etwas über sich selbst und andere lernen, über Gefühle und Empathie, kognitive und kommunikative Fertigkeiten und darüber, wie man sozial kompetent wird (Wittmer / Petersen, 2017). Unter der Anleitung Erwachsener helfen Konflikte den Kindern, soziale Kompetenz zu erlangen – die Einstellung und Fähigkeit, es zu genießen, mit anderen zusammenzusein und erfolgreich mit ihnen umzugehen, zur Zufriedenheit aller Beteiligten. Für junge Kinder ist es möglich, eine positive zyklische Beziehung zwischen sozialer Kompetenz und Konflikten zu haben – besonders, wenn Erwachsene verständnisvoll und sachkundig helfen. Sozial kompetente Kinder sind meist voller Selbstvertrauen und oft ganz vertieft in die Spielhandlung. Daraus ergeben sich mehr Konfliktsituationen mit ihren Peers, aber aus solchen Konflikten können in diesen Altersgruppen wertvolle Lehren für die soziale Entwicklung gezogen werden.

Kinder lernen etwas über ihr Selbst und andere

Mit Unterstützung der Erwachsenen können Kinder ein Empfinden für ihr Selbst während des Konfliktes gewinnen. Sie lernen, was sie tun können und wie sich dies auf andere auswirkt. Konflikte sind auch Gelegenheiten für Kinder, etwas über das Selbst und andere zu lernen – worin sie einander gleichen und worin sie sich von anderen unterscheiden. Sie lernen, dass andere auf eine andere Art als sie selbst denken, handeln und fühlen. Dieser Gedanke, die sogenannte ***„theory of mind“***, entwickelt sich in den ersten Lebensjahren. Im Verlauf eines Konfliktes lernen Peers etwas über individuelle Unterschiede zwischen Peers. Sie lernen, welche Spielzeuge andere Kinder mögen, wie andere Kinder reagieren, wenn ihnen ein Spielzeug weggenommen wird, und wodurch ein Peer sich trösten lässt. Dies sind wertvolle Lektionen, die es über andere Menschen zu lernen gibt. Durch Konflikte lernen Kinder, ihre Peers zu beobachten und deren Verhalten einzuschätzen. Betrachten Sie das folgende Beispiel:

Zwei Kleinkinder, beide etwa 13 Monate alt, reiten auf zwei Schaukelpferden, die nebeneinander stehen. Während Kleinkind 1 und Kleinkind 2 hin- und herschaukeln, beobachten sie einander genau, ohne zu lächeln. Kleinkind 2 steigt von seinem Pferd ab. Es geht auf Kleinkind 1 zu und schubst es, so dass dies ins Rutschen kommt. Zunächst protestiert Kleinkind 1, aber bald darauf rutscht es ganz vom Pferd und geht zum dritten Schaukelpferd, wobei es Kleinkind 2 genau im Auge behält. Dann geht es weiter mit dem Schaukeln, aber sobald Kleinkind 2 von seinem bevorzugten Schaukelpferd absteigt, geht Kleinkind 1 schnell zu seinem ursprünglichen Schaukelpferd zurück und steigt auf. Auch Kleinkind 2 geht zu seinem ursprünglichen Schaukelpferd zurück. Als Kleinkind 1 seine Decke auf der anderen Seite des Raumes erspäht, steigt es vom Pferd ab; da es dieses aber nicht zurücklassen will, zerrt es das Schaukelpferd hinter sich her durch den Raum, um die Decke zu holen. (Hall / Forman, o.J.)

Kleinkind 1 schien zu ahnen, dass Kleinkind 2 ihm wahrscheinlich das Pferd wegnehmen würde, wenn es dies nur eine Sekunde aus den Augen ließ. Es sah aus, als könne Kleinkind 1 die Gedanken von Kleinkind 2 lesen. Diese sehr jungen Kleinkinder lernten etwas über ihr Selbst und andere in diesem milden Konflikt darüber, wer welches Schaukelpferd reiten darf.
Kinder sind äußerst erfolgreich in Konflikten, wenn sie Strategien einsetzen, die weniger auf Macht und mehr auf Verhandeln beruhen, und wenn sie dabei gleichzeitig die Sichtweise des anderen bedenken – keine einfache Aufgabe für ein Kleinkind während eines schwelenden Konfliktes!

Kinder lernen etwas über Emotionen, Empathie und Selbstregulation

In Konflikten lernen junge Kinder, Gefühle zu erkennen und auszudrücken, Gefühle anderer wahrzunehmen, Empathie für andere zu entwickeln, über gemeinsame Gefühle nachzudenken und sie mit ihren Peers zu handhaben. Dies tritt ein, wenn die Pädagogin als Vorbild für die Kinder Wörter aus dem Bereich der Emotionen verwendet, wie zum Beispiel ***„glücklich"***, ***„unglücklich"***, ***„traurig"***, ***„zornig"***, ***„enttäuscht"*** und ***„aufgeregt"***, und das sowohl in Konflikten als auch in vielen anderen Situationen. Wenn Kinder im Laufe der Zeit Wörter über Emotionen kennenlernen und verwenden, werden sie nach und nach in die Lage versetzt, ihre starken Gefühle zu beherrschen.
Zu Beginn können Pädagoginnen den Kindern dabei helfen, ihre Gefühle zu verstehen. Wenn ein Kind traurig aussieht, kann die Pädagogin sagen, „Du siehst traurig aus" und dabei ein Gesicht wie das Kind machen sowie darüber sprechen, was das Kind so traurig macht. Da die Pädagogin die Emotionen der Kinder wahrnimmt und kommentiert, hilft sie den Kindern bei der Erkenntnis, dass andere Menschen auch Gefühle haben. Dieser allmähliche Prozess entwickelt sich bis in die Zeit des Erwachsenenalters hinein, und wir können von jungen Kindern nicht erwarten, diese Aufgabe schon vollständig zu beherrschen. Wenn jedoch eine Pädagogin ein älteres Kleinstkind auf dem Arm hat und sieht, wie ein Kleinkind weint, dann kann sie zu dem Kleinstkind sagen: „Eva weint. Sie ist traurig. Lass uns zu Eva gehen und ihr helfen." Oder ein Erzieher kann auf sein eigenes Lächeln zeigen und sagen: „Ich bin glücklich. Ich lächele. Die Sonne scheint, und wir können nach draußen gehen." Wenn Pädagoginnen immer wieder Gefühle erwähnen, ermöglichen sie es den Kindern zu lernen, sich selbst und andere besser zu verstehen.
Selbstregulation ist die Fähigkeit, die eigenen Emotionen und Impulse zu beherrschen und angemessen auf die Umgebung zu reagieren. All diese Fähigkeiten zusammengenommen sind unabdingbar für junge Kinder, wenn sie in allen Bereichen ihrer Entwicklung erfolgreich sein sollen. Interaktionen mit anderen Kindern ermöglichen es also einem Kind zu lernen, seine Emotionen auf gesunde Weise zu regulieren.

Ein Kleinkind, das am liebsten ein anderes treten würde, es aber nicht tut, oder ein Kind, das sich selbst beruhigen kann und wieder zum Spiel zurückkehrt, nachdem es sich aufgeregt hat, zeigt seine Fähigkeit zur Selbstregulation.
Wenn Eltern und Pädagoginnen emotional zur Verfügung stehen, wächst die Fähigkeit der Kinder, ihre eigenen Emotionen zu erkennen und zu regulieren. Werden Kleinst- und Kleinkinder von liebevollen Erwachsenen getröstet, wenn sie hungrig sind, Schmerzen haben oder sich fürchten, dann lernen sie sich zu beruhigen. Kinder erwerben Strategien der Selbstregulation, wenn eine Erzieherin zum Beispiel ein unglückliches Kind fragt: „Würde es dir helfen, wenn ich dich in den Arm nehme?" oder „Würde es dir helfen, wenn du deinen Teddy hältst?" oder „Würdest du dich gern eine Weile mit deiner Freundin in der Kuschelecke ausruhen?".

Kinder lernen kognitive und kommunikative Kompetenzen

Mit Hilfe einfühlsamer Erwachsener lernen Kinder, wie sie in Konflikten mit Problemen umgehen – sie entdecken alternative Lösungen und treffen Entscheidungen, um ein Problem mit einem Peer zu lösen. Sie lernen zu kommunizieren, zu verhandeln und sogar zu kooperieren, um eine Aufgabe zu bewältigen.

Die Erzieherin bittet die beiden Zweijährigen, Peter und Damion, einen Eimer Wasser zur anderen Seite des Spielplatzes zu tragen, wo die Kinder gerade Blumen gepflanzt haben. Sie weiß, ein Kind alleine würde den Eimer nicht tragen können. Sie will sehen, ob die Kinder herausfinden, wie sie kooperieren müssen, um die Aufgabe zu erledigen. Peter und Damion blicken einander an und dann auf den Eimer. Peter versucht ihn hochzuheben, schafft es aber nicht. Damion schiebt Peters Hand zur Seite und versucht den Eimer hochzuheben, kann es aber auch nicht. Peter sagt „meiner", Damion schreit zurück „meiner!". Die Jungen blicken sich wieder an. Peter ergreift den Henkel mit einer Hand und bedeutet Damion, das Gleiche zu machen. Die Jungen zerren den Eimer über den Spielplatz und halten oft an, um auszuruhen, wobei das Wasser über den ganzen Erdboden schwappt. Sie haben kooperiert und eine Lösung erdacht. Nachdem sie die Blumen mit dem bisschen Wasser gegossen haben, das im Eimer übriggeblieben ist, rennen sie zur Erzieherin, um ihr zu sagen: „Mehr Wasser!"

„Konflikte können als maßgebliche Kommunikationsanlässe für soziales Lernen und Problemlösung betrachtet werden." (Singer / Hannikainen, 2002)

Konflikte bieten den Kindern die Gelegenheit, um über ihren eigenen Standpunkt nachzudenken und zu überlegen, ob er derselbe ist, wie der des anderen Kindes oder ob er sich davon unterscheidet. Während sie das üben, lernen sie die Fertigkeiten des Verhandelns und der Selbstregulation, die notwendig sind, um eine Eskalation der Konflikte und die Störung des gemeinsamen Spiels zu verhindern. Auch hier ist wieder die Begleitung durch einen umsichtigen Erwachsenen zwingend erforderlich.

Kinder lernen, sozial und prosozial zu sein

Soziale Kompetenz erfordert all die Fähigkeiten, die wir beschrieben haben, also: teilen können und Eigentum und Besitz respektieren, wissen, wie man anderen hilft und wissen, wie man Zuneigung zeigt und annimmt. Konflikte öffnen den ersten Weg für junge Kinder, um soziale und prosoziale Fähigkeiten zu lernen.
Teilen ist schwer für Kinder. Es ist jedoch wichtig zunächst zu erkennen, auf wie viele Arten Kinder teilen. Kleinstkinder teilen den Platz auf dem Schoß der Erzieherin mit einem

anderen Kleinstkind. Kleinkinder teilen den Maltisch mit anderen Kindern. Zweijährige teilen ihr Essen, wenn sie bei Tisch die Schüssel, wie bei einer Mahlzeit in der Familie, von einem Kind zum anderen reichen. Wenn wir „teilen" im erweiterten Sinn des Wortes begreifen, können wir würdigen, auf wie viele Arten Kinder jeden Tag etwas mit anderen teilen.

Pädagoginnen können Kindern dabei helfen, Spielzeug miteinander zu teilen, ohne das von ihnen explizit zu verlangen. Unterstützen Sie ein Kind bei der Suche nach den richtigen Worten, wenn es ein anderes Kind fragen möchte, ob es ein Spielzeug eine Weile halten oder damit spielen darf. Helfen Sie dem Kind zu warten, wenn die Bitte um das Spielzeug mit „Nein" beantwortet wird. Hiermit stützen Sie die Fähigkeit des Kindes, um etwas zu bitten, zu teilen und zu warten, bis es an der Reihe ist.

Ein Grund, warum Teilen so schwierig ist und es zu Konflikten kommt, liegt darin, dass Kleinkinder gerade erst lernen, was Eigentum ist und wie der Begriff des Eigentums sich vom Besitz unterscheidet. Etwa mit 2 Jahren können Kinder anfangen zu verstehen, was Eigentum bedeutet. Sie sprechen zum Beispiel über „meine Mütze" oder „Papas Auto".

Junge Kinder lernen, dass Besitz eine zeitlich begrenzte Steuerungsmöglichkeit gegenüber einem Objekt oder einer Person bedeutet. Das Kind ist nicht Eigentümer des Objektes und kann es normalerweise nicht für immer behalten. Kleinkinder denken sehr wahrscheinlich, wenn sie ein Objekt besitzen, sei es ihr Spielzeug und sie könnten es so lange behalten, bis sie es nicht mehr haben wollen, selbst dann, wenn sie es für eine Weile liegenlassen und weggehen. Kleinkinder verstehen und benutzen vielleicht das Wort „meins", aber sie sehen kein Unrecht darin, wenn sie jemandes Besitz an sich nehmen (Brownell et al., 2009).

Erwachsene, die die Zahl der Konflikte reduzieren möchten, helfen den Kindern dabei, die Bedeutung der Wörter *„meins"*, *„deins"*, *„Besitz"* und *„Eigentum"* zu lernen. Die Kinder erfassen damit nicht nur die Bedeutung dieser Begriffe, sondern sie werden auch häufiger teilen und sich abwechseln (Hay, 2006).

Wie wir erfahren haben, spielt das Beteiligtsein der Kinder an Konflikten eine positive Rolle bei der Entwicklung ihrer Beziehungen zu Peers, da sie anfangen zu begreifen, wie sehr sich die Gedanken der anderen von ihren eigenen unterscheiden können. Sie lernen zu kommunizieren und Probleme zu lösen, und sie lernen Gefühle und Empathie auszudrücken. Kinder können in ihrer sozialen Kompetenz Fortschritte oder Rückschritte machen; inwiefern der Fortschritt gelingt, hängt individuell vom Kind ab, von seinem Umfeld und von den Erwachsenen, die es ggf. bei einer Konfliktlösung unterstützen.

Konfliktarten

Neben der Tatsache, dass Kleinst- und Kleinkinder sich in einem Prozess des Lernens und Übens sozialer Fähigkeiten befinden, gibt es noch viele andere Ursachen von Konflikten. Wenn wir verstehen, warum Konflikte auftreten, können wir versuchen ihr Auftreten zu verringern. Wenn Kinder sich in Konflikten befinden, können wir ihnen helfen, emotional und sozial zu wachsen.

Viele Konflikte erwachsen aus gutgemeinten Handlungen. Betrachten Sie Konflikte von der Warte des Kindes aus, indem Sie über seine möglichen Ziele nachdenken. Der Griff nach dem Spielzeug eines anderen Kindes kann auch der ungeschickte (und oft erfolglose) Versuch sein, mit dem anderen Kind zu spielen (Williams et al., 2007).

Das überraschende Hinrennen zu einem anderen Kind oder das Umwerfen eines Turms aus Bauklötzen, den ein Peer gebaut hat, können einfach ein ungeschickter Versuch sein,

die Aufmerksamkeit des anderen Kindes zu erregen. Ein Kind, das gerade erst angefangen hat zu laufen, möchte vielleicht ein anderes Kind umarmen, stößt es dabei an und fällt auf das andere Kind. Das umgeworfene Kind protestiert verständlicherweise, und es entwickelt sich ein Konflikt. Wenn wir aber die vielen möglichen Ursachen für Konflikte kennen, können wir die Ziele der Kinder besser verstehen. Wenn wir ihre Ziele verstehen, übernehmen wir ihre Sichtweise und können ihr Lernen unterstützen.
Im Folgenden führen wir die Ziele auf, die Kleinst- und Kleinkinder oft verfolgen und die zu Konflikten führen können.

- **Erforschung:** Kinder haben einen starken Drang, Dinge zu erforschen. Es ist eine ihrer Möglichkeiten zu lernen. Ihre Erkundungen können aber die Aktivitäten der anderen stören. Die Peers möchten vielleicht nicht gern ihre Nase oder ihr Haar von einem anderen Kind untersuchen lassen.

- **Unterbrochene Aktivität und Eindringen in die Individualdistanz:** Junge Kinder mögen keine Einmischung, wenn sie sich auf eine Aufgabe konzentrieren. Ältere Kleinkinder, die spielen, möchten vielleicht keine anderen Kinder dabei haben, oder ein Kind widersetzt sich einem Kind, von dem es umgeworfen wird.

- **Erwachende Bedürfnisse:** Die Aktivität eines Kindes kann ein anderes Kind an ein ähnliches eigenes Bedürfnis erinnern, und es nimmt sich vielleicht ein begehrtes Objekt oder kommt ihm oder einer Person näher, als es dieser angenehm ist.

- **Dominanz:** Einige Kinder wenden Techniken der Macht an, wie Schreien, Befehlen, Erzwingen, um andere Kinder zu steuern.

- **Gebrauch eines Gegenstandes, Besitz und Eigentum:** Kleinkinder fangen gerade erst an, den Unterschied zwischen Besitz und Eigentum zu verstehen. Ein Kind beginnt vielleicht, mit einem Spielzeug zu spielen, das ein anderes Kind in seinem Besitz hatte, aber zwischenzeitlich liegengelassen hat. Das erste Kind geht aber möglicherweise davon aus, da es das Spielzeug einmal besessen hatte, hätte es den ganzen Tag lang Anspruch darauf. Oder ein Kind kann „Eigentümer" eines Gegenstandes sein und will andere Kinder nicht damit spielen lassen.

- **Herausforderungen an die Selbstregulation:** Junge Kinder lernen, wie sie ihre Emotionen, Bemühungen, ihre Aufmerksamkeit und ihr Verhalten steuern können. Ihr Gehirn entwickelt sich noch und sie brauchen Unterstützung dabei, um zu lernen, wie man Emotionen auf angemessene Art ausdrückt und sein Verhalten kontrolliert.

Als Nächstes betrachten wir nun die entwicklungsbedingten Ursachen, die bei Kleinst- und Kleinkinder zu Konflikten führen können.

Konflikte bei Kleinstkindern

Beginnen wir mit den Gründen, warum Kleinstkinder Konflikte haben können: Einfache Erforschung, unterbrochene Aktivität und erwachende Bedürfnisse sind die Hauptgründe, warum es bei Kleinstkindern zu Konflikten kommen kann.

Einfache Erforschung

Forscher aus der Schweiz beobachteten 28 Kinder, als sie im Alter von 8, 14 und 22 Monaten in einer Betreuungseinrichtung waren (Licht, Simoni, Perrig-Chiello, 2008). Wie sie feststellten, traten die Konflikte in allen drei Altersstufen auf, weil die jungen Kinder das Bedürfnis hatten, ihre Umwelt zu erforschen. Die Nase eines anderen Kleinst- oder Kleinkindes, ein Spielzeug in der wedelnden Hand eines anderen Kindes, oder ein interessantes Geräusch von einem weiteren Kleinstkind – all das ist für einen neugierigen jungen Forscher von großem Interesse. Wir wissen, dass Kleinst- und Kleinkinder all ihre Sinne einsetzen, um die Welt kennenzulernen: sie müssen die Nase, das wedelnde Spielzeug, den Mund des Kindes, das die Geräusche macht, anfassen, schmecken, schütteln und damit „etwas machen". Das kann natürlich das andere Kind dazu veranlassen, laut zu protestieren.

Es ist wichtig, dass wir uns daran erinnern, dass ein Kind, das etwas erforschen will und die Hand ausstreckt, um sich das Spielzeug eines anderen Kindes zu holen, das Ziel haben kann, sozial zu handeln. Das Kind könnte damit sagen wollen: „Du und das Spielzeug, ihr seid interessant. Ich möchte nicht nur mit dem Spielzeug spielen, ich möchte mit dir spielen!" Stellen Sie sich ein krabbelndes Kleinstkind vor, das sich über die Decke auf den Weg zu Justin macht, der auf dem Rücken liegt und noch nicht krabbeln kann. Wir können das forschende Kind darauf aufmerksam machen, zart zu sein und ihm zeigen, wie es um Justin herumkrabbeln kann. Wir können einem anderen Kind, das Manuels Nase erkundet, sagen „Sei zart. Das ist Manuels Nase. Sieh mal, du hast auch eine Nase." und darauf zeigen.

Unterbrochene Aktivität

Die 10 Monate alte Serena sitzt mit einem Buch da und hat Mühe, es auf ihrem Schoß zu halten. Francis, der mit seinen 11 Monaten schon laufen kann, sieht das bunte Buch in Serenas Händen. Er schaut zu, wie Serena die bunten Seiten umblättert. Francis geht wackelig zu ihr hin und nimmt das Buch aus ihrem Schoß hoch. Serena weint, und Francis lässt das Buch fallen und geht gemächlich fort. Serena nimmt das Buch wieder auf und schaut es sich weiter an.

Serenas Ziel ist anscheinend, mit ihrer Aktivität fortzufahren. Es ist bewundernswert, wie ältere Kleinstkinder mit einer begonnenen Aufgabe weitermachen. Sie scheinen in der Lage zu sein, ganz von einer Tätigkeit gefangengenommen zu sein. Kein Wunder, dass sie laut protestieren, wenn sie unerwartet unterbrochen werden.

Erwachende Bedürfnisse

Wenn ein Kleinst- oder Kleinkind ein anderes Kind mit Essen, einem Getränk oder auf dem Arm seiner Lieblingsbetreuerin sieht, löst dies möglicherweise ein verzweifeltes Bedürfnis aus. Licht und ihre Kolleginnen stellten dies bei der Beobachtung von 14 Monate alten Kindern fest (Licht, Simoni, Perrig-Chiello, 2008).

Martha sieht, wie Mack aus einem Trink-Lernbecher trinkt und beschließt, dass sie ebenfalls einen Trink-Lernbecher braucht und etwas trinken muss. Da Martha nicht darüber nachdenkt, ob Mack den Becher nur besitzt oder ob er ihm gehört, greift sie danach und nimmt ihn Mack aus dem Mund. Als Mack seinen geliebten Becher in Marthas Händen verschwinden sieht, holt er sich diesen sofort zurück.

Als Martha das andere Kind trinken sieht, hat der Becher sie vielleicht daran erinnert, dass sie auch gern etwas trinken würde. Wenn wir Marthas Motivation verstehen und ihr helfen, sie auszudrücken – „Martha, bist du auch durstig? Möchtest du deinen eigenen Becher zum Trinken haben? Du und Mack ihr könnt jeder euren eigenen Becher haben." – können wir ihr helfen, ihre Bedürfnisse zu befriedigen.

Konflikte unter Kleinkindern

Manchmal hat man den Eindruck, bei allen Konflikten unter Kleinkindern ginge es darum, wer welches Spielzeug besitzt. Die Ziele eines Kindes können jedoch komplexer sein. Das Kleinkind möchte vielleicht die Handlung eines anderen Kindes nachahmen oder bei einem Spiel mit einem interessanten Spielzeug mitmachen. Das Kleinkind kann sich nach einem Spielzeug ausstrecken, um es zu berühren, und es ist dann sehr überrascht, wenn das andere Kleinkind protestiert. Wie auch immer ihre Motivation ist, wir wissen, kleine Kinder können sehr hartnäckig, ausdauernd und fordernd sein, wenn sie ein Spielzeug „brauchen". Uns ist der Anblick eines Kindes sehr vertraut, das energisch sein Spielzeug festhält und kreischt, wenn ein anderes Kind versucht, es ihm wegzunehmen. Wir kennen auch die Situation, in der ein Kind den Konflikt weitertreibt, indem es einen gezielten Schlag auf den Arm eines anderen Kindes ausführt, um es dazu zu bringen, das begehrte Spielzeug loszulassen. Dem betreuenden Erwachsenen kommt dabei glücklicherweise die Tatsache zur Hilfe, dass sich die Beharrlichkeit im Laufe der Entwicklung des Kindes verringert, wenn es lernt, Erklärungen, Rechtfertigungen und versöhnliche Verhaltensweisen einzusetzen, wie zum Beispiel Nachgeben, Kompromisse schließen und Verhandeln (Chen et al., 2001).
Behalten Sie im Hinterkopf, dass Konflikte oft einen sozialen Kontext haben, dass also mehr hinter einem Konflikt stecken kann, als einfach nur zwei Kinder, die dasselbe Spielzeug oder dasselbe Sitzkissen haben wollen. Vielmehr wollen die Kinder vielleicht einfach nur *„sozial"* sein. Wenn sie dann neue Arten des Umgangs mit den anderen Kindern lernen, werden die Konflikte abnehmen. Lassen Sie uns nun die Gründe genauer untersuchen, warum es zu Konflikten zwischen Kleinkindern kommt.

Erforschung

Genau wie bei Kleinstkindern trägt das Bedürfnis, etwas zu erforschen, zu Konflikten unter Kleinkindern bei. Kleinkinder erforschen jedoch schneller als Kleinstkinder. Wenn sie laufen lernen, können sie über ein anderes Kind fallen. Während sie sich schnell in einem Raum umherbewegen, entdecken sie ein anderes Kind mit einem attraktiven Spielzeug, das sie untersuchen wollen. Sie begehren vielleicht das Spielzeug oder sie möchten mit dem anderen Kind in Kontakt treten.
Wenn Kleinkinder etwas erforschen, kommt es sogar dann zu Konflikten, wenn es dasselbe Spielzeug noch einmal gibt und für alle Kinder zur Verfügung steht. Stellen Sie sich ein Spielzeugauto vor, das auf dem Boden liegt. Nun stellen Sie sich dasselbe Auto vor, das sich in der Hand eines Kindes vor und zurück bewegt und Geräusche macht. Welches würden Sie haben wollen? Ein Spielzeug kann plötzlich unglaublich wertvoll und begehrenswert für ein zweites Kind sein, weil das erste Kind es hat und damit spielt. Obwohl es hilft, Konflikte zu vermeiden, wenn man mehrere Exemplare desselben Spielzeuges an-

bietet, ist für ein Kleinkind auf Erkundungstour das Spielzeug in der Hand eines anderen Kindes doppelt so viel wert, wie das zweite Spielzeug auf dem Fußboden.

Sophia sieht Olivia auf der anderen Seite des Raumes mit einer attraktiven Puppe im Arm, die sie an ihren Hals drückt und der sie liebevoll ins Ohr flüstert. Sophia rennt so schnell die Beine sie tragen können zu Olivia hinüber, aber Olivia sieht sie kommen und hält die Puppe fest im Arm. Sophia beginnt, am Bein der Puppe zu ziehen.

Junge Kinder müssen erforschen, und ihre Neugier treibt ihr Lernen voran. Wir möchten diesen wichtigen Drang zu lernen unterstützen. Wenn Abigail auf Erkundungstour ist und auf Jazmin mit einem spannenden Spielzeug stößt, können wir Abigails Neugier positiv kommentieren. Wir könnten zu Abigail sagen: „Jazmin hat ein spannendes Spielzeug. Mit welchem Spielzeug würdest du gern spielen?" Suchen Sie zusammen mit Abigail und helfen Sie ihr, ebenfalls ein interessantes Spielzeug zu finden. Um Abigail und Jazmin dazu zu bringen, zusammen zu spielen, müssen Sie vielleicht bei ihnen bleiben und es ihnen erleichtern, sich mit dem Spielzeug abzuwechseln.

Unterbrochene Aktivität, Einmischung in das Spiel und Eindringen in die Individualdistanz, Widerstand

Katie krabbelt zu Christopher hinüber. Christopher untersucht eine Schachtel mit einem Deckel von allen Seiten und ist sehr konzentriert bei der Sache. Katie scheint Christophers Hand auf dem Spielzeug nicht zu bemerken oder erkennt die Bedeutung seiner Hand nicht. Katie greift schnell nach der Schachtel. Christopher jault auf und weint, vermutlich weil Katie seine sehr wichtige Aufgabe, die Schachtel zu untersuchen, unterbrochen hat.

Wie schon bei Kleinstkindern ist es ein häufiger Konfliktgrund, wenn ein Kind sich unterbrochen fühlt, weil ein anderes Kind etwas erkunden will, wodurch das Bedürfnis des ersten Kindes, eine Aufgabe zu Ende zu bringen, gestört wird. Kleinkinder sind oft sehr fokussiert darauf herauszufinden, wie ein Gegenstand oder ein Spielzeug funktioniert. Bei älteren Kleinkindern kann es zu Widerstand gegenüber anderen Kindern kommen, die versuchen bei ihrem Spiel mitzumachen. Die Unterbrechungen können den Fluss eines Spiels oder einer Geschichte stören, oder zwei Freunde ziehen es einfach vor, mit ihrem Spiel unter sich zu bleiben.

Mason und Elijah lieben es, miteinander zu spielen. Als Isaac versucht mitzumachen, schreien Mason und Elijah „Nein!", und Isaac fängt an zu weinen.

Auch das Eindringen eines Kindes in den individuellen Distanzraum eines anderen Kindes kann einen Konflikt zur Folge haben.

Ein Kleinkind hat sich neben die Erzieherin gekuschelt, als diese der Gruppe eine Geschichte vorliest. Ein anderes Kleinkind plumpst der Erzieherin auf den Schoß, ohne sich umzudrehen. Das erste Kleinkind protestiert gegen die Unterbrechung und Einmischung des zweiten Kindes, das ihm jetzt die Sicht auf die Erzieherin versperrt und seine Nähe zu ihr behindert.

Es können Konflikte darüber entstehen, wem es gelungen ist, neben einer beliebten Erwachsenen zu sitzen. Ältere Kleinst- und Kleinkinder können andere Kinder vom

Schoß ihrer Lieblingserzieherin schubsen, die auf dem Boden sitzt. Es kann auch begehrenswerte Möbel und Plätze im Raum geben. Zum Beispiel ein kleines gemütliches Eckchen, das ein Kleinkind dazu einlädt, sich hineinzukuscheln. Andere junge Kinder finden es dann vielleicht schwer darauf zu warten, bis der Erste den begehrten Platz verlässt.
Es kann auch Widerstand gegen Kinder geben, die andere verletzen oder sich aggressiv verhalten. Das Ziel des Widerstandes ist dann oft, sich selbst, einen Platz oder einen Freund zu verteidigen.

Angel sitzt still auf einem Kindersofa und betrachtet ein Buch. Brianna klettert auf das Sofa und ergreift Angels Arm sehr fest. Brianna kreischt: „Buch meins!" Angel schreit: „Nein, meins!"

Brianna dringt in Angels Sphäre ein und tut ihr außerdem weh. Kinder brauchen Hilfe, um zu verstehen, wie man sanft Raum und Objekte teilen kann, ohne den eigenen Körper aggressiv dazu einzusetzen, damit man bekommt, was man will.

Dominanz

Zion geht häufig auf seinen wackeligen Beinchen zu Mateo und nimmt ihm das Spielzeug weg. Mateo schreit dann entweder oder er läuft weg, als habe er Angst vor Zion. Wir könnten daraus schließen, dass Mateo Zion als dominant erlebt.

Kleinkinder, die sich immer wieder in Konflikten mit anderen Kleinkindern durchsetzen, indem sie die Technik der Macht einsetzen, statt der des Verhandelns, können als dominant betrachtet werden. Kleinkinder, die körperlich stärker, reifer, in ihrer kognitiven Entwicklung weiterentwickelt und zielorientierter sind und die mehr körperliche und soziale Erfahrung mit Gruppen haben, sind ihren Peers gegenüber eher dominant (Hawley / Little, 1999).
Wer dominant ist, hängt davon ab, wer mit wem spielt. Zion ist dominant, wenn er mit Mateo spielt; wenn Zion jedoch mit Isabel spielt, ist Isabel dominant. Wir müssen diese Dynamik unter den Peers sehr genau beobachten. Wenn Zion allen Kindern gegenüber dominant ist und grobe Taktiken einsetzt, um Spielzeug zu bekommen, dann müssen wir Zions Fähigkeit, die Sichtweise anderer zu erkennen, fördern. Wenn Mateo immer das Opfer eines anderen dominanten Kindes zu sein scheint, müssen wir Mateo helfen, mehr Selbstvertrauen zu gewinnen und die Art von Kommunikation zu lernen, die er dem Kind gegenüber braucht, das im Spiel immer wieder versucht, ihn zu beherrschen.

Benutzung von Gegenständen, Besitz und Eigentum

Dies ist einer der häufigsten Gründe für Konflikte zwischen jungen Kindern. Kinder aller Altersgruppen streiten sich von Zeit zu Zeit darüber, wer welches Spielzeug bekommt. Kinder zwischen 18 Monaten und drei Jahren fangen jedoch gerade erst an, ein Verständnis für den Unterschied zwischen Besitz und Eigentum zu entwickeln. Diese Begriffe erfordern höhere kognitive Fähigkeiten. Ein Kind kann ein Spielzeug besitzen, aber es muss ihm nicht gehören. Ein Spielzeug kann einem Kind gehören, aber das Kind muss es in diesem Augenblick nicht besitzen.

Liam hält den Ball ganz fest. Ethan kommt heran und beugt sich zu dem Spielzeug vor. Liam zieht den Ball schnell zurück und Ethan fängt laut an zu weinen.

Wenn Kleinst- und Kleinkinder den Begriff „Besitz“ noch nicht kennen, geben sie ein Spielzeug, mit dem sie spielen, schnell her, wenn sie das Interesse daran verloren haben. Wenn sie anfangen „Besitz“ und „Eigentum“ zu verstehen, möchten sie das Spielzeug oft wiederhaben, mit dem sie vor einer Stunde gespielt haben, selbst wenn sie es weggelegt hatten, um etwas zu essen. Sie möchten es vielleicht besonders dann haben, wenn ein anderes Kind jetzt damit spielt. Das Spielzeug sieht in den Händen des anderen Kindes auf einmal spannender aus.

Die meisten Kinder zwischen 24 und 30 Monaten verstehen den Begriff „Eigentum“ und fordern ihr Spielzeug mit dem Ausdruck „meins“ zurück. Sie sind eher in der Lage zu verstehen, dass ein Spielzeug einem Kind „gehört“, und sie geben dieses Spielzeug bereitwillig an seinen Eigentümer zurück, wenn der es möchte (Ross, Friedman, Field, 2015). Wenn sie *„meins“* sagen, verwenden sie auch meistens *„deins“* und beginnen gleichzeitig, mit einem Freund zu teilen (Hay, 2006). Im nächsten Kapitel finden Sie Strategien, mit denen Sie Kindern dabei helfen, diese schwierigen Begriffe zu verstehen.

Die Schwierigkeit mit der Selbstregulation

Die meistens Kinder haben von Zeit zu Zeit ein Problem damit, ihre Emotionen, ihre Aufmerksamkeit, Kraftanstrengung und ihr Verhalten zu dosieren und zu steuern. Ihr Gehirn befindet sich noch in der Entwicklung. Sie sind auch unterschiedlich begabt darin, auf Belohnung zu warten. Einige Kleinkinder können sich selbst davon abhalten, einem anderen Kind ein begehrtes Spielzeug wegzunehmen, andere finden es schwer, dieses Begehren zu unterdrücken.
Die Art und Verwendung der Sprache erlaubt eine Vorhersage über die Selbstregulationsfähigkeit von Kleinkindern – besonders der Umfang ihres Wortschatzes (Vallotton / Ayoub, 2011). Kleinkinder können im Umgang mit ihren Peers ihre Emotionen leichter beherrschen und ausdrücken, wenn ihnen Wörter dafür zur Verfügung stehen.

Ein 21 Monate altes Kleinkind wurde in den Arm gebissen. Es lief zu seiner Erzieherin, um ihr das zu zeigen, und dann rannte es unaufgefordert von der Betreuerin zu dem Kind, das gebissen hatte und sagte: „Nein, Freund!“ Es rief „Nein!“ aus, wobei es immer noch das andere Kind als Freund bezeichnete. Seine Sprachfertigkeit half ihm, Wörter zu benutzen, statt zurückzubeißen.

Die Ursache wird vielleicht nicht immer deutlich

Selbst wenn wir uns in sie hineinzuversetzen versuchen, wissen wir nicht immer, was Kinder denken, wenn sie sich in einem Konflikt befinden. Die nächstbeste Option besteht dann darin, sie zu beobachten und zu versuchen herauszufinden, was sie erreichen möchten. Drücken sie ein Bedürfnis aus oder sind sie aufgeregt, weil sie sich darauf konzentriert hatten, wie ein Spielzeug funktioniert? Durch Beobachtung können Erwachsene Kindern dabei helfen, Lösungen zu finden. Es folgt nun Tabelle 6 mit einer Zusammenfassung der Entwicklung und des Lernens in den verschiedenen Altersgruppen.

Alter	Verhaltensweisen und Fähigkeiten
4-8 Monate	▪ Kleinstkinder können mit Peers mit ihrem ganzen Körper interagieren, über sie hinwegrollen, hinüberkrabbeln, an ihnen lecken oder saugen oder auf ihnen sitzen. Sie benutzen all ihre Sinne, um etwas zu erkunden.
8-12 Monate	▪ Ein Kleinstkind, das bereits sitzen kann, kann ein anderes Baby pieksen, schubsen oder tätscheln, um zu sehen, was das andere dann macht. Oft ist es sehr überrascht über die Reaktion, die es erhält. ▪ Es kommt zu Konflikten, weil Kleinstkinder alles erforschen müssen. Sie protestieren, wenn sie in ihrem Handeln unterbrochen werden, und weil sie sich ihrer erwachenden Bedürfnisse bewusst werden (Licht, Simoni, Perrig-Chiello, 2008). ▪ Da Kleinstkinder in diesem Alter zielorientierter sind als jüngere Kleinstkinder, schieben sie vielleicht die Hand eines anderen Kleinstkindes von einem Spielzeug weg oder krabbeln zu einem anderen Baby, um sich ein Spielzeug zu holen.
12-18 Monate	▪ Kleinkinder kommunizieren unter Einsatz ihres ganzen Körpers (Løkken, 2000ab; Porter, 2003). ▪ Kleinkinder können das Objekt, das ein Peer hält, berühren. Dies kann ein positiver Anfang sein und eine interaktive Fähigkeit (Eckerman, Whatley, McGehee, 1979). Es kann jedoch auch zu einem Konflikt führen. ▪ Junge Kleinkinder sind ständig in Bewegung. Kleinkinder können zum Beispiel in sechs Stunden etwa 14.000 Schritte machen, über 46 Fußballfelder laufen und 100 Mal fallen, wenn sie anfangen zu laufen (Adolph et al., 2012). Da sie erst lernen, sich auszubalancieren und ihren Körper zu beherrschen, wenn sie laufen, und weil sie so oft hinfallen, kann es zu Konflikten führen, wenn sie in andere Kinder hineinlaufen oder -fallen. ▪ Konflikte entstehen, weil Kleinstkinder alles erkunden müssen und oft dagegen protestieren, wenn ihre Tätigkeit unterbrochen wird (Licht, Simoni, Perrig-Chiello, 2008)
18-24 Monate	▪ Die Kinder fangen gerade erst an zu verstehen, dass andere Menschen Vorlieben haben, die sich von ihren eigenen unterscheiden, und sie lernen, die Perspektive einer anderen Person einzunehmen (Astington / Edward, 2010). ▪ Attraktives Spielzeug kann zu einem Konflikt beitragen. Wenn es nur eines davon gibt, wird mehr als ein Kind damit spielen wollen. Es ist schwer für Kleinkinder zu warten, bis sie an der Reihe sind. ▪ Kleinkinder fangen an *„meins"* und *„deins"* zu sagen. Kinder, die im Alter zwischen 18 und 24 Monaten anfangen *„meins"* zu sagen, werden vermutlich im Alter von 24 Monaten auch *„deins"* sagen und mit anderen teilen können (Hay, 2006). ▪ Kleinkinder sind immer noch dabei, die Unterschiede zwischen den Begriffen *„sich abwechseln"*, *„Eigentum"*, *„Besitz"*, *„teilen"* und *„geben"* zu lernen. ▪ Es kann zu Stoßen, Drängeln, etwas an sich Reißen und Schlagen kommen, wenn Kinder in Streit geraten über „meins, so lange ich es haben will" und „deins, aber ich will es auch haben". ▪ Kleinkinder können sich eher über ein kleines Spielzeug streiten, als über große, unbewegliche Objekte. Kleinkinder gehen in diesem Alter vielleicht intuitiv davon aus, dass größere Spielzeuge eher für mehrere Kinder gleichzeitig gedacht sind (DeStefano / Mueller, 1982; Løkken, 2000b). ▪ Kinder können sich mit aller Macht dagegen wehren, wenn ein anderes Kind versucht, ihnen ein Spielzeug wegzunehmen.

Alter	Verhaltensweisen und Fähigkeiten
18-24 Monate *(Fortsetzung)*	▪ Kinder können sich unverwandt darauf konzentrieren, eine Aufgabe zu erledigen, wie zum Beispiel Steine in einen Behälter tun oder Ringe auf einen Stab stecken. Sie können protestieren, wenn sie dabei unterbrochen werden. ▪ Konflikte spielen eine wichtige Rolle in der Entwicklung von Peer-Gruppen, da Kinder dabei lernen, wie sehr sich die Gedanken der anderen von ihren eigenen unterscheiden können und wie wichtig es dann ist, zu verhandeln (Chen, et al., 2001; Eckerman / Peterman, 2001; Shantz, 1987).
24-36 Monate	▪ Viele ältere Kleinkinder verstehen jetzt den Unterschied zwischen *Eigentum* und *Besitz* (Fasig, 2000). Trotzdem ist es immer noch schwer für sie, den Impuls zu unterdrücken, mit einem attraktiven Spielzeug spielen zu wollen, das gerade im Besitz eines anderen Kindes ist. ▪ Kinder zwischen 24 und 30 Monaten verstehen den Begriff *„Eigentum“*. Sie sagen *„meins“* bei Dingen, die ihnen gehören, und *„deins“* bei Dingen, die anderen Kindern gehören (Ross, Friedman, Field, 2015). ▪ Es kommt weniger häufig zu Konflikten aufgrund von Gegenständen (Chen, 2001). ▪ Kinder verwenden viele Strategien in Konflikten (Hay, 2006; Hay et al., 2011). Sie können auf etwas bestehen, argumentieren, alternative Vorschläge machen, Kompromisse schließen, ignorieren, eine Erklärung fordern oder körperliche Kraft einsetzen (Chen 2001, 2003). Sie erheben ihre Stimme, sprechen schneller und betonen gewisse Aspekte (Brenneis / Lein, 1977). ▪ Es kann zur Dominanz eines Kindes über ein anderes kommen (Hawley / Little, 1999). ▪ Es kann aus vielen Gründen gebissen werden, im Wesentlichen weil Kinder gerade im Begriff sind zu lernen, ihren Wortschatz absichtsvoll einzusetzen und die Perspektive einer anderen Person einzunehmen (Wittmer / Petersen, 2017).

Tabelle 6

Einflüsse auf die Art der Konflikte

Es gibt viele Einflüsse auf die Art eines Konfliktes. Dazu gehören die Erfahrungen der Kinder mit Bindungen, ihr Temperament und Gender. Konflikte sind beziehungsabhängig, das heißt, sie unterscheiden sich abhängig von den Beziehungen, die Kinder miteinander haben, und sie sind situationsabhängig, das heißt, sie treten in einem Kontext auf und werden durch die vorangegangenen Strategien des Gegenübers beeinflusst.

Bindungserfahrung und Zugewandtheit der Eltern

Die Erfahrungen, die ein Kind mit Bindungen gemacht hat, können einen Einfluss darauf haben, ob es sich leicht auf einen Konflikt einlässt. Kinder, die in ihrer Vergangenheit sichere Bindungen und zugewandte Eltern erlebt haben, sind im Vergleich zu Kindern mit unsicheren Bindungen eher in der Lage, harmonische Beziehungen zu ihren Peers zu entwickeln (Groh et al., 2014; Hedenbro / Rydelius, 2014; Kochanska / Kim, 2012, 2013; McElwain et al., 2008). Sie haben Zuwendung erlebt, Sensibilität, mehr positive Emotionen, Interaktionen, in denen man sich abwechselt, und Warmherzigkeit. Sie erwarten, dasselbe mit ihren Peers zu erleben, und sie können selbst diese Eigenschaften an den Tag legen. Kinder mit unsicheren Bindungserfahrungen sind vor ihren Peers eher auf der Hut und erwarten von anderen eher, dass sie aufdringlich oder unfreundlich sein könnten. Diese Kinder können auch aggressiver und ängstlicher sein und haben größere Schwierigkeiten, ihre Emotionen zu regulieren, als Peers, die Beziehungen mit sicheren Bindungen erlebt haben.

Temperament

Das Temperament eines Kindes beeinflusst die Beziehungen zu seinen Peers. Kinder, die lebhaft und überschäumend sind und sich dabei nur schwer selbst regulieren können, halten sich vielleicht mitten unter ihren Peers auf, lachen, wirbeln Spielzeug umher und haben ganz allgemein eine schöne Zeit (Dennis, Hong, Solomon, 2010). Sie rempeln eher mal andere Kinder an und reißen ein Spielzeug an sich, das sie gerade für ihr Spiel brauchen. Kinder hingegen, die furchtsam sind oder schüchtern, ziehen sich von anderen Kindern zurück oder fühlen sich unwohl, wenn ein Kind ihnen zu nahe kommt. Pädagoginnen, die das Temperament eines jeden Kindes einfühlsam durchschauen, können die Beziehungen der einzelnen Kinder zu ihren Peers fördern.

Einige Kinder sind emotional reaktiv. Sie können sensibler sein und auf Menschen, Geräusche, Konflikte und Aggressionen komplexer reagieren als andere Kinder. Sie weinen leichter, schreien lauter und ziehen sich schneller zurück. Junge Kinder, die zum Beispiel erlebt haben, wie ihre Eltern sich streiten und aggressiv miteinander umgehen, haben mehr Angst, wenn sie selbst in einen Konflikt mit einem anderen Kind geraten (Davies et al., 2012).

Unterschiede zwischen den Geschlechtern

Jungen scheinen nicht häufiger in Konflikte zu geraten als Mädchen. Jedoch kann ihre Vorgehensweise bei Konflikten sich von der der Mädchen unterscheiden. In einer Beobachtungsgruppe von 20 Monate alten Kindern wandten nur 35% Gewalt an. Die Gewalt war entweder instrumentell („an einem Spielzeug ziehen") oder körperlich („nach dem Körper des anderen Kindes schlagen"). Instrumentelle Gewalt schien zu positiver Interaktion zwischen den Peers zu führen, körperliche Gewalt dagegen eher zu Konflikten. Jungen und Mädchen wandten beide instrumentelle Gewalt an, um ein Spielzeug zu bekommen. Ältere kleine Jungen setzten jedoch eher körperliche Gewalt ein als Mädchen (Hay et al., 2011). Wenn Sie beobachten, dass Kinder in Konflikten körperliche Gewalt einsetzen, sollten Sie die sprachliche Entwicklung, Selbstregulation und die Kunst des Perspektivwechsels der Kinder fördern.

Beziehungen und Situationen

Konflikte unterscheiden sich abhängig von den Beziehungen, die Kinder in der Vergangenheit untereinander hatten, von der Situation und von den Strategien, die Kinder einsetzen.

> *Kari hätte gern den leuchtend bunten Korb, mit dem Thomas in der Luft herumwedelt. Er sieht so viel attraktiver aus als der, den sie in der Hand hält. Sie geht zu ihm, ergreift den Korb und läuft damit weg. Thomas bleibt mit einem verlorenen und verwirrten Gesichtsausdruck zurück. Später läuft Thomas durch den Raum und reißt Kari eine Puppe aus den Händen.*

Konflikte sind beziehungsabhängig. Das heißt, Konflikte unterscheiden sich in Abhängigkeit von der Beziehung, die Kinder zueinander haben. Kinder, die in einer konfliktreichen Beziehung zueinander stehen, werden wahrscheinlich immer wieder aneinandergeraten, wenn nicht ein Erwachsener leitend eingreift. Die Qualität der Beziehung und ihr bisheriger Verlauf beeinflussen, wie sie miteinander umgehen. Sehr junge Kinder gehen oft Kindern aus dem Weg, die Konflikte anfangen.

> *Adam, ein Kleinkind in einer Betreuungseinrichtung, scheint solch ein Kleinkind zu sein, dem alle anderen Kinder aus dem Weg gehen, weil er oft nach ihnen schlägt, wenn sie in seine Nähe kommen. Das Verhalten der anderen Kleinkinder in dem Raum (weggehen, wenn Adam in ihre Nähe kommt) beruht auf ihren bisherigen Erfahrungen mit ihm.*
>
> *Adams Lieblingsbetreuerinnen untersuchen, warum Adam andere Kinder so oft schlägt und fanden durch den Aufbau einer liebevollen Beziehung zu ihm Wege, ihm beizubringen, welche Alternativen es für ihn gibt, um mit seinen Peers zusammenzusein.*

Konflikte sind auch situationsabhängig und werden durch frühere Strategien der Konfliktbeteiligten beeinflusst, d.h., sie treten in einem Kontext auf. Bei Kleinkindern hat der Ausgang eines früheren Konfliktes oft einen Einfluss auf den nächsten Konflikt, und das Kind, das den letzten Konflikt verlor, wird mit größerer Wahrscheinlichkeit den nächsten starten (Hay / Ross, 1982). Vorschulkinder scheinen bereit zu sein, den Strategien ihres Gegenübers mit gleichen Mitteln zu begegnen (Thornberg, 2006): Wenn ein Gegenüber während eines Konfliktes aggressiv war, reagierte das andere Kind mit Aggressivität. Wenn das Gegenüber nicht aggressiv war, wandte das andere Kind selten eine aggressive Strategie an. Wenn Sie als Pädagogin beobachten, dass ein Kind einen Konflikt anzufangen scheint, ist das vielleicht auch nur eine Reaktion auf einen früheren Konflikt. Konflikte unter Kindern sind viel komplexer, als wir es vermutet hätten.

Sam und Bridger sitzen auf dem Boden sehr dicht zusammen und spielen mit Bauklötzen. Sam beäugt ein Bauteil von Bridgers Konstruktion, das seine eigene Bauklotzeisenbahn vervollständigen würde. Mit einem schnellen Griff zieht er es aus Bridgers Bauwerk heraus und legt es auf sein eigenes. Ganz offensichtlich aufgebracht heult Bridger auf und sagt deutlich zu Sam: „Meins!" Als Sam die Bitte ignoriert, versucht Bridger eine andere Taktik. Er hebt die Stimme und erklärt „Ich brauch das", aber die Wörter haben nicht die beabsichtigte Wirkung auf Sam. Schließlich wendet Bridger sich an die Erzieherin in der Nähe und sagt: „Du, Sam hat meinen Baustein genommen." Als die Erzieherin näherkommt, wirft Sam den Baustein schnell zu Bridger zurück.

In diesem Beispiel initiiert ein Kind einen Konflikt, und das andere reagiert mit einer Reihe von Strategien. Wenn Kinder älter werden, benutzen sie differenziertere Wege, um Gegenstände zu bekommen, die sie haben wollen.
Sowohl jüngere als auch ältere Kleinkinder haben ein ganzes Repertoire an Verhaltensweisen, die sie bei Konflikten einsetzen. Sie haben eine erstaunliche Anzahl an kreativen Möglichkeiten, um sich anderen Kindern zu widersetzen. Nehmen wir zum Beispiel an, Hannah nimmt ein Spielzeug, das in Carlitas Nähe liegt, und Carlita regt sich auf. Carlita

kann sich gegen Hannah wehren, indem sie deutlich „nein" sagt, oder sie kann Gründe angeben wie „Das ist meins". Carlita kann Alternativen anbieten wie „Dein Auto ist da drüben". Sie kann die *„Aufschiebe-Taktik"* anwenden: „Später kannst du damit spielen." Sie kann versuchen, Hannah davon zu überzeugen, dass sie schon ein Spielzeug hat, das „gut genug" ist, und dass sie deswegen Carlita das Auto nicht wegzunehmen braucht. Carlita kann ihr Verhalten rechtfertigen, indem sie über ihre eigenen Bedürfnisse und Wünsche spricht. Sie könnte eine Rechtfertigung gleichzeitig mit einer an Hanna gerichteten Ermahnung aussprechen: „Nimm nicht mein Spielzeug. Das ist mein Lieblingsauto."

Kinder können auch zwei andere Arten von Strategien einsetzen: *„unterwürfiges Verhalten"* – weinen, sich zurückziehen und nachgeben – und *„beschwichtigendes Verhalten"* – kooperative Vorschläge, Entschuldigungen, symbolische Angebote und Teilen von Objekten (Chen, 2003). Sie könnten auch Hilfe bei den Erwachsenen suchen, indem sie petzen, jammern oder einfach um Hilfe bitten.
Junge Kinder können *„stilistische Taktiken"* einsetzen (Shantz, 1987), wie zum Beispiel die Stimme erheben, schneller reden und gewisse Aspekte betonen, um ihre feste Entschlossenheit zu siegen deutlich zu machen. Sie können beharren, ignorieren, eine Erklärung verlangen oder körperliche Kraft anwenden (Hay et al., 2011). In der folgenden Liste fassen wir die Strategien zusammen, die Kleinkinder einsetzen, wenn sie mit einem anderen Kind in einen Konflikt geraten:

- Sie weigern sich: „Nein!"
- Sie fordern ihren Besitz ein und geben eine Rechtfertigung: „Das ist meins."
- Sie schlagen eine Alternative vor: „Dein Auto ist da drüben."
- Sie schlagen eine Aufschiebung vor: „Du kannst später damit spielen."
- Sie sprechen über ihre eigenen Bedürfnisse und Wünsche: „Ich brauche das jetzt."
- Sie geben einen guten Grund an: „Du hast ein schönes Spielzeug."
- Sie sagen der Erzieherin: „Sie/er hat mein Auto weggenommen."

- Sie bestehen darauf, dass das andere Kind sich mit ihnen abwechselt oder ein Spielzeug hergibt: „Du kannst das nicht haben."
- Sie benutzen unterwürfiges Verhalten, wie sich zurückziehen, weinen, nachgeben oder jammern.
- Sie benutzen beschwichtigendes Verhalten, wie kooperative Vorschläge, Entschuldigungen, symbolische Angebote und Teilen von Objekten.
- Sie benutzen stilistische Taktiken, wie die Stimme heben, schneller sprechen und Betonung bestimmter Aspekte, um ihre feste Entschlossenheit zu gewinnen anzuzeigen.
- Sie ignorieren das andere Kind.
- Sie verlangen eine Erklärung: „Warum willst du das haben?"
- Sie setzen ihre körperliche Stärke ein.

Kleinkinder haben eine erstaunliche Anzahl von Taktiken gelernt, die sie in Konflikten einsetzen können. Es wird Ihnen Spaß machen, Kleinkinder zu beobachten und zu sehen, welche der Strategien sie einsetzen. Sie werden den Kindern helfen wollen, einige dieser Strategien zu verwenden, zum Beispiel Zeichensprache oder Wörter zu benutzen oder aufschiebende Ausdrücke – bspw. „Jetzt nicht" – um zu rechtfertigen, warum sie ein Spielzeug oder eine Decke gerade jetzt benötigen.
Während die Kinder heranwachsen lernen sie, ihre eigenen Konflikte häufiger selbst zu lösen und sich Unterstützung bei den Betreuern zu holen (Chen et al., 2001). Beide Strategien sind Anzeichen dafür, dass sie sich ihrer eigenen Fähigkeiten immer mehr bewusst sind, sowie für ein größeres Verständnis ihres Selbst und das der anderen. Kinder lernen ständig, wenn sie sich in Konflikten mit ihren Peers befinden. Mit Unterstützung durch Erwachsene bergen diese Konflikte aber einen immensen Wert für die Entwicklung der Kinder.

•••

Es kommt zu Konflikten, wenn ein Kind sich den Handlungen eines anderen Kindes widersetzt, dagegen protestiert, was ein anderes Kind macht oder sagt, oder wenn es sich wegen eines angeblichen Vergehens rächt. Mit der richtigen Art Unterstützung durch fürsorgliche und zugewandte Erwachsene lernen Kinder etwas über ihr Selbst und über das der anderen, sie lernen etwas über Emotionen, Empathie, Selbstregulation, kognitive sowie kommunikative Fähigkeiten und wie man sich sozial und prosozial verhält.
Die Konflikte der Kleinstkinder entstehen, wenn sie ihrem natürlichen Streben, Dinge zu erforschen, nachgehen, wenn ihre Aktivität von anderen unterbrochen wird und aufgrund ihrer erwachenden Bedürfnisse.
Kleinkinder hingegen lösen Konflikte aus durch ihren Forschungsdrang, bei unterbrochenen Aktivitäten, Dominanz, weil sie Gegenstände benutzen und weil sie Schwierigkeiten mit der Selbstregulation haben. Manchmal bleibt der Grund für Konflikte aber auch unklar.
Bindungserfahrung in der Vergangenheit, Temperament und Gender-Unterschiede beeinflussen den Charakter von Konflikten. Die bisherigen Beziehungen der Kinder untereinander und die Strategien, die Kleinst- und Kleinkinder gelernt haben, beeinflussen ebenfalls die Art der auftretenden Konflikte.

Kapitel 7

Strategien, die Kinder dabei unterstützen, ihre Konflikte mit Peers zu lösen

Strategien, die einen Unterschied bewirken

Wie Erwachsene Konflikte unter Kleinst- und Kleinkindern beurteilen und handhaben, hat einen Einfluss darauf, ob Kinder neue und nützliche Interaktionsstrategien lernen oder aber weiterhin wenig hilfreiche und schädliche Konfliktstrategien anwenden. In den vorangegangenen Kapiteln haben wir hervorgehoben, wie wichtig positive, fürsorgliche, zugewandte und liebevolle Beziehungen zwischen Erwachsenen und Kindern für das emotionale und soziale Lernen sind. Diese Aspekte verringern in Betreuungseinrichtungen die Anzahl der Konflikte und unterstützen die Kinder, wenn Konflikte dennoch auftreten. Wenn wir über Konflikte unter Peers sprechen, sollten wir uns daran erinnern, wie gut Pädagoginnen Kinder in ihren gesunden und erfolgreichen Interaktionen unterstützen können, wenn der Ansatz des Erwachsenen auf einer positiven Beziehung zum Kind basiert, der Erwachsene dem Kind emotional zugewandt und vertrauenswürdig ist. Es ist für das Wohlbefinden der Kinder wichtig, dass Pädagoginnen jeden Tag und auf jede Art und Weise die emotionale und soziale Entwicklung als vorrangig betrachten.
Vorteilhaft ist es, wenn Erwachsene das Bedürfnis der Kinder, sozial und prosozial zu handeln, respektieren, ihr Lernpotenzial unterstützen und die optimale emotionale und soziale Entwicklung in einem Konflikt mit Peers steigern. Zuallererst sollte der Pädagoge zusammen mit seinem Team und den Eltern überlegen, welche Lernziele es gibt und wie ihre Kinder mit anderen Kindern umgehen sollten.

Reflektieren, beobachten und dokumentieren

Sobald Sie in Ihrem Team über die Ziele, die Sie mit den Kindern verfolgen, nachdenken, sowie über Ihre eigene Einstellung und Ihre persönlichen Konflikttheorien, wird dies Einfluss darauf haben, wie Sie zukünftig mit Konflikten unter den Kindern umgehen. Gründliche Beobachtungen helfen Pädagoginnen, die Ziele der Kinder zu verstehen. Die Dokumentation hilft sowohl Erziehern als auch Kindern und Eltern dabei, die Kompetenz und das Lernen der Kinder in Konfliktsituationen zu würdigen. Fürsorgliche Erwachsene bemühen sich darum, aus Kindern hilfsbereite junge Menschen zu machen, die andere trösten und mit ihren Peers kooperieren. Dies sind die primären Ziele für Kleinst- und Kleinkinder. Dies sind die Fähigkeiten, die für ihren Erfolg als Erwachsene wichtig sind. Wir möchten, dass junge Kinder gesunde Beziehungen zu anderen haben und ein festes Gefühl der Zugehörigkeit.
Bevor sie aber irgendeine Strategie einsetzen, stellen sich vorausdenkende Pädagoginnen die Frage, ob diese Strategien auch anderen Zielen gerecht werden, die für junge Kinder wichtig sind:

- Hilft die Strategie allen Kindern, sich geborgen, sicher und beschützt zu fühlen?
- Ist die Strategie ein Vorbild für liebevollen Umgang – wie man tröstet, teilt, Empathie fühlt und sie zeigt und Emotionen auf gesunde Art zum Ausdruck bringt?
- Hilft die Strategie allen Kindern, ein Gefühl von Bindung und Zugehörigkeit zu den Erwachsenen und anderen Kindern zu entwickeln?
- Hilft die Strategie dem Kind, über seine Gefühle nachzudenken und zu lernen, wie es sie ausdrücken kann?
- Hilft die Strategie dem Kind zu lernen, dass die Gefühle und Sichtweisen anderer sich von seinen eigenen unterscheiden können?
- Fördert die Strategie positive, liebevolle Beziehungen zwischen den Kindern und/oder stellt sie diese wieder her?

Ein „Ja“ auf diese Fragen zeigt, dass zugewandte Erwachsene hier Strategien anwenden, die junge Kinder darin unterstützen, emotional und sozial kompetent zu werden. Umsichtige Pädagoginnen und Eltern reflektieren ihre eigene Haltung bei Konflikten. Wenn Erwachsene verstehen, welch eine wichtige Rolle Konflikte für das soziale Lernen der Kinder spielen, werden sie diesen Konflikten mit einer unterstützenden Haltung begegnen. Statt Angst zu bekommen und Kinder während des Konfliktes sofort zu trennen, werden sie Möglichkeiten für diese Kinder schaffen, damit diese wertvolles Verhandeln, Problemlösungen, Rechtfertigunen und andere Konfliktlösungsfertigkeiten erlernen.

Erwachsene können verschiedene Methoden in Betracht ziehen, um auf einen Konflikt zu reagieren, aber alle Strategien sollten darauf abzielen, Konflikte als Chance zu sehen, um sich entfaltende soziale Fähigkeiten zu fördern. Forschungen und Modelle der Entwicklungspsychologen können Ihre Methoden beeinflussen, und obwohl die Ausgangstheorien sich leicht unterscheiden, sind sich alle darin einig, dass Kinder von Erwachsenen und Peers in ihrem Umfeld lernen, wie man mit einem Konflikt umgeht und soziale Interaktionen aushandelt. Vielleicht verwenden Sie einen Ansatz, der auf Beziehungen basiert, wie er von dem Forscher Robert Hinde vertreten wird, bei dem das primäre Ziel eines Erziehers darin liegt, die Fähigkeit von Kleinst- und Kleinkindern zum Knüpfen und Ausbauen von Beziehungen zu fördern (Hinde, 1992). Bei dieser Methode sind Pädagoginnen immer auf der Suche nach Möglichkeiten, um die Beziehungen zwischen den Kindern zu unterstützen, indem sie ihnen helfen, bei einem Konflikt zu verhandeln.
Ein soziokulturelles Modell nach Lev Vygotsky besagt, dass Kinder Konfliktlösungsstrategien sowohl von Erwachsenen lernen, die Experten sind als auch von ihren Peers (Vygotsky, 1978, 1987). Es sind die sozialen Interaktionen, in denen Kinder etwas über Beziehungen lernen, und die Interaktionen der Erwachsenen nehmen dabei die führende Rolle ein. Sie können auch Jean Piagets kognitives Modell (Piaget, 1936/1953) als Ansatz für frühe Kindheitskonflikte wählen, bei dem die Betonung auf den Entwicklungsstadien liegt, und das davon ausgeht, dass Kinder ihr Wissen über soziale Beziehungen aktiv während der Konflikte konstruieren. Kinder brauchen also Erfahrung mit Konflikten, um zu lernen, wie sie damit umgehen können, aber sie brauchen auch entsprechend entwickelte Fähigkeiten, um diese Informationen zu verarbeiten. Oder Sie konzentrieren sich besonders auf Beobachtung und Vorbild. Das sozial-kognitive Modell des Psychologen Albert Bandura besagt, dass Kinder beim Lernen die anderen genau beobachten und sie dann zum Lösen ihrer sozialen Probleme imitieren (Bandura, 1989).
In der Praxis wenden Pädagoginnen verschiedene Strategien an. Wenn Erwachsene eingreifen, sollten sie das auf eine strategische Weise tun, die das Lernen bei den „Streitenden“ fördert (Bayer et al., 1995) und die Fähigkeiten der Kinder berücksichtigt, die an dem Konflikt beteiligt sind. Das eine Kind zieht sich angesichts des Geschreis des anderen Kleinstkindes bei der Balgerei um ein Spielzeug zurück. Das andere wiederum springt mit einem Schwall von Wörtern und einer Kaskade von Bewegungen mitten ins „Schlachtgetümmel“ hinein. Diese individuellen und kulturellen Unterschiede, mit einem Konflikt umzugehen, sollten die Strategien der Pädagoginnen beeinflussen. – Manchmal besteht der erste Schritt einer Pädagogin darin, erst einmal zu beobachten. Wenn aber zwei Kleinkinder laut darüber streiten und schreien, wer die Puppe zuerst hatte, ist es schwer für die Pädagogin, nicht sofort einzugreifen, besonders wenn sie weiß, dass das eine Kleinkind gern einmal beißt, wenn es frustriert ist. Wenn die Kinder jedoch in ihrer Entwicklung weiter fortgeschritten sind und wir innehalten, beobachten und Zeit haben, Fragen zu stellen, wird sich die Fähigkeit der Kinder, ihre Konflikte selbst zu lösen, verbessern.

„Anstatt sofort zu versuchen, Streitigkeiten zu vermeiden und zu unterbinden – warum sie nicht als Anlass dafür nehmen, um Kindern dabei zu helfen, selbst Strategien für eine friedliche Lösung von Schwierigkeiten zu entwickeln?“ (Chen, 2003)

Stellen Sie zuerst einfach nur Beobachtungen an, wenn Kinder bei Konflikten nicht aggressiv sind. Wir müssen ihnen eine Chance geben, ihre Konflikte selbst zu lösen. Wie die Wissenschaftlerin Dora Chen und ihre Kolleginnen bei der Beobachtung von 2 bis 4 Jahre alten Kindern feststellten, löste ein Viertel der Zweijährigen seine Probleme selbst, wohingegen bereits die Hälfte der Vierjährigen dazu in der Lage war (Chen et al., 2001). Zu häufiges, wie auch zu schnelles Eingreifen nimmt den Kindern die Möglichkeit, immer differenziertere Konfliktvermeidungs- und Lösungsstrategien anzuwenden.

Wenn Kinder anderen, sich selbst oder ihrer Umgebung keinen Schaden zufügen, gibt die Beobachtung des Konfliktes den Kindern die Möglichkeit zu lernen, dass der Standpunkt und die Gefühle anderer Kinder sich von den eigenen unterscheiden können.
Nach Untersuchungen der Forscherin Jessica Sommerville und Kollegen bemerken und fordern Kleinkinder schon im Alter von 12 bis 15 Monaten eine faire Verteilung von Ressourcen (Sommerville et al., 2013). Wie eine der führenden Wissenschaftlerinnen, Julia Ulber, ebenfalls feststellte, können ältere Kleinkinder zwischen 18 bis 24 Monaten selbst Ressourcen untereinander aufteilen. Wenn ihnen Murmeln gegeben wurden, teilten ältere Kleinkinder sie in 50 Prozent der Fälle gleichmäßig untereinander auf. Wenn ein Kleinkind drei Murmeln aus einem Automaten bekam und sein Partner nur eine, gab das Kind, das mehr Glück gehabt hatte, in einem Drittel der Versuche dem anderen, nicht so glücklichen Kind eine oder mehrere Murmel(n) (Ulber et al., 2015). Wir möchten Kleinkindern also die Chance geben, selbst etwas zu teilen, indem wir sie erst beobachten, anstatt ihnen sofort Anweisungen zu geben.

In einer betreuten Gruppe wurde Kleinkindern selten erlaubt, ohne Einmischung von Erwachsenen Konflikte auszutragen. In 91% der Fälle mussten die Erwachsenen dort die Konflikte zwischen den Kleinkindern schlichten, ohne diese selbst daran zu beteiligen (DaRos / Kovach, 1998). Wenn Erwachsene routinemäßig Handlungen bestimmen und die Kleinkinder daran hindern, sich an der Lösung von Konflikten zu beteiligen, verhindern sie auch, dass diese Kinder verschiedene Strategien ausprobieren.
Bei einer anderen Untersuchung führte das Eingreifen der Betreuer in die Konflikte von 13 Monate alten Kindern sogar zu mehr negativen Interaktionen unter den Peers im Alter von 19 Monaten. Die Forscherinnen Shannon Williams, Lenna Ontai und Ann Mastergeorge schlossen daraus: „Die Häufigkeit, mit der Betreuer die frühen Interaktionen von Kleinstkindern mit ihren Peers unterbrechen, scheint dauerhaft negative Auswirkungen auf das Sozialverhalten von Peers sechs Monate später zu haben“ (Williams, Ontai, Mastergeorge, 2007). *Obwohl es eine echte Herausforderung für Erwachsene ist, nur in der Nähe zu bleiben und den Kindern die Möglichkeit zu lassen, ihren Konflikt selbst zu lösen, ist dies vielleicht eine der wichtigsten Strategien, die es auszuprobieren gilt.*

Wir wissen, wie oft Kleinkinder eine Pädagogin brauchen, um ihre beginnende Fähigkeit, starke Emotionen selbst zu regulieren, zu unterstützen und die Gefühle anderer Kinder zu verstehen. Dennoch kann das ständige Eingreifen der Erwachsenen die Beziehung junger Kinder zu ihren Peers stören. Bei dem Eingreifen zeigt der Pädagoge ein Verhalten, eine Wortwahl und einen Gesichtsausdruck, die das Kind veranlassen, sich von seinem Peer abzuwenden und sich auf den Erwachsenen zu konzentrieren. Wenn Erwachsene Interaktionen zwischen Kleinkindern und ihren Peers unterbrechen, können sie unter Umständen das Sozialverhalten unter den Peers negativ beeinflussen.
Das Beobachten hilft uns, die Ziele der Kinder zu verstehen. Im Laufe der Zeit hilft es Pädagoginnen und Eltern dabei, die Ziele und Strategien der Kinder und ihre Reaktion darauf zu verstehen. Beobachten und dokumentieren wir die Handlungen der Kinder, können wir ggf. eine Verhaltensweise neu beurteilen. Elly Singer und Maritta Hännikäinen (2002) beobachteten die Strategien von Pädagoginnen, die 2 bis 3 Jahre alte Kinder in niederländischen und finnischen Tageseinrichtungen betreuten, die über „Territorialansprüche" in Konflikt gerieten.

Wie sie feststellten, wiesen Peers zum Beispiel andere Zweijährige ab, wenn diese versuchten, bei ihrem Spiel mitzumachen. Statt aufzugeben blieben die jungen Kinder oft wortlos in der Nähe, gingen um die anderen herum und versuchten es dann noch einmal. Wie Singer und Hännikäinen hervorhoben, zeigt das Kind, das mitmachen möchte, Respekt durch sein Nachgeben. Indem es in der Nähe bleibt, lernt das Kind, wie das Spiel der anderen Kinder abläuft, und indem es noch einen Versuch macht mitzuspielen, zeigt es sein Interesse. Zu häufig haben wir das Bedürfnis einzugreifen, wenn ein Kind zurückgewiesen wird, und wenn wir dann eingreifen, haben wir damit vielleicht verhindert, dass dieses Kind seinen Respekt für seine Peers zeigt und Fähigkeiten für soziale Kooperation erwirbt. Beobachtung und Analyse der Dokumentation helfen uns, diese Situationen durch eine neue Brille zu betrachten.

Wenn wir die Vielfältigkeit der Interaktionen zwischen Peers dokumentieren und anschließend über diese Interaktionen nachdenken, dann sehen wir Erwachsenen die Verhaltensweisen mit anderen Augen. Die Entwicklung von Kleinst- und Kleinkindern ist faszinierend, wenn man sie aus der Perspektive des Kindes sieht. Das Verhalten junger Kinder, das durch einen negativen Filter gesehen wurde, kann bei klugem Abwägen als progressiver Entwicklungsschritt verstanden werden, durch den Kleinst- und Kleinkinder sozial kompetent werden.
Dokumentieren Sie Interaktionen unter Peers mit Videoaufnahmen oder Fotografien oder bitten Sie andere, ihre eigenen Interaktionen mit Kindern aufzuzeichnen. Analysieren Sie die Dokumentation mit Kolleginnen und den Familien der Kinder, um das Geschehen aus der Perspektive der Kinder zu betrachten und zu entscheiden, welche Art von Unterstützung die Kinder brauchen und ob sie diese überhaupt brauchen.
Beobachtung ist wichtig, dennoch müssen Erwachsene eingreifen, wenn die Streitereien der Kleinkinder zu turbulent werden und die Eskalation des Konflikts in Aggression umschlägt. Setzt der Pädagoge Strategien ein, die Beziehungen aufbauen, verringert sich jedoch die Wahrscheinlichkeit solcher heftigen Auseinandersetzungen, und die Fähigkeit der Kinder, Konflikte zu lösen, wird gestärkt.

Stellen Sie sich die folgenden Fragen als Richtlinien für ihre Beobachtungen von Konfliktverhalten bei Kindern:

- Welche Ziele haben die Kinder während des Konfliktes?
- Wie unterscheiden sich die Ziele in den verschiedenen Altersstufen?
- Welche Strategien benutzen Kinder, um einen Konflikt zu initiieren und um in einem Konflikt Widerstand zu leisten?
- Welche Gesten und Wörter benutzen die Kinder während eines Konflikts?
- Gibt es Kinder, die dominant zu sein scheinen? Bei wem sind sie dominant? Wie zeigen sie ihre Dominanz?
- Was lernen Kinder während eines Konflikts?
- Gibt es gewisse Spielzeuge, die eher einen Konflikt auslösen? Wenn ja, gibt es weniger Konflikte, wenn Sie Duplikate eines attraktiven Spielzeugs besorgen?
- Wann entstehen die wenigsten Konflikte? Warum ist das Ihrer Meinung nach der Fall?
- Wie lösen Kinder ihre eigenen Konflikte?
- Welche Strategien funktionieren am besten, um die Beziehungen zwischen Kindern aufzubauen oder wiederherzustellen?

Wenden Sie Strategien an, die auf der Beziehung zwischen Erwachsenem und Kind beruhen

Zu den Strategien, die auf Beziehungen basieren, und die sowohl die Beziehung zwischen Erwachsenem und Kind als auch zwischen den Peers aufbauen und stärken, gehören das Schaffen und Erhalten von Beziehungen, die Strategien der Mediation und die Unterstützung der Problemlösungs-Fähigkeiten der Kinder.

Beziehung aufbauen und wiederherstellen

Erwachsene wenden eine Vielfalt von Strategien an, um Konflikte zu vermeiden und das Lernen der Kinder zu fördern, wenn es doch zu Konflikten kommt. Einige dieser erzieherischen Strategien sind jedoch viel effektiver als andere, wenn es darum geht, Beziehungen zwischen Kindern während eines Konflikts und auch danach wiederherzustellen. Diese effektiven Strategien befähigen die Kinder zudem, ihr eigenes Verhalten zu regulieren. Denken Sie darüber nach, wie Sie die folgende Situation handhaben würden, um eine freundliche Beziehung zwischen zwei Kleinkindern herzustellen (Singer, 2002). Die beiden Kleinkinder kämpfen mit grimmigem Gesichtsausdruck um ein Spielzeug; beide halten ein Stück davon fest in den Händen:

> *Matthew, ein 18 Monate alter Junge, spielt mit einem blauen Auto auf dem Fußboden. Er scheint friedlich auszuprobieren, wie er ein Geräusch hervorrufen kann, indem er die Räder des Autos mit seinen Fingern dreht. Der 15 Monate alte Hamilton blickt an der anderen Seite des Raumes auf, um zu sehen, woher das Geräusch kommt. Er sieht, wie Matthew die Räder dreht und krabbelt näher, um besser sehen zu können. Hamilton schaut einen Moment zu, dann greift er sich plötzlich das blaue Auto. Bevor er versuchen kann wegzulaufen, reißt Matthew das Auto mit einem Ruck wieder an sich. Aufgeschreckt reagiert Hamilton auf den Verlust mit einem langen, lauten Heulen. Matthew dreht ihm den Rücken zu und Hamilton weint lauter.*

Sie sind die Pädagogin, die diese Szene aus der Entfernung beobachtet. Was machen Sie?

- Nehmen Sie das Auto weg, das den Konflikt zwischen den beiden Kleinkindern ausgelöst hat?
- Ergreifen Sie mitfühlend die Partei des Kindes, das Ihrer Meinung nach zum Opfer wurde?
- Ignorieren Sie die Interaktion, weil sie eine von den vielen Ärgernissen ist, die nach Ihrer Meinung im Alltag eines Kleinkindes akzeptiert werden müssen?
- Gehen Sie dichter an die Kinder heran, weil Sie wissen, dass die Situation noch nicht ausgestanden ist?

In diesem Fall sollte die Pädagogin näher herangehen, weil sie weiß, dass der Konflikt wieder eskalieren könnte. Sie kann kommentieren, was gerade passiert ist und so die Kinder wissen lassen, dass sie ihre Gefühle versteht: „Matthew, es hat dir nicht gefallen, als Hamilton dein Spielzeug weggenommen hat." „Hamilton, du warst traurig, als Matthew sich das Spielzeug zurückholte." Die Pädagogin könnte Matthew, da er der Ältere ist, dann fragen, ob ihm ein anderes Spielzeug einfällt, das er Hamilton geben könnte. Wenn Matthew kein anderes Spielzeug findet, könnte sie ein paar Vorschläge machen, die Hamilton vielleicht gefallen würden. Dies hilft Matthew zu lernen, was er in Zukunft tun könnte, wenn ihm ein jüngeres Kind sein Spielzeug wegnimmt. Wenn Matthew Hamilton ein Spielzeug reicht, beginnt die Wiederherstellung der Beziehung.
„Beziehungswiederherstellung" ist ein Schlüsselbegriff. Die Kommunikation sowohl der Erzieher als auch der Kinder kann auf der *„inhaltlichen Ebene" (Sachebene)* und auch auf der *„Beziehungsebene"* stattfinden (Singer et al., 2012). Wenn Kinder einen Konflikt wegen einer Aktivität oder eines Spielzeugs haben, kommunizieren sie auf der „inhaltlichen Ebene" – es geht weniger um die beteiligten Personen, als vielmehr um spezielle Details der Konflikte. Wenn sie kommunizieren, indem sie andere Kinder ignorieren oder abweisen, befinden sie sich auf der *„Beziehungsebene"* – sie gehen nicht auf den Inhalt des Konfliktes ein, sondern

reagieren auf die beteiligten Personen. Als Hamilton das Spielzeug ergriff und Matthew es schnell wieder an sich riss, befand der Konflikt sich auf der inhaltlichen Ebene – Hamilton wollte das Spielzeug, aber Matthew wollte es nicht an Hamilton abgeben. Als Matthew Hamilton den Rücken zuwandte, wies er Hamilton auf der Beziehungsebene ab – und gab damit zu verstehen, dass Hamiltons Gefühle für ihn keine Bedeutung hatten.

Ein Konflikt hat sich zu einer Krise entwickelt, wenn beide Kinder gleichzeitig Opfer und Aggressoren sind. Wenn Kinder sich sowohl auf der inhaltlichen als auch auf der Beziehungsebene abweisen, „... kann es keine Auflösung geben, so lange bis die Kinder sich gegenseitig als Individuen akzeptieren, deren Gefühle berücksichtigt werden müssen ... nur wenn sie die Anwesenheit des jeweils anderen akzeptieren, können sie ihre Probleme auf der inhaltlichen Ebene lösen" (Singer, 2002).

Indem die Pädagogin die Gefühle der Kinder kommentierte, half sie ihnen, den anderen als ein Individuum mit Gefühlen anzunehmen. Die Pädagogin wandte Mediation statt Machtstrategien an.

Verwenden Sie Mediationsstrategien

Beziehungen mit Hilfe von Mediationsstrategien aufzubauen und wiederherzustellen lehrt Kleinkinder, über Konflikte mit ihren Peers zu verhandeln. Die vermittelnden Strategien der Erwachsenen ermöglichen es Kindern viel eher als Machtstrategien, von der Lösung bei Konflikten zu lernen.

Zwei Arten von Interventionstechniken können von Pädagoginnen angewandt werden, wenn ein Konflikt unter Kindern eskaliert: Mediationsstrategien und ausdrückliche Machtstrategien (Singer et al., 2001). Während Sie die folgenden Definitionen der beiden Begriffe lesen, überlegen Sie, welche der beiden Strategien den Kindern hilft, etwas über andere zu lernen und sich über sie Gedanken zu machen.

„Mediationsstrategien" beinhalten Modifizierungen – Veränderungen am Drehbuch des kindlichen Spiels, die im Rahmen der kindlichen Logik bleiben, Verbote vermeiden und um verbale Aussagen bitten. *„Ausdrückliche Machtstrategien"* zur Wiederherstellung der Ordnung beinhalten die Erteilung von Befehlen, das Erinnern an Regeln und einfaches nonverbales Ablehnen. Eine ausdrückliche Machtstrategie ignoriert die Sichtweise der Kinder und kann ihre Konflikte sogar noch vertiefen (Singer et al., 2001).

Hätte die Pädagogin im Beispiel von Matthew und Hamilton die ausdrückliche Machtstrategie angewandt, wie zum Beispiel einfach das Auto wegzunehmen, hätte sie die Wiederherstellung der Beziehung gestört und dazu beigetragen, dass die Kinder keine Informationen und keine Möglichkeit zum Üben im Umgang mit Konflikten erhalten hätten.

Mediation stellt Beziehungen wieder her und baut die sozialen Kompetenzen der Kinder aus. Vermittelnde Strategien verlangen von Pädagoginnen, „ihre Macht für die Kinder und mit ihnen einzusetzen, und die Entwicklung ‚geteilter Machtstrategien' zu fördern, wie zum Beispiel Verhandeln, Klären von Regeln und Gefühlen, Fragenstellen und dazu aufzufordern, andere Sichtweisen einzunehmen, Kompromisse zu schließen und eine Beziehung nach einem Streit wiederherzustellen" (Singer, 2002).

Mediationsstrategien, besonders diejenigen, die sich auf Kinder konzentrieren, anstatt auf die Pädagoginnen, bauen auf den bei jungen Kindern vorhandenen Fähigkeiten zur Problemlösung auf.

Bei älteren Kleinkindern hört die Pädagogin sich die Standpunkte der Kinder an, bittet sie, ihre Gefühle zu erklären und ermuntert sie, den anderen gegenüber ihre Wünsche auszudrücken. Diese Strategien würdigen die Kompetenz junger Kinder und unterstreichen die Bedeutung ihrer Vorstellungen und Beziehungen.

Konfliktlösung zwischen zwei jungen Kindern erfordert es, dass der Pädagoge allen beteiligten Kindern gegenüber eine positive Haltung bewahrt, sie dabei unterstützt, andere Sichtweisen anzuerkennen und Mediationsstrategien anwendet.

Verwenden Sie Problemlösungsstrategien

Eine Pädagogin, die sehr junge Kinder darin fördert, Problemlösungsstrategien anzuwenden, betrachtet die sozialen Herausforderungen, denen Kleinkinder begegnen, also als Lernchance. Die Forscherin Cherie Bayer und ihre Kolleginnen beobachteten Strategien, die dreizehn Erzieher bei Streitigkeiten unter Kleinkindern anwandten. Bedenkt man, dass es in dieser Studie durchschnittlich alle 2,6 Minuten zu irgendeiner Art von Auseinandersetzung kam und die Pädagoginnen durchschnittlich alle 5,3 Minuten bei einem Streit zwischen Kleinkindern eingriffen, dann war es sehr wichtig, die Strategien, die von den Erziehern angewandt wurden, und ihre Wirkung auf die Kleinkinder zu beobachten. Die Forscherinnen ermittelten drei verschiedene Strategien, die während der zwölfstündigen Beobachtungsphase von den Erziehern eingesetzt wurden:

- **Rufen:** Die Aufmerksamkeit der Streitenden einfordern
- **Stopp:** Einhalt gebieten und Entfernen des Streitobjektes
- **Fragen:** Die streitenden Kleinkinder dazu auffordern, ihr Problem zu benennen

Das *„Rufen“* als Versuch der Erzieherin, die Aufmerksamkeit der Kinder auf sich zu lenken, trug nicht dazu bei, den Konflikt zu lösen.
Vorwiegend begannen die Pädagoginnen ihre Intervention aber mit *„Stopp“*, um den Streit zu unterbrechen, was als starke Lenkung angesehen werden kann.
Der Prozess des *„Fragens“* war die effektivste Strategie der Konfliktlösung – hier wurde über die gegnerische Haltung der Peers verhandelt. Die Problemlösung wurde gefördert, Informationen wurden eingeholt und die Kinder stärker miteinbezogen – aber diese Strategie wurde nur in 10,4 % der Anlässe eingesetzt (Bayer, Whaley, May, 1995).

Pädagoginnen benutzen die „Rufen-und-Stopp"-Strategien in dem Bemühen, Konflikte zu beenden, bevor sie eskalieren. Wenn wir jedoch Konflikte als Chance für sehr junge Kinder betrachten, um etwas über Beziehungen zu lernen, dann lohnt sich der zeitliche Aufwand des Pädagogen, erst zu beobachten und dann zu entscheiden, wann oder ob eingegriffen werden sollte, und danach Strategien anzuwenden, die die Problemlösung und den Aufbau von Beziehungen fördern.
In ihrem Zeitschriftenartikel, der untersucht, wie Pädagoginnen für Kleinkinder ein Umfeld schaffen können, in dem soziale Probleme gelöst werden können, wenn sie im Umgang mit ihren Peers in Streitereien geraten, unterstreichen Lissy Gloeckler und Jennifer Cassell (2012), dass die Pädagoginnen das Problem *„mit"* den Kleinkindern, nicht *„für"* sie lösen sollten: „Wenn eine Erzieherin Probleme für das Kleinkind löst, spricht sie auf das Kind ein, statt mit dem Kind zu sprechen, und das Kleinkind erhält wenige oder gar keine Chancen, zu reagieren und seine Bedürfnisse auszudrücken."

Gloeckler und Cassell stellten die nachfolgende Liste zusammen, um den Unterschied zu verdeutlichen:

- Vorgehen der Pädagogin, wenn sie das Problem *für* das Kleinkind löst:
  - Die Pädagogin kann ablenken oder umlenken oder das Kind physisch vom Ort des Problems wegführen.
  - Die Pädagogin identifiziert das Problem und beendet es schnell.
  - Die Pädagogin gibt Anweisungen, spricht Warnungen und Ermahnungen aus.
  - Sie entscheidet darüber, wie das Problem gelöst werden sollte.
  - Die Pädagogin ist kurz angebunden, spricht selbst wenig und erlaubt dem Kind wenige Äußerungen.
  - Pädagoginnen tragen die Verantwortung für das Umgehen mit Problemen und das Lösen von Problemen. Was Kinder dabei lernen ist, dass es offensichtlich die Aufgabe der Pädagogin ist, die Probleme zu lösen.

- Vorgehen der Pädagogin, wenn sie das Problem *mit* dem Kleinkind löst:
  - Die Pädagogin bietet angemessenen Trost und Berührung an und benennt die Emotionen, um die Problemlösung anzustoßen.
  - Die Pädagogin beschreibt die Situation, fordert auf, darüber zu diskutieren, und sie stellt offene Fragen.
  - Die Pädagogin lädt die Kinder ein, sich zu beteiligen, bietet Auswahlmöglichkeiten und Alternativen an, und sie stellt den Kindern offene Fragen zu deren eigenen Vorstellungen.
  - Die Pädagogin gibt dem Kind einfache Beispielformulierungen, wie sie sich ausdrücken können.
  - Pädagogin und Kinder tragen gemeinsam die Verantwortung dafür, wie sie das Problem handhaben und lösen. Die Kinder lernen Selbstregulation, Problemlösung und Strategien, wie sie in schwierigen Situationen für sich selbst sorgen können.

Die Autorinnen schreiben, dass Problemlösungsstrategien für Kleinkinder mit dem Beobachten beginnen, dann wird festgestellt, wo das Problem liegt, und schließlich werden offene Fragen gestellt, um das Problem zu verstehen. Wenn zum Beispiel zwei Kinder

denselben Lastwagen haben wollen, bietet die Pädagogin den Kindern Trost an und fordert sie auf, ihr zu erzählen, was sie wollen. Die Fragen helfen dem Erwachsenen, die Ziele der Kinder herauszufinden. Beide Kinder sagen vielleicht „meins“ oder „ich hatte ihn zuerst“.
Die Pädagogin kann auch das Problem verdeutlichen: „Ihr wollt beide mit dem blauen Lastwagen spielen.“ Dann fordert sie die Kinder auf, über eine Lösung nachzudenken. Wenn die Kinder das nicht können, bietet sie den Kindern eine Reihe von Möglichkeiten zur Auswahl an.
Obwohl diese Problemlösungsstrategien für die Pädagoginnen zeitaufwändiger sind, motivieren sie aber die Kinder, ihre Emotionen zu erkennen und auszudrücken, wecken ihre Fähigkeit, über Lösungen nachzudenken und ihr eigenes Verhalten zu regulieren sowie Beziehungen wiederherzustellen.

Gestalten Sie ein Umfeld, das eine fürsorgliche Gemeinschaft spüren lässt sowie eine bedarfsgerechte Angebotsplanung

„Die territorialen Konflikte bei Kindern entstehen aus einem klassischen Problem in Betreuungseinrichtungen – nämlich der Schwierigkeit, dass Kinder zusammen spielen wollen, aber auch ihre Privatsphäre brauchen. Wie das erhobene Datenmaterial vermuten lässt, beeinflussen Pädagogen indirekt durch ihre Organisation von Zeit, Raum und Material das Auftreten und die Schwere solcher Konflikte.“ (Singer / Hännikäinen, 2002)

Die Kinder durch den Tag hetzen, zu viele Kinder gleichzeitig in einem Raum betreuen und eine unflexible Zeitplanung – all das trägt zu einer steigenden Zahl von Konflikten unter Kleinst- und Kleinkindern bei. Erstellen Sie also einen Zeitplan, der auf die Bedürfnisse von Kleinst- und Kleinkindern abgestimmt ist, um die Konflikte zu verringern. Füttern Sie die Kleinstkinder und legen Sie sie entsprechend ihrem eigenen Tagesrhythmus schlafen. Kleinkindern geht es mit einer strukturierten Routine besser: Es gibt die Zeit, um „Hallo“ zu sagen, zu essen, zu schlafen, drinnen und draußen zu spielen und die Zeit um „Auf Wiedersehen“ zu sagen. Trotzdem müssen Pädagoginnen dieser Altersgruppen flexibel bleiben, um den Bedürfnissen junger Kinder gerecht zu werden. Der eine muss an dem einen Tag vielleicht mehr umarmt werden, und ein anderer will am nächsten Tag vielleicht weiteressen, während die Peers mit ihrem Mittagessen schon fertig sind, „weil sein Bauch noch nicht voll ist“. Diese Art von angepasster Fürsorge – die darauf vertraut, dass die Kinder schon sagen werden, was sie brauchen – gibt den Kindern ein Gefühl von Einfluss und Kontrolle und hilft ihnen, ihrem eigenen Gefühl von Hunger, Ruhebedürfnis und ihrem Verlangen nach Gesellschaft zu vertrauen.

Da der Besitz von Gegenständen und das Unterschreiten der Individualdistanz die beiden wahrscheinlichsten Auslöser von Konflikten sind (Hay et al., 2011), sollten Pädagoginnen für ausreichend intaktes Spielzeug für alle Kinder sorgen und es ansprechend im Raum verteilen. Gibt es zwei identische Exemplare von einigen Spielzeugen, regt das die Kinder zu komplexem Spiel an. Sorgen Sie für gemütliche Ecken im Raum, in welche die Kinder sich zurückziehen können, wenn sie sich ohne Ablenkung auf etwas konzentrieren möchten.

Unterstützen Sie die Familien

Oft suchen Familien Hilfe für den Umgang mit den Konflikten ihrer Kinder. Workshops für Familien können nützlich für Eltern sein, ebenso wie Broschüren, in denen erklärt wird, welchen Wert Konflikte haben und wie wichtig es für Kinder ist zu lernen, wie sie Probleme selbst lösen können. Helfen Sie Familienmitgliedern zu verstehen, dass für das

Kind die Wiederherstellung von Beziehung und das Lernen aus Konflikten an erster Stelle stehen sollten. Kurze Videos und eine Dokumentation der Konflikte unter Kindern sowie eine Analyse der kindlichen Ziele helfen den Familienmitgliedern, das Geschehen zu verstehen: Wenn ein junges Kind einem anderen Kind ein Spielzeug wegnimmt, ist dies vermutlich kein aggressiver Akt und kann viele Bedeutungen haben, wie zum Beispiel: „Ich möchte mit dir spielen." Über die Ziele der Kinder nachzudenken, hilft den Erwachsenen, auf einen Konflikt nicht nur zu reagieren, sondern vielmehr herauszufinden, welche Bedeutung der Konflikt für die Kinder selber hat.

Zusammenfassung der Strategien

Zu den Strategien, die einen Unterschied bewirken, gehören Überlegungen und Beobachtungen der Pädagoginnen. Sie und die Familien sollten gemeinsam noch einmal ihre Ziele für die Kinder überdenken und ihre eigene Haltung Konflikten gegenüber kritisch betrachten. Konflikte zu beobachten, anstatt gleich einzugreifen, ist äußerst wichtig, um die Ziele der Kleinkinder zu verstehen und ihnen die Möglichkeit zu geben, Probleme untereinander zu lösen *(es sei denn, es kommt zu Aggressionen!)*. Strategien, die auf der Beziehung zwischen Erwachsenem und Kind beruhen, umfassen den Aufbau und die Wiederherstellung von Beziehung, den Einsatz von Mediationsstrategien und Problemlösungsstrategien.

Eine fürsorgliche Gemeinschaft, die ein entspanntes Umfeld bietet, flexible Zeitplanung, ein günstiges Zahlenverhältnis von Erziehern zu Kindern, Spielzeuge in doppelter Anzahl und in gutem Zustand sowie gemütliche Sitzecken, ist unerlässlich, um Konflikte zu vermeiden und freundschaftliche Lösungen zu erreichen. Unterstützen Sie die Familien mit Workshops und Informationsbroschüren über den Wert von Konflikten und die Bedeutung, die es für Kinder hat, wenn sie in die Lage versetzt werden, Probleme selber zu lösen. Helfen Sie den Familienmitgliedern zu verstehen, dass die Wiederherstellung von Beziehung und das Lernen durch Konflikte für die Kinder wichtig sind und ihnen Kompetenzen vermitteln, die ihnen in der Gegenwart und in der Zukunft helfen werden. Betrachten Sie gemeinsam kurze Videos und Dokumentationen über Konflikte unter Kindern, die die Familien dabei unterstützen, die Ziele der Kinder und ihrer Peers zu verstehen und auch die Strategien, die Kinder für das Verhandeln und Kooperieren mit Peers gelernt haben.

- Reflektieren, beobachten und dokumentieren:
  - Überdenken Sie noch einmal die Ziele des Teams und der Familie für die Kinder und sich selbst.
  - Denken Sie über ihre eigene Haltung und die Haltung des Teams zu Konflikten nach. Konflikte haben einen Wert für das Lernen der Kinder, wenn die Erwachsenen Mediations- und Problemlösungsstrategien einsetzen und die Kinder darin fördern, an andere zu denken.
  - Beobachten Sie und reflektieren Sie Ihre Beobachtungen. Beobachten hilft uns dabei, die Ziele der Kinder zu verstehen.
  - Sehen Sie zunächst einfach zu, solange Kinder nicht aggressiv werden.
  - Erforschen Sie alle Gründe, warum es zu einem Konflikt gekommen ist, damit Sie die Sichtweise des Kindes einnehmen können.

- Wenden Sie Strategien an, die auf der Beziehung zwischen Erwachsenem und Kind beruhen:
  - Knüpfen Sie Beziehungen bzw. stellen Sie sie wieder her. Die Wiederherstellung von Beziehung ist ein Schlüsselbegriff.
  - Verwenden Sie Mediationsstrategien, indem Sie Veränderungen vorschlagen, die in die Logik des kindlichen Spielverlaufs passen; vermeiden Sie Regeln, die etwas verbieten, und dringen Sie auf verbale Äußerungen.
  - Lehren Sie die Kinder die Bedeutung von Wörtern und Begriffen wie *„meins“. „deins“, „seins“, „Eigentum“ und „Besitz“.*
- Wenden Sie Problemlösungsstrategien an:
  - Bieten Sie angemessen Trost und Berührung an.
  - Benennen Sie Emotionen, um eine Lösung des Problems anzuregen oder um eine Problemlösung zu ermöglichen.
  - Laden Sie zu Diskussionen über die Situation ein, beschreiben Sie die Situation und stellen Sie offene Fragen.
  - Fordern Sie die Kinder auf mitzumachen, schlagen Sie Möglichkeiten und Alternativen vor, und stellen Sie den Kindern offene Fragen zu ihren Ideen.
  - Geben Sie den Kindern einfache Beispiele dafür, wie sie sich ausdrücken können.
  - Übernehmen Sie gemeinsam mit den Kindern die Verantwortung, die Probleme zu handhaben und zu lösen. Die Kinder lernen, wie sie sich selbst regulieren, wie sie ein Problem lösen können, und sie lernen Strategien, wie sie in schwierigen Situationen auf sich selbst aufpassen können.

- Schaffen Sie eine fürsorgliche Gemeinschaft:
  - Sorgen Sie für ein entspanntes Umfeld.
  - Stellen Sie einen angemessenen und flexiblen Zeitplan auf.
  - Sorgen Sie für eine kleine Anzahl von Kindern pro Pädagogin.
  - Stellen Sie genügend intaktes Spielzeug zur Verfügung.
  - Halten Sie mehrere Exemplare des gleichen Spielzeugs bereit.
  - Sorgen Sie für gemütliche Ecken, in denen die Kinder ungestört sitzen können.

- Unterstützen Sie die Familien:
  - Bieten Sie Workshops und Informationsbroschüren über den Wert von Konflikten an und die Bedeutung, die das Vermitteln von Problemlösungsstrategien für Kinder hat.
  - Helfen Sie den Familienmitgliedern zu verstehen, dass es das vornehmliche Ziel ist, Beziehung/en wiederherzustellen und es den Kindern zu ermöglichen, aus Konflikten zu lernen.
  - Sehen Sie sich gemeinsam kurze Videos und Dokumentationen über Konflikte unter Kindern an. Analysieren Sie die Ziele der Kinder, damit die Familienmitglieder verstehen, wie viele unterschiedliche Bedeutungen die Handlungen der Kinder haben können.

Kapitel 8

Kinder, deren Beziehungen zu den Peers eine Herausforderung sind

Von der Geburt bis zum dritten Lebensjahr befinden sich die sozialen Einstellungen und Fähigkeiten der Kinder, die sie für harmonische Interaktionen und Konfliktverhandlungen benötigen, in einem Entwicklungsprozess. Da diese Kompetenzen sich in den frühen Lebensjahren entwickeln, empfinden alle jungen Kinder die Interaktionen mit ihren Peers von Zeit zu Zeit als schwierig.
Für einige Kinder aber, die Verzögerungen oder Behinderungen im sozialen Bereich erleben, stellen Interaktionen mit Peers die meiste Zeit eine Herausforderung dar.
Die Qualität der Beziehungen zu den Peers gewährt einen Einblick in das Wohlbefinden des Kindes. Die Eigenheiten der Kinder wie Temperament, Erfahrungen mit Beziehungen und die Qualität ihres Umfeldes, das alles spielt eine Rolle dabei, ob Kleinst- und Kleinkinder sich von Beziehungen zu Peers herausgefordert fühlen (Dollar / Buss, 2014; Heberle et al., 2014; Waller et al., 2015).

Schwierigkeiten mit Beziehungen beginnen früh

Cara möchte nicht von ihren Peers angefasst werden. Sie geht weg, wenn ein Peer sich ihr nähert. Lonnie quetscht sich in den engen Raum zwischen dem Regal mit den Bausteinen und dem mit den Puzzles. Langston wimmert, wenn ein anderes Kleinkind ihm ein Spielzeug wegnimmt, und Arial schlägt oft ohne offensichtlichen Grund andere Kinder.

Kleinst- und Kleinkinder wie Cara, Lonnie, Langston und Ariel können traurig sein, müde, verängstigt, zurückgewiesen von ihren Peers, zornig, frustriert, aufgebracht, orientierungslos oder verwirrt. Einige Kinder haben es vielleicht schwer, ihre Gefühle auf gesunde Art auszudrücken. Kinder können gereizt sein oder auf jemanden einschlagen. Einige scheinen jemandem wehtun zu wollen, bevor ihnen selbst jemand wehtut. Peers, die mit einer unheimlichen oder schmerzhaften Reaktion dieser Kinder rechnen, huschen schnell davon, wenn diese durch den Raum gehen.
Andere Kinder tun den Peers nicht weh, aber sie ziehen sich in eine Ecke des Raumes zurück, verhalten sich angsterfüllt, weisen die Spielaufforderung anderer Kinder zurück, klammern sich an das Bein der Pädagogin oder weinen lange. Kinder, die gesundheitsgefährdendem Stress, Trauer, Misshandlung, Vernachlässigung oder traumatischen Ereignissen ausgesetzt sind, zeigen uns das Ausmaß ihrer Verzweiflung durch viele dieser eben beschriebenen Verhaltensweisen. Wir alle haben schon einmal diese Kinder gesehen, von denen wir wissen, dass sie Unterstützung für ihre Beziehungen brauchen. Pädagoginnen und Familienmitglieder bezeichnen diese Kinder vielleicht als in sich gekehrt, zu schüchtern, gehemmt, aggressiv, abgewiesen von anderen oder abweisend anderen gegenüber, traumatisiert, depressiv oder trauernd.
Wir können Anzeichen der Beziehungsprobleme eines Kindes schon früh in seinem ersten Lebensjahr erkennen. Fürsorgliche Pädagogen machen sich Sorgen um diese Kinder, da sie ganz allgemein nicht glücklich sind. Mit einem empathischen, liebevollen und verständnisvollen Ansatz können Pädagogen Kindern, die Probleme haben, helfen und sie auf dem Weg zu erfolgreichen Beziehungen mit Peers begleiten. Diese frühen positiven Erfahrungen mit Fürsorge und Lernen haben die Kraft, die sozialen Einstellungen und Fähigkeiten Peers gegenüber zu fördern und voranzubringen.
Um schwierige Verhaltensweisen zu verstehen, müssen wir als Erstes eine respektvolle Haltung demgegenüber einnehmen, was die Kleinst- und Kleinkinder uns durch ihre Art, Gefühle zu äußern und durch anderes Verhalten zeigen. Durch ihr Spiel, durch Schlafmuster, Essen, Affekte, Körperspannung, Weinen und Wörter, wie auch durch die Annä-

herung an und die Reaktion auf Erwachsene und Peers, sagen Kleinst- und Kleinkinder uns, ob sie Kummer haben oder ob es ihnen gutgeht. Ganz gleich ob ein Kleinst- oder Kleinkind sich nur ein paar Minuten lang herausgefordert fühlt oder für Stunden, Tage oder beständig, – wir wollen herausfinden, was in diesem Kind vor sich geht, damit wir ihm helfen können.
Alle Verhaltensweisen von Kleinst- und Kleinkindern haben eine Ursache, eine Bedeutung und ein Ziel. Wenn wir sorgfältig beobachten, uns mit der Familie austauschen und gründlich reflektieren, können wir herausfinden, wie wir die Kinder fördern können, während sie ihre Beziehungserfahrungen verarbeiten. Wir begleiten sie auf ihrem Weg zur sozialen Kompetenz.

Herausfordernde Verhaltensmuster

„Babys und Kleinkinder mögen auf verschiedenste Weisen liebenswert sein, trotzdem können sie Dinge tun, die uns provozieren." (Heitler, 2011)

Wenn wir uns auf Kleinst- und Kleinkinder konzentrieren, die Beziehungen zu Peers besonders herausfordernd finden, werden wir bald mehrere Beziehungsmuster erkennen. Diese Muster sagen uns etwas darüber, welche Erfahrungen ein Kind in seinem jungen Leben schon gemacht hat, und sie verraten etwas über das Temperament des Kindes. Sie bringen die Fähigkeiten und Einstellungen des jungen Kindes in Bezug auf soziale Beziehungen zum Vorschein, sowie die Gefühle des Kindes über sich selbst und über andere. Sie sagen uns, was das Kind von Beziehungen erwartet. Ein Kleinkind, das sich z.B. von seinen Peers zurückzieht, erwartet vermutlich nicht, dass Beziehungen zu Peers Spaß machen können, einfach sind oder zufriedenstellend. Auch die Art, wie es sich auf andere bezieht, sagt uns, was es braucht. Ein Zweijähriger, der mit seinen Peers grob spielt, braucht vielleicht sensorische Stimulation, Förderung oder die Fähigkeit zur Selbstregulation. Lassen sie uns mit dem Beißen anfangen – ein häufiges und sehr herausforderndes Problem, dem Erwachsene bei Kleinst- und Kleinkindern begegnen.

Andere beißen

Beißen ist ein ernsthaftes Problem für Kinder, Familien und Pädagoginnen, und es passiert oft, wenn junge Kinder zusammen sind. Wenn einmal gebissen wird, kommt es im Wohnzimmer oder in der Tageseinrichtung oft zu einem Ausbruch von Emotionen. Auf der Schwelle zum Gebrauch der Sprache kann das Beißen bei mobilen Kleinst- oder Kleinkindern etwas bedeuten, was sie in Worten noch nicht ausdrücken können: „Ich mag dich", „Geh mir aus dem Weg", oder „Gib mir mein Spielzeug wieder! Ich hatte es zuerst.". Beißen ist ein bedeutsamer Vorfall für Pädagoginnen, die sich von den Kindern wünschen, prosoziale Mitglieder in ihrer Peergruppe zu werden.
Normalerweise wird nicht gebissen, um einem anderen bewusst wehzutun, vielmehr soll ein begehrtes Objekt gewonnen, Frustration zum Ausdruck gebracht, eine andere Person „aus dem Weg geräumt" oder sogar Zuneigung ausgedrückt werden. Einer der wichtigsten Gründe, warum Kleinst- und Kleinkinder beißen, ist die Tatsache, dass es ihnen an anderen Taktiken mangelt, um ihre Wünsche und Bedürfnisse zum Ausdruck zu bringen. Sie beißen andere auch, weil sie Zähne haben, die sie jetzt zu benutzen lernen. Kinder beißen die ganze Zeit – in ihr Essen, ihr Spielzeug und ihre Bücher. Sie müssen erst lernen, dass Menschen nicht zum Beißen da sind.
Wenn U3-Kinder in Kitas und Förderprogrammen zusammen sind, brauchen sie von sensiblen und flexiblen Erwachsenen Unterstützung, Ermunterung, Aufforderung und Strategien zur Wiederherstellung von Beziehungen, um Alternativen zum Beißen zu erlernen.

Kinder können Personen also aus den unterschiedlichsten Gründen beißen, und wenn man diese Gründe versteht, kann der betreuende Erwachsene angemessen reagieren. Wir wollen nun untersuchen, warum Kinder beißen und welche Lösungen es für jeden Auslöser gibt.

Diese Auslöser können sein:

- Festhalten und Loslassen
- Autonomie
- Erforschung
- Zahnen
- Wunsch nach Interaktion mit einem Peer
- Ursache und Wirkung
- Nachahmen
- Aufmerksamkeit suchen
- Frustration
- Zorn
- Stress und Angst

Festhalten und Loslassen

Wenn die kindlichen Muskeln sich entwickeln, experimentieren Kleinkinder mit zwei zeitgleichen Möglichkeiten, um mit Erfahrungen umzugehen: Festhalten und Loslassen. Kleinkinder lernen es, die Eltern und andere Erwachsene, Spielzeug und andere Dinge sowohl festzuhalten als auch loszulassen. Sie lernen, mit dem Mund zu halten und los-

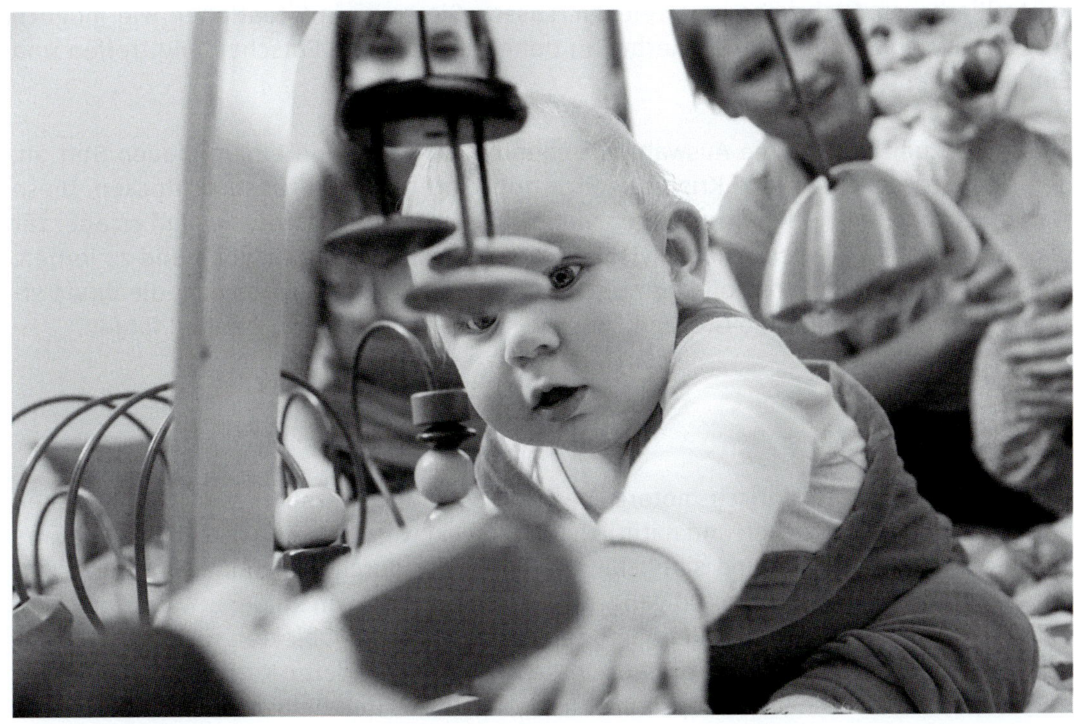

zulassen. Sie möchten mit anderen Kindern spielen, aber sie wissen nicht, wie sie Interaktionen beginnen und aufrechterhalten können. Daher halten sie vielleicht in einem unglücklichen Augenblick andere Kinder durch einen Biss fest. Wenn wir erkennen, dass Beißen eine Art der Interaktion sein kann, können wir jungen Kindern zeigen, wie sie stattdessen eine Beziehung auf positive, prosoziale Weise anknüpfen können.
Wenn junge Kinder sich von ihren Eltern entfernen, müssen sie sie „loslassen". Dies ist für viele Kinder sehr schwer. Sie klammern sich manchmal an die Eltern, weinen und umarmen sie. Verhelfen Sie den Kleinst- und Kleinkindern morgens zu einer sanften Trennung von den Familienmitgliedern. Wenn das Kind weint, wenn Vater oder Mutter fortgehen, sagen Sie zu dem Kind: „Du bist ganz traurig. Es ist schwer, auf Wiedersehen zu sagen. Mama kommt nach dem Mittagsschlaf wieder." Zeigen Sie Mitgefühl, benennen Sie die Gefühle des Kindes und erinnern Sie es daran, dass es die Eltern nach einem konkreten Ereignis (hier: der Mittagsschlaf) wiedersieht. Das wird dem Kind helfen, sich nach der Trennung ein bisschen besser zu fühlen.
Wenn das Kind üben soll, Spielzeug oder andere begehrte Objekte loszulassen, bieten Sie ihm die Möglichkeit, die Bauklötze in einen Behälter zu tun.
Auch in einem anderen Bereich geht es um Halten und Loslassen: Beim Toilettentraining. Üben Sie keinen Druck beim Lernen aus. Warten Sie, bis das Kind ihnen in anderen Bereichen zeigt, dass es „loslassen" kann.

Autonomie

Kleinkinder entwickeln Autonomie, wenn sie beginnen, Dinge für sich selbst zu tun, eine Auswahl zu treffen, das Bedürfnis haben, etwas zu lenken, Forderungen an die Erwachsenen und ihr Umfeld stellen, Macht haben wollen und hinaus- und von den Erwachsenen fortgehen. Andere zu beißen, gibt einigen Kindern vielleicht das Gefühl, stark zu sein. Kleinkinder können damit zeigen, dass sie die andere Person oder eine Situation beherrschen.
Man muss Kleinkindern dabei helfen, ein Gleichgewicht zwischen ihrem Bedürfnis nach Kontrolle und ihrem Bedürfnis nach liebevollen, festen Grenzen für ihre manchmal unkontrollierbaren Ausbrüche zu erreichen. Lassen Sie so viele Situationen wie möglich zu, bzw. führen Sie Situationen herbei, in denen Kinder eine Entscheidung treffen und Einfluss haben können.

Bieten Sie zum Beispiel die Auswahl zwischen einem roten und einem blauen Stift an, den Cheerios oder den Rice Krispies, Milch oder Saft auf den Frühstücksflocken. Diese Wahlmöglichkeiten sind in Ihren Augen vielleicht nichts Großartiges, sie sind es aber für die Kinder. Geben Sie den Kindern viel Zeit, um zu wählen, zu erforschen und zu lernen. Kleinkinder, die außer Kontrolle geraten, brauchen liebevolle Erwachsene, die ihnen sichere Grenzen setzen. Ohne Grenzen könnten sich Kinder wirklich „haltlos" fühlen.

Erforschung

Beißen ist Teil einer sensorisch-motorischen Erforschung. Spielzeug, Essen und Menschen müssen angefasst, berochen und natürlich geschmeckt werden, wenn das Kleinkind etwas lernen soll. Junge Kinder sind sinnliche Kreaturen, die durch ihre Sinneseindrücke und durch motorisches Handeln im Umgang mit Dingen lernen. Wenn Kinder etwas erforschen, haben sie oft ihren Gang, das Rennen oder Handhaben von Objekten nicht völlig unter Kontrolle, und sie können dann unabsichtlich das Spiel anderer Kinder stören. Kinder, deren Spiel unterbrochen wurde, können ihr Missfallen durch Beißen kundtun.

Stellen Sie in Ihrer Einrichtung eine Auswahl an sensorisch-motorischen Erlebnismöglichkeiten zur Verfügung. Kleinst- und Kleinkinder sollten unter sorgfältiger Aufsicht Erfahrungen im Spiel mit Wasser, Farben, Knetmasse und Sand machen. Geben Sie den Kindern die Möglichkeit, über unterschiedlich harte, weiche, raue und glatte Oberflächen zu krabbeln und zu purzeln. Eine farbenfrohe Sammlung von Spielzeug, das in den Mund genommen und leicht wieder abgewaschen werden kann, sollte ebenfalls zur Verfügung stehen. Stellen Sie sicher, dass Kleinst- und Kleinkinder die Möglichkeit haben, ihre wachsenden motorischen Fähigkeiten zu trainieren, und dass abgeschirmte Räume zur Verfügung stehen, in denen sie sich ohne Einmischung von Peers auf Aufgaben konzentrieren können, wie zum Beispiel ein Puzzle zusammenzustecken.

Zahnen

Zahnen kann bei Kleinst- und Kleinkindern Schmerzen im Mund verursachen. Kleinstkinder brauchen deshalb oft etwas zur Beruhigung, auf dem sie herumkauen können. Geben Sie den Kleinst- und Kleinkindern sicheres Spielzeug zur Linderung der Schmerzen beim Zahnen. Ältere Kinder können angeregt werden, auf geeigneten Lebensmitteln und sicheres Spielzeug für das Zahnen zu beißen. Halten Sie saubere, tiefgefrorene Tücher bereit, um dem zahnenden Kleinkind durch das Kühlen Erleichterung zu verschaffen, und auch für das Kind, das u. U. gebissen wurde.

Wunsch nach Interaktion mit einem Peer

Kleinst- und Kleinkinder fangen gerade erst an zu lernen, wie sie mit ihren Peers auf positive Weise umgehen können. Kleinstkinder verstehen normalerweise nicht, dass sie dem anderen wehtun, wenn sie beißen; ältere Kleinkinder hingegen können das begreifen. Kleinkinder wissen oft nicht, wie sie sich einem Peer auf angemessene Weise nähern können. Sie drücken ihr Interesse oft durch Beißen, Haareziehen, Schubsen und so weiter aus. Sie benötigen sehr viele soziale Erlebnisse um zu lernen, wie sie mit anderen umgehen sollten. Nehmen Sie die Hand des Kindes, das grob nach einem anderen greift, und sagen Sie: „Berühre ihn sanft. Das macht ihn glücklich." Bestätigen Sie sein Interesse an anderen Kindern, indem Sie sagen: „Ich weiß, du magst Darin. Du kannst ihm ein Spielzeug geben." Beachten und bestätigen Sie positive Interaktionen zwischen den Peers, wenn zum Beispiel ein Kind ein anderes umarmt, einem anderen ein Spielzeug gibt oder es anlächelt.

Ursache und Wirkung

Mit ungefähr 3 Monaten fangen junge Kinder an, die Beziehungen zwischen Ursache und Wirkung zu untersuchen. Es sieht so aus, als würde ein Kleinkind denken: „Was passiert, wenn ich Susi beiße? Welche Reaktion erhalte ich?" Auf Beißen erfolgt eine Reaktion, und zwar meist eine sehr starke! Das Kind, das gebissen hat, hört den lauten Schrei des anderen Kindes, und es erlebt eine heftige Reaktion von einem Erwachsenen.
Stellen Sie Spielzeug zur Verfügung, das etwas tut, wenn das Kind damit hantiert: Wenn zum Beispiel ein Knopf gedrückt wird, schnellt eine Figur hoch; wenn an einem Schalter gedreht wird, hört man eine Melodie. Sand, Erde, Wasser, Farbe, Bausteine und Malkreide erlauben kreative, offene Erfahrungen, die den Kindern die Möglichkeit bieten, etwas geschehen zu lassen. Helfen Sie den Kindern dabei wahrzunehmen, welche positiven Reaktionen sie erhalten, wenn sie ein anderes Kind tätscheln, umarmen oder ihm ein Spielzeug geben.

Nachahmen

Junge Kinder lernen, indem sie andere nachahmen, und Beißen ist eine der Verhaltensweisen, die oft von anderen abgeschaut wird. Mit 15 Monaten beobachtet ein Kleinkind z.B. ein Verhalten wie Beißen, merkt es sich und führt es zu einem späteren Zeitpunkt aus, wenn die Bedingungen dafür passend sind.

Dies nennt sich *„aufgeschobenes Nachahmen"*. Kinder, die körperlich bestraft werden, verhalten sich eher als ihre Peers sowohl Erwachsenen als auch Kindern gegenüber aggressiv – besonders gegenüber jüngeren und kleineren Peers. Sie lernen, dass andere zu schlagen und zu beißen ein akzeptables Verhalten ist, um mit Zorn umzugehen, wenn sie sehen, dass Erwachsene auch auf diese Weise reagieren.
Kinder lernen positive Formen der Interaktion mit anderen durch Nachahmen. Seien Sie ein Vorbild für liebevolles, unterstützendes, teilendes, höfliches und positives Verhalten gegenüber Kindern, das diese dann nachahmen können. Für Ihren Umgang mit verletzenden Verhaltensweisen bei Kindern können Sie sich ein Repertoire vorbildhafter Strategien zur Wiederherstellung von Beziehungen aneignen. Seien Sie ein Vorbild beim Sprechen über Gefühle. Verwenden Sie Techniken, die unterstreichen, wie man die Sichtweise anderer einnehmen kann, und die von den Kindern nachgeahmt werden können. Wenn ein Kind das Spielzeug eines anderen Kindes haben möchte, machen Sie eine positive Bemerkung, wenn es die Wörter „Bitte, jetzt ich" benutzt, damit die anderen Kinder die Möglichkeit haben, die Wörter zu hören und beim richtigen Anlass nachzuahmen.

Aufmerksamkeit

Das junge Kind beißt vielleicht ein anderes Kind, um seine Aufmerksamkeit zu erregen; es ist richtig, dass negative Aufmerksamkeit für viele Kleinkinder besser zu sein scheint, als gar keine Aufmerksamkeit, denn Kinder unter 3 Jahren können es schlecht aushalten, ignoriert zu werden. Einige Kinder erhalten vielleicht mehr Aufmerksamkeit für negatives Verhalten von der Erzieherin, als für positives, und so kommt es zu einem kontinuierlichen Zyklus negativer Verhaltensweisen.
Unterstützen Sie das Kind in den Zeiten, in denen es nicht zu Beißvorfällen kommt, durch positive, warmherzige Aufmerksamkeit. Das kann schwierig erscheinen, wenn der Erwachsene von dem Kind, das beißt, frustriert ist. Bedenken Sie aber, dass ein Kind, dessen positives, geschäftiges, neugieriges, hilfsbereites, produktives Verhalten bemerkt und gewürdigt wird, sich wahrscheinlich häufiger auf diese Art und Weise verhalten wird. Unterbrechen Sie den negativen Zyklus des kindlichen Verhaltens durch ihre erwachsenen positiven Bemerkungen und Umarmungen für erwünschtes Verhalten.

Frustration

Wenn insgesamt zu viele Kinder anwesend sind, wenn zu viele Kinder auf jeweils einen Betreuer kommen, wenn nicht genügend Platz zur Verfügung steht, oder wenn Kinder einfach nicht das bekommen, was sie gerne haben möchten: all das kann Kinder frustrieren und sie dazu bringen zu beißen. Da sie immer noch dabei sind, ihre Fähigkeiten zur Selbstregulation zu entwickeln, können junge Kinder einen regelrechten Aufstand anzetteln, wenn sie daran gehindert werden, Zugang zu einem begehrten Objekt, zu Nahrung oder einer bestimmten Person zu erhalten, oder wenn ihre Pläne durchkreuzt werden.
Nehmen Sie die Gefühle der Kinder wahr. Sagen Sie: „Ich weiß, du wolltest noch eine Banane haben. Es tut mir leid, ich wünschte, ich könnte dir noch eine geben. Ich möchte

aber nicht, dass du Bauchschmerzen bekommst." Junge Kinder verstehen vielleicht nicht all diese Wörter, sie werden aber Ihren mitfühlenden Ton hören. Bringen Sie dem Kind bei zu sagen: „Ich bin frustriert (traurig, glücklich)."
Sehen Sie sich das Umfeld der Kinder an. Vielleicht muss es für die jungen Kinder verändert werden, damit es weniger häufig zum Beißen kommt. Weniger Kinder in einem Raum sorgen für ein größeres Wohlbefinden.

Zorn

Vielleicht beißt das junge Kind andere, wenn es zornig auf Erwachsene und Peers ist, weil seine Bedürfnisse nicht erfüllt werden oder sehr strenge Disziplinierungsmaßnahmen angewendet wurden. Ein Kind, das um Aufmerksamkeit gebettelt hat, aber nicht gehört wurde, oder ein Kind, das von Erwachsenen geschlagen oder geohrfeigt, angeschrien oder auch gebissen wird, kann ein zorniges Kind werden, das selber beißt.
Erfüllen Sie das Bedürfnis des Kindes nach liebevoller Fürsorge. Bauen Sie sein Vertrauen auf, indem sie zuverlässig zugewandt sind. Sagen Sie: „Ich möchte nicht, dass du beißt. Ich kann dir helfen." Helfen Sie dem jungen Kind, ein Repertoire an Verhaltensweisen zu entwickeln, wie es mit seinen zornigen Gefühlen umgehen kann. Helfen Sie ihm, einem anderen Kind durch Worte oder Zeichensprache „Nein" zu signalisieren, wenn dieses ihm ein Spielzeug wegnehmen will.

Stress und Angst

Ein junges Kind kann ganz allgemein aufgrund von Ereignissen verängstigt sein, die in seinem Umfeld stattfinden, wie zum Beispiel Eltern, die sich scheiden lassen oder streiten, Verlust oder Trennung von geliebten Menschen o.ä.

Diese Verängstigung kann das Kleinkind dazu bringen, andere zu beißen, um die Anspannung zu verringern. Kinder können auch verwirrt sein, emotional verletzt und die Verbindung zur Realität verloren haben.
Arbeiten Sie mit den Eltern zusammen, um die Ursache für den Stress des Kindes zu ermitteln. Für das Kind sollten sie beruhigende Aktivitäten vorsehen, wie das Spielen mit Wasser oder Sand. Erlauben Sie dem Kind, am Daumen zu nuckeln oder für den Übergang einen Gegenstand, wie eine Decke oder ein Stofftier, zu halten. Räumen Sie ihm Zeit ein, um allein mit einem besonderen Erwachsenen zusammenzusein. Schaukeln Sie das Kind, beklopfen Sie seinen Rücken und singen Sie Lieder, um es in den Mittagsschlaf zu wiegen. Spielen Sie beruhigende Schlaflieder. Bleiben Sie in der Nähe, um das Kind zu unterstützen und ihm in der Übergangszeit zu helfen. Sprechen Sie beruhigend zu dem Kind über die Dinge, die in seinem Leben geschehen. Fürsorgliche Erwachsene müssen diesen Kindern helfen, Zugang zu ihren eigenen Emotionen und auch zu den Emotionen anderer zu finden.

Der Augenblick, wenn ein Kind beißt

Wenn es zu einem Beißvorfall kommt, ist es das vorrangige Ziel, beide Kinder emotional zu unterstützen. Bringen Sie beiden, dem Kind, das gebissen hat, und dem Opfer, unterschiedliche Strategien bei, die dem Entwicklungsstand des jeweiligen Kindes angemessen sind. Setzen Sie immer Techniken ein, die die Beziehungen wiederherstellen!
Wenn das Kind, das gebissen hat, **das andere Kind nicht verletzt hat,** machen Sie ruhig, freundlich und ernst das Folgende:

- **Fragen Sie, was passiert ist oder benennen Sie das Problem.**
  Sagen Sie zum Beispiel: „Kevin, du hast Charley das Spielzeug weggenommen. Charley, du hast Kevin gebissen."

- **Fragen Sie nach der Sichtweise des Kindes oder seinen Gefühlen oder heben Sie beides hervor.**
  Weisen Sie darauf hin, wie das Verhalten des beißenden Kindes, das andere Kind betroffen hat. Sagen Sie: „Kevin mag es nicht, wenn du ihn beißt. Das tut ihm weh. Er weint." Ermuntern Sie das Kind, das gebissen wurde, dem andere zu sagen „Stopp" oder ein anderes Zeichen zu geben oder zu sagen: „Sei nett." Weisen Sie auch auf die Gefühle desjenigen hin, der gebissen hat. „Charley, du schienst böse zu sein. Du wolltest dein Spielzeug zurückhaben."

- **Fragen Sie nach einer alternativen Lösung oder geben Sie sie vor.**
  Sagen Sie dem Kind, das gebissen hat, was es stattdessen tun sollte. „Charley, du kannst auf dieses Tuch beißen (Essen, Beißspielzeug), wenn du zornig bist", oder „Du kannst Kevin sagen, wie du dich fühlst", oder „Komm zu mir und ich helfe dir".

- **Fordern Sie das Kind, das gebissen hat, dazu auf zu überlegen, wie es dem anderen Kind helfen kann, damit es ihm wieder bessergeht.**
  Schlagen Sie einen kalten Umschlag vor, ein Lieblingsspielzeug oder einen Pflasterverband.

Selbst wenn die Haut nicht verletzt ist, muss die Pädagogin einen Unfallbericht ausfüllen und mit beiden Elternpaaren der betroffenen Kinder sprechen.
Wenn die Haut des Kindes, das gebissen wurde, verletzt ist, bitten Sie eine andere Mitarbeiterin, Ihnen zu helfen, damit eine von Ihnen mit dem Kind, das gebissen wurde sprechen und die o.a. Strategien einsetzen kann, und eine von Ihnen sich um den Biss kümmern kann. **Befolgen Sie die Regeln Ihrer Einrichtung.** Wenn die Haut verletzt ist, bringt normalerweise einer der beiden Elternteile das Kind zu einem Arzt, und die Pädagogin verfasst einen Unfallbericht.
Es folgen die allgemeinen Verfahrensweisen, die Sie berücksichtigen sollten, wenn Sie es mit einer Bissverletzung zu tun haben:

- Benutzen Sie Ausdrucksweisen oder Handlungen, die dem Entwicklungsstand des Kindes angemessen sind.
- Erwachsene werten das Kind, das gebissen hat, vielleicht als gefühllos ab, aber das Kind ist oft genauso erschrocken wie das Opfer. Wenn die Bestrafung für das beißende Kind sehr hart ist, denkt dieses junge Kind vielleicht mehr über sich und die harte Strafe nach, anstatt sich darauf zu konzentrieren, wie es dem Opfer helfen kann. Wenn Sie das Kind bestrafen oder anschreien oder es vor die Tür schicken, wird es versuchen, sich zu schützen, nur an sich selber denken, sich vermutlich schämen und nicht offen dafür sein, Alternativen zum Beißen zu erlernen und anderen zu helfen, die es verletzt hat.
- Beobachten Sie, wann es zum Beißen kommt. Notieren Sie die Vorfälle und suchen Sie nach Mustern. Ein Kind beißt vielleicht jeden Tag kurz vor dem Mittagessen, weil es hungrig und frustriert ist, weil es noch nicht essen kann. Oder manche Kinder beißen, weil sie sich von den anderen Kindern um sie herum eingeengt fühlen oder weil sie ein ganzes Wochenende ohne ihre Mutter auskommen mussten.
- Wenn das Beißen bei einem Kind selbst nach mehreren Tagen, in denen diese Techniken wiederholt angewendet wurden, nicht aufhört, treffen Sie sich mit der Familie

und anderen Fachkräften, um herauszufinden, was das Kind veranlasst zu beißen. Untersuchen Sie mit den Eltern die Gründe für das Beißen. Planen Sie dann gemeinsam einheitliche Vorgehensweisen für Zuhause und für Ihre Einrichtung. Bemühen Sie sich um eine Lösung, die auf den möglichen Ursachen begründet ist. Diskutieren Sie mit der Familie und dem Mitarbeiterteam die Ergebnisse. Probieren Sie andere Strategien aus. Kleinst- und Kleinkinder verdienen unsere beste Planung, Fürsorge und Erziehung.

- Wenden Sie das Programm des „Time-in“ mit einem Erwachsenen an, was bedeutet, dass Sie das Kind kontinuierlich durch diesen Erwachsenen beaufsichtigen lassen, dass Sie die Bedürfnisse des Kindes befriedigen, dem Kind seine Zuneigung zeigen und es stärken und abfangen, bevor es beißt. Dieser Erwachsene kann dem Kind alternative Verhaltensweisen beibringen und ihm helfen zu lernen, sanfter zu sein bzw. Zeichensprache oder Wörter zu benutzen, um seine Bedürfnisse auszudrücken.
- Berufen Sie ein Meeting der Kollegen und Kolleginnen ein. Gehen Sie alle Ursachen durch, warum junge Kinder beißen, und alle Techniken, die Pädagogen anwenden. Individualisieren Sie die Strategien für das jeweilige Kind und arbeiten Sie dann als Team zusammen, um fürsorgliche Beziehungen und Kontinuität für das Kind sicherzustellen.

Bevor die Eltern sich wegen des Problems mit dem Beißen erregen, berufen Sie einen Elternabend ein oder schicken Sie ein Mitteilungsblatt an die Eltern, in dem Sie diese über die Techniken zur Wiederherstellung der Beziehungen informieren, die von den Eltern selbst und vom Mitarbeiterteam eingesetzt werden können. Eltern müssen wissen, warum junge Kinder beißen, dass es ein häufiges Problem ist, wann immer Kinder in einer Gruppe zusammen sind, und dass das Team alles nur Mögliche machen wird, um die Sicherheit der Kinder zu gewährleisten. Senden Sie ein Merkblatt an die Eltern mit Informationen dazu, warum es zum Beißen kommt und welche Strategien Sie anwenden, um Kindern zu helfen, die beißen oder gebissen wurden. Erklären Sie die Vorschriften für den Ablauf nach einem Beißvorfall. Viele Einrichtungen haben entschieden, den Namen des Kindes, das gebissen hat, nicht öffentlich zu machen. Was ist an Ihrem Arbeitsplatz vorgesehen? Alle Einrichtungen müssen ein Verfahren vorgeben, es kennen und anwenden.

Weitere Gesichtspunkte und Hilfestellungen zum Beißen

Wenn Erwachsene Kinder beißen, „um ihnen zu zeigen, wie sich das anfühlt“, vermitteln sie eine widersprüchliche Botschaft: Sie sagen „Nicht beißen“ und beißen gleichzeitig das Kind. Wenn Erwachsene beißen, führen sie ein Schmerz verursachendes Verhalten vor. Wenn Erwachsene Kinder schlagen oder beißen, um sie für Beißen zu bestrafen, lernen Kinder: *Beißen ist O.K., wenn du größer und stärker als der andere bist.* Sie beißen dann vielleicht noch eher ihre Peers, besonders die kleineren.
Unterstützen Sie die Erwachsenen im Umfeld der Kinder darin, folgende Aspekte in Betracht zu ziehen: das Temperament des Kindes, die Erlebnisse, die das Kind unter Druck setzen, die Ziele der Erwachsenen für das Kind und die Strategien, mit denen sie diese Ziele erreichen möchten. Helfen Sie den Eltern zu verstehen, dass positive Erziehungsmaßnahmen wirksamer sind als negative. Strafe ist ein kompliziertes Thema und stellt die meisten Eltern vor große Herausforderungen. Eltern, die körperliche Strafe anwenden oder andere negative Maßnahmen, haben oft positive Absichten, erkennen aber einfach nicht, wie man alternative, positive Techniken anwendet, um das gleiche Ziel zu erreichen.

In einer nationalen Studie, die 2015 von „Zero to Three" (das Alter von der Geburt bis zu drei Jahren) durchgeführt wurde, sagten 77% der Eltern, die regelmäßig (mehrere Male pro Woche) ihre Kinder schlugen, dass es keine sehr effektive Form der Bestrafung sei. 69% der Eltern sagten, wenn sie positivere Erziehungsstrategien kennen würden, würden sie diese auch anwenden (Zero to Three, 2016). Wenn Eltern, die negative Erziehungsmethoden bei jungen Kindern anwenden, mehr über die schädigenden Auswirkungen körperlicher Bestrafung, über Beschimpfen, Beschämen oder Liebesentzug erführen, und wenn sie die positiven Auswirkungen kennenlernten, die man erreicht, wenn man Begründungen gibt und den Kindern vermittelt, welches Verhalten man sich von ihnen wünscht, und wenn man ihnen hilft, den Standpunkt anderer einzunehmen, dann würden diese Eltern vermutlich viel seltener körperliche Bestrafung anwenden, um ihre Kinder zu erziehen. In einem Interventionsprogramm erhielten Eltern Informationen über die schädigenden Auswirkungen des Schlagens. Diese beinhalteten Aussagen über die Beziehung zwischen dem Schlagen von Ein- bis Dreijährigen und deren Verhaltensproblemen im Alter von 3 bis 5 Jahren (Gromoske / Maguire-Jack, 2012; Lee et al., 2013). Eltern, die diese Information erhielten, schlugen ihre Kinder weniger häufig und wendeten eher andere Erziehungsmethoden an.[3]

Wenn also eine Lösung funktioniert, beglückwünschen Sie sich. Wenn sie nicht funktioniert, sorgen Sie für den „Time-in" Ansatz.
Wenn ein Kind aber weiterhin beißt, bösartig beißt oder beißt und dann lächelt, suchen Sie professionelle Hilfe und erwägen Sie die Möglichkeit, dass dieses Kind vielleicht eine Umgebung mit weniger Kindern benötigt oder für eine gewisse Zeit mehr Eins-zu-eins Betreuung.
(Diese Informationen über das Beißen in diesem Kapitel basieren auf Wittmer / Petersen, 2017.)

Aggressives, zorniges oder trotziges Verhalten

„Forscher und andere Fachleute haben früher gedacht, Aggression entwickele sich in der Jugend. Heute dagegen schaut man auf die Periode der Kleinst- und Kleinkinderjahre und betrachtet diese als ausschlaggebend für die Entwicklung von Selbstkontrolle und nicht-aggressiver Haltung. ... der Gipfel der körperlichen Aggression liegt nicht im frühen Erwachsenenalter, auch nicht in der Vorschulzeit, sondern vielmehr in der Zeit zwischen 24 und 42 Monaten nach der Geburt." (Tremblay, 2004)

> *Sardi, ein Kleinkind, schlägt andere Kinder. Als Mara einen Plastikteller aufnimmt, der vor Sardi steht und damit weggeht, nimmt Sardi einen anderen Teller, läuft durch den Raum und schlägt Mara auf den Kopf.*

In diesem Beispiel besteht die aggressive Handlung darin, dass Sardi Mara auf den Kopf schlägt. Im Allgemeinen ist Aggression als „absichtlich jemanden verletzen" definiert, entweder verbal oder physisch. Aber bei Kindern von der Geburt bis zu 3 Jahren sagt diese Definition nichts über die Absicht aus, die dahinter stehen kann. Es ist auch schwer, die Absicht eines jungen Kindes hinter seinen Handlungen zu erkennen. Wir definieren stattdessen physische Aggression bei jungen Kindern als ein Verhalten, das anderen Personen, Tieren oder Objekten physischen Schaden zufügt oder das Potenzial dazu hat. Beispiele für physische Aggression sind Schlagen, Treten, Kämpfen, Beißen, Kratzen und Kneifen. Aggression kann proaktiv oder reaktiv sein. Von *„proaktiver Aggression"* spricht man, wenn ein Kind aggressives Verhalten initiiert, und von *„reaktiver Aggression"*, wenn ein Kind auf die Aggression eines anderen Kindes reagiert. Oft jedoch halten wir etwas für proaktive Aggression, obwohl ein Kind eigentlich nur auf die Aggression eines anderen Kindes reagiert, die wir nicht wahrgenommen haben. Manchmal sehen wir nur einen Aspekt der Aggression.
(Auch auf das Phänomen der Autoaggression sei hier hingewiesen. *Anm. des Lektorats*)

[3] In Deutschland ist die körperliche Bestrafung (ehem. elterliches Züchtigungsrecht) seit November 2000 gesetzlich verboten.

Wann sehen wir Aggression?

Erfahrene Familienmitglieder und Pädagoginnen bemerken bei einigen Kindern schon früh aggressives Verhalten. Auch viele Forscher erkennen die Muster, wenn aggressives Verhalten entsteht und auftritt. Körperliche Aggression taucht im ersten Jahr nach der Geburt auf. Die Anfänge von Aggression – Zorn, Schlagen und Beißen – sind schon im frühen Alter von 6 Monaten beobachtet worden.

Aggression zeigt sich dann häufiger im 2. Lebensjahr und erreicht ihren Höhepunkt zwischen 24 und 42 Monaten nach der Geburt; danach nimmt sie stetig ab (Tremblay, 2004). Wir dürfen jedoch nicht vergessen, dass nur eine kleine Prozentzahl von Kindern häufig aggressiv wird (Baillargeon et al., 2007).

Gründe für Aggression

Es ist eine Herausforderung, Kindern helfen zu wollen, die zornig sind oder häufig aggressives Verhalten zeigen. Hilfreich ist es, die zugrundeliegenden Ursachen zu betrachten und dann die Strategien den Bedürfnissen der Kinder anzupassen. Es gibt Gründe, warum es im Alter zwischen 12 Monaten und ungefähr 36 Monaten zu einem Anwachsen der Aggressionen kommt (Alink et al., 2006). In diesem Zeitraum können Kinder Zorn und Frustration und das verwirrende Gefühl erleben, selbständig, selbstbestimmend und unabhängig zu werden. Sie streben beständig nach Unabhängigkeit und sorgen sich gleichzeitig, ob die Erwachsenen sich auch um ihre Sicherheit kümmern. In einem Augenblick sind sie sehr erwachsen und im nächsten möchten sie ihr Kuschelbaby sein.

„Das Kleinkind sehnt sich nach Unabhängigkeit, fürchtet aber, verlassen zu werden." Dorothy Corkille Briggs, Autorin und Psychologin

Sie sind vielleicht nicht in der Lage, den Erwachsenen ihre Bedürfnisse so deutlich zu machen, wie sie es sich wünschen. Die Anforderungen an das Verhalten der Kinder werden mit ihrem Heranwachsen größer. Wenn sie erst einmal 3 Jahre alt sind und die Aggressionen abnehmen, beginnen Kinder, Regeln und Werte zu verinnerlichen, ihre Kommunikationsfähigkeit wird größer und ihre Möglichkeiten, zu verhandeln und zu überzeugen, verbessern sich. Wenn man Kindern helfen will zu lernen, ihre aggressiven Gefühle angemessen auszudrücken, dann sind die Kleinkindjahre dafür ausschlaggebend (Tremblay, 2004; Williams, Ontai, Mastergeorge, 2007).

Kinder, die eine sichere Bindung erleben (Groh et al., 2014), die lernen, Emotionen bei sich und anderen zu erkennen und zu handhaben (Lauw et al., 2014), und die klare Rückmeldungen darüber erhalten, dass Aggressionen nicht O.K. sind (Christopher et al., 2013), sind im Alter von 3 Jahren meist weniger aggressiv. Im Folgenden finden Sie einige weitere Faktoren, die zum aggressiven Verhalten von Kindern beitragen:

- **Gesundheitliche Aspekte, einschließlich des Schlafbedürfnisses:** Die Fähigkeit der Kinder, zu funktionieren und ihre Emotionen zu beherrschen, sind abhängig vom Schlaf (Miller et al., 2015). Es ist äußerst wichtig, für ausreichenden Schlaf bei jungen Kindern zu sorgen. Eisenmangel und Bleivergiftung (s. Hinweis auf Seite 221) sind zwei weitere Faktoren, die das Verhalten der Kinder negativ beeinflussen können. Eine gründliche Überprüfung des Gesundheitszustandes sollten die Eltern als Erstes anstreben, wenn ihr Kind plötzlich aggressiv wird.
- **Sprachliche Bedürfnisse:** In einer Gruppe von fast 2.000 Kindern, die von der Geburt bis zum Alter von 41 Monaten beobachtet wurden, gab es häufig einen Zusammenhang zwischen physischer Aggression und insbesondere den Defiziten im Sprachverständnis (Séguin et al., 2009). Es kann frustrierend für ein Kind sein, nicht zu verstehen, was gesagt wird, oder was Erwachsene und Peers von ihm wollen. In diesem Fall sollte unbedingt als Erstes das Gehör von einem Facharzt überprüft werden. Wenn

keine organische Ursache festgestellt werden kann, dann sollte Ihr Team Strategien entwickeln, wie Hörvermögen und der Worterwerb unterstützt werden können.

- **Stress erfahren:**

  Tiesha ist normalerweise sehr liebevoll zu den anderen Kleinkindern in ihrer Kitagruppe. Nach einem langen Wochenende scheint Tiesha müde zu sein. Sie weint, als ihre Mutter ihr auf Wiedersehen sagt. Als Samantha aus Versehen Tiesha auf die Zehen tritt, schlägt Tiesha nach ihr und kratzt sie am Arm. Am nächsten Tag beißt Tiesha LaBron in den Rücken, als er auf dem Boden liegt. Tiesha hat eine sehr schwierige Zeit mit ihren Peers. Die Erzieherinnen beschließen, mit den Eltern zu sprechen, um herauszufinden, warum Tiesha so beunruhigt, angespannt, verängstigt und manchmal zornig zu sein scheint.

Kinder können Stress auf unterschiedliche Weise erleben. Im Leben eines Kindes führen Unberechenbarkeiten oft dazu, dass es sich gestresst fühlt. Ereignisse wie Umzug, Todesfälle, Veränderungen der Arbeitszeiten der Eltern, Scheidung oder die Geburt eines Geschwisterkindes haben einen Einfluss auf das Stressniveau von Kindern. Ein vernachlässigtes oder misshandeltes Kind erfährt chronischen Stress (Klein et al., 2013). Wie wir wissen, kann es zu langfristigen Schädigungen in der Entwicklung des Gehirns und der Gesundheit eines jungen Kindes führen, wenn es fortgesetztem extremen Stress ausgesetzt ist, ohne Beziehung zu einem Erwachsenen, der es unterstützt. Dies liegt an dem Stresshormon Cortisol, das in der Kampf-oder-Flucht–Reaktion aktiviert wird (Center on the Developing Child, 2017d).
Einige Kinder erleben aber auch im Rahmen einer Kindertageseinrichtung oder in der Tagespflege Stress.

Die 8 Monate alte Ariel beginnt den Tag mit einem Lächeln für ihre Erzieherin und ihre Peers. Mit der Erzieherin in der Nähe spielt sie eine Weile auf dem Boden. Aber am Ende des Tages in der Kinderbetreuung ist Ariel gereizt und schwer zu trösten. Sie scheint gestresst zu sein.

Conner, ein Kleinkind, scheint sich zwischen den anderen Kindern ängstlich zu fühlen. Als die Zeit in der Tagesstätte fortschreitet, scheint er gestresster zu sein, als die anderen Kleinkinder, die gern mit ihren Peers spielen.

Kleinst- und Kleinkinder, die schüchterner und sozial furchtsamer gegenüber ihren Peers sind, erleben einen Anstieg des Cortisols, wenn sie sich in einer Betreuungssituation befinden. Für diese Kinder ist es schwieriger, ihre negativen Emotionen zu handhaben (Watamura et al., 2003). Möglicherweise erhalten sie dann nicht die emotionale Unter-

stützung, die sie brauchen, was zu einem weiteren Anstieg des Stresslevels bei den Kindern (und dem der Erzieher) führt (Groeneveld et al., 2012). Eine qualitativ anspruchsvolle Unterbringung, sichere Bindung an eine Betreuungsperson, die nicht aufdringlich und zu stark lenkend einwirkt (Gunnar et al., 2010), führen zum Abbau von Stress. Auch ein warmherziges, persönliches und emotionales Klima reduziert deutlich den Stress bei Kleinst- und Kleinkindern in einer Betreuungsinstitution (Watamura et al., 2009).
Das Temperament der Kinder kann den Stresslevel ebenfalls beeinflussen. Einige Kinder mögen nicht gern angefasst werden. Sie sind reizbarer als ihre Peers. Andere wiederum sind ungestümer und brauchen aktivere Spiele. Wenn wir die unterschiedlichen Temperamente der Kinder aber berücksichtigen, helfen wir ihnen dabei, soziales Verhalten zu erlernen.

Erzieher, die eine starke, liebevolle Beziehung zu den Kindern aufbauen, können deren Stresslevel beeinflussen (Sims et al., 2006). Dies ist noch ein weiterer Grund dafür, warum die Pädagoginnen angemessen zugewandt sein müssen und ihre Fürsorge wirkungsvoll und liebevoll sein sollte.

„Kinder lieben und möchten geliebt werden, und sie ziehen die Freude über ein Gelingen dem Triumph eines abscheulichen Versagens vor. Verwechseln Sie nicht das Kind mit seinen Symptomen." Erik Erikson, Entwicklungspsychologe

- **Übermäßige Strenge in der Betreuung oder konfliktreiche Beziehungen:** Eine Untersuchung von Karen Benzies und Kolleginnen zeigt, wie Feindseligkeit der Eltern und Mangel an Wärme bei den Kindern zu zornigem, zerstörerischem, unorganisiertem und aggressivem Verhalten führt (Benzies et al., 2009). Kinder, die keine Sensibilität erfahren, deren Eltern zum Beispiel Hinweise auf den Hunger des Kindes nicht erkennen und keine Empathie für ihre Nöte zeigen, sind weniger prosozial (Blandon / Scrimgeour, 2015). Junge Kinder, die gegen sie gerichtete elterliche Aggression erleben, sind gefährdet, selbst nur eine *eingeschränkte Sozialkompetenz* zu entwickeln (Waller et al., 2014). Die Beziehung zwischen den Eltern und ihren Kindern kann durch Negativität, Zorn und Konflikte gekennzeichnet sein. Diese Kinder haben vielleicht gelernt, Erwachsenen aus dem Weg zu gehen, aber sie sind gleichzeitig zornig aufgrund ihrer unerfüllten Bedürfnisse. Sie können aggressives Verhalten nachahmen und lernen vielleicht keine alternativen Strategien zum aggressiven Verhalten anderen gegenüber.

Für Eltern, die sich selbst als Kinder allein und einsam gefühlt haben, kann es schwer sein, mit ihren Kindern liebevoll und fürsorglich umzugehen. Depression in der Familie kann zum problematischen Verhalten eines Kindes beitragen. Bei Eheproblemen nehmen junge Kinder die Spannung in ihrem Zuhause wahr, und sie nehmen sich das aggressive Verhalten der Eltern, die häufig ihren Zorn zum Ausdruck bringen, zum Vorbild (Crockenberg, Leerkes, Lekka, 2007). Familien mit mehrfachen Risikofaktoren profitieren von Unterstützung, Hausbesuchen, Hilfsangeboten aus der Gemeinde und Interventionsprogrammen.

Unterschiede der Aggression bei Jungen und Mädchen

In einer Studie mit 10.000 kanadischen Kleinkindern wurde ein Sechstel der Kinder als hochgradig aggressiv eingestuft. Die meisten dieser Kinder waren Jungen (Côté et al., 2006). Diese Kinder zeigten auch als Teenager aggressives Verhalten. Die Kinder mit einem hohen Aggressionslevel kamen eher aus Familien mit niedrigem Einkommen und aus Familien mit feindseligen und strafenden Erziehungsmethoden. Nach einer anderen Studie mit Kindern im Alter von 17 bis 29 Monaten zeigten 5 Prozent der Jungen, aber nur 1 Prozent der Mädchen häufig aggressives Verhalten (Baillargeon et al., 2007).
Warum könnten Jungen aggressiver sein als Mädchen? Möglicherweise wird in den gesellschaftlichen Normen von den Jungen erwartet, aggressiver zu sein. Gewalttätiges Verhalten der Eltern scheint häufiger bei Jungen, als bei Mädchen zu aggressivem Verhal-

ten zu führen (Tailor / Letourneau, 2012). Es ist noch weitere Forschung notwendig, um herauszufinden, unter welchen Bedingungen Mädchen oder Jungen aggressiver sind. In jedem Fall funktionieren ein prosoziales Umfeld und unterstützende Lösungen sowohl für Jungen als auch für Mädchen.

Kinder, die aggressives Verhalten zeigen, brauchen sofortige Hilfe

Aggressives Verhalten ist ein Symptom für die Not des Kindes. Wir können aggressives Verhalten nicht ignorieren. In einer Untersuchung mit ungefähr dreihundert Kleinstkindern, die gerade 6 Monate alt waren und die ihren Zorn durch Schlagen, Beißen und wildes um sich Schlagen ausdrückten, konnte deren aggressives Verhalten im Kleinkindalter von 20 bis 33 Monaten vorhergesagt werden (Hay et al., 2010; Hay et al., 2014). Eine andere Studie kam zu dem Schluss, man könne das Risiko für aggressives und zerstörerisches Verhalten schon bei Kindern im Alter von 15 Monaten aufgrund ihrer Interaktionen mit ihren Peers einschätzen (Deynoot-Schaub / Riksen-Walraven, 2006). Beispiele für negative Interaktionen unter Peers sind das Schlagen, Stoßen, Zerren oder nach anderen Kindern Treten, Wegnehmen von Objekten, sowie verbale oder nonverbale Protestgeräusche. Wie festgestellt wurde, lassen sich aufgrund der Aggression des Kleinkindes Vorhersagen über dessen kognitive Leistungen im Schulalter (Brennan et al., 2012) und im Alter von 12 Jahren (Campbell et al., 2006) machen. Eine Studie von Soo Hyun Rhee und Kolleginnen zeigte, dass Kleinkinder (14 bis 36 Monate), die die Schmerzen anderer Menschen missachteten, antisoziales Verhalten im mittleren Kindesalter und in der Jugend zeigten (Rhee et al., 2013). Hier handelte es sich um Kleinkinder, die schlugen, rannten, Wut zeigten, drohend lachten oder ständig abwerteten – „Das war dumm" –, wenn ihr Zwillingsgeschwister oder ihre Mutter Schmerzen hatten.

Wir müssen anscheinend sofort reagieren, wenn ein Kleinst- oder Kleinkind aggressiver zu sein scheint als andere Kinder oder den Kummer anderer häufiger nicht beachtet.

Da jedoch auch schon niedrige Aggressionslevel, die vom Kleinkindalter an durch die ganze Kindheit hindurch zu beobachten sind, hinsichtlich der zukünftigen sozialen und kognitiven Fähigkeiten Anlass zur Sorge geben sollten, sind die Kleinkindjahre die Schlüsseljahre, in denen Kindern geholfen werden muss, alternative Strategien zur Aggression zu erlernen.

Aber wie wir wissen, sind auch sozial kompetente Kinder von Zeit zu Zeit aggressiv, und Aggression selbst ist ein Aspekt der sozialen Kompetenz (Vaughn et al., 2003; Williams et al., 2007). Man kann sich ein sehr soziales Kleinkind vorstellen, das immer mitten in allen Aktionen steht, aber manchmal ein anderes Kleinkind schubst oder schlägt. Intensive und proaktive Aggression jedoch verlangt sofortiges Eingreifen, genauso wie feindliche Aggression. Kinder, die häufig die Absichten ihrer Peers fälschlicherweise als negativ deuten, brauchen ebenfalls zusätzliche Unterstützung von Erwachsenen, um zu lernen, das Verhalten anderer Kinder als wohlwollend oder neutral zu verstehen und nicht übertrieben empfindlich zu reagieren. Diese Kinder sind vielleicht nur auf der Hut, um sich selbst zu schützen.

Zorn und Trotz

Die zweijährige Jada ergreift einen Kinderstuhl und wirft ihn so weit, wie ihr kleiner Körper es schafft, nachdem Lucia, die Erzieherin, gesagt hat, die Gruppe sei noch nicht so weit, um nach draußen zu gehen. Martina, die in der Nähe spielt, blickt auf und fängt an zu weinen. Jadas Erzieherin überlegt, warum Jada so oft verärgert zu sein scheint und manchmal wütend, wenn sie nicht sofort das tun kann, was sie will.

Die Erzieherin beschließt, dass sie Jada helfen muss, damit sie mit ihren trotzigen und zornigen Gefühlen umzugehen lernt.

Zorn ist eine normale Reaktion auf Frustration, Verrat oder das Gefühl, bedroht oder angegriffen zu werden. Er kann als zweites Gefühl infolge von Furcht oder Schuld auftreten. Zornig zu sein ist zuerst einmal weder schlecht noch gut, aber Zorn kann zu gesundem oder ungesundem Verhalten führen, je nachdem wie der Zorn zum Ausdruck kommt. Jada hatte nicht die Strategien zur Verfügung, um ihren Zorn auf gesunde Weise auszudrücken. Also zeigte sie ein Verhalten, das andere verletzte und Objekte beschädigte. Trotz und Zuwiderhandlung sind typische Verhaltensweisen von Kleinkindern. Diese Kinder sind auf der Suche nach größerer Autonomie (Baillargeon et al., 2011). Jedoch ist es wie bei der Aggression untypisch, wenn dieses trotzige Verhalten häufig und in schwerwiegender Form auftritt. Wir sollten uns Sorgen machen, wenn bei Kleinkindern normaler Ungehorsam von ernsthaft aggressivem Verhalten begleitet wird.

„Eine der wichtigsten Entwicklungsaufgaben von Kleinkindern in ihrem zweiten Lebensjahr ist die Aufrechterhaltung der Verbundenheit zu ihren Betreuern, während sie gleichzeitig ihre eigenen inneren Ziele und Wünsche mit sich tragen." (Baillargeon et al., 2010)

Kinder, die wütend sind und keine nicht-aggressiven Möglichkeiten gelernt haben, dies auszudrücken, können schlagen, beißen, Stühle werfen, mit den Füßen aufstampfen, ihre Peers bedrohen oder weglaufen. Wenn Kleinkinder „Nein" sagen und sich den Anweisungen eines Erwachsenen mit den Händen in die Hüften gestemmt widersetzen, ist das ein normales Verhalten (Baillargeon et al., 2011), wenn sie aber auch schlagen, beißen und treten, wenn sie sich Erwachsenen und ihren Peers entgegenstellen, dann müssen Sie die Autonomie dieser Kinder fördern, indem Sie ihnen helfen, alternatives Verhalten zu lernen, das nicht aggressiv ist.

Andere Herausforderungen, die junge Kinder durch ihre Peers erleben

Pädagogen und Eltern machen sich oft Sorgen um Kleinst- und Kleinkinder und um Zweijährige, die oft zornig zu sein scheinen und sich trotzig verhalten. Es bereitet ihnen aber auch Unbehagen, wenn Kinder gehemmt, schüchtern und zurückgezogen sind und andere Kinder abweisen. Fürsorgliche Erwachsene wissen, dass Kinder von der Geburt bis zum Alter von 3 Jahren erst lernen, schwierige Emotionen zu handhaben und auszudrücken; dennoch fragen sie sich, warum einige Kinder oft Probleme haben, ihre Emotionen und ihr Verhalten zu steuern und dadurch unkontrollierbar zu sein scheinen. Pädagoginnen wie auch Eltern versuchen herauszufinden, warum einige Kinder von ihren Peers in so einem frühen Alter abgelehnt werden. Sie fragen sich, wie autistische Kinder oder solche, die Trauma und Missbrauch erlebt haben, ihre Bedürfnisse ausdrücken. Verantwortungsvolle Pädagoginnen sind bestrebt, all diesen Kindern ein gesundes Verhältnis zu Erwachsenen und Peers zu ermöglichen. Lassen Sie uns die einzelnen Verhaltensweisen bei den Problemen betrachten und die Strategien, die wir dann zur Unterstützung der Kinder und Familien einsetzen können.

Kinder, die schüchtern, vorsichtig, ängstlich, gehemmt, verschlossen, zurückgewiesen oder furchtsam sind

Lotty, ein Kleinkind, sieht mit passivem Gesichtsausdruck zu, wie andere Kinder spielen. Meghan geht aktiv allen Kindern im Raum aus dem Weg und in eine andere

Richtung, wenn diese in ihre Nähe kommen. Mark scheint sich zu fürchten, wenn er mit anderen Kindern zusammen sein muss.

Kinder, die sich von anderen Kindern zurückziehen, werden für gehemmt gehalten, für sozial isoliert und im Verborgenen lebend. Sie unterscheiden sich von Kleinkindern und Zweijährigen, die Einzelgänger sind, aber bei konstruktiven Aktivitäten mitmachen. Sie entfernen sich von Interaktionen mit anderen, anstatt darauf zuzugehen (Rubin, 2002). Fachleute müssen diesen sozialen Rückzug und die soziale Isolation beachten und dürfen sie nicht ignorieren. Fachpsychologen können die soziale Angststörung schon im frühen Alter von 2 Jahren diagnostizieren. Diese Kinder zeigen deutliche und anhaltende Furcht vor sozialen Situationen (Buss et al., 2013; Gazelle, 2010). Es gibt auch andere Anzeichen für Angst bei Kindern, die sich vor sozialen Situationen fürchten, wie Daumenlutschen, auf die Lippe beißen und sich an den Haaren ziehen. Andere Kinder verweigern aktiv die Initiative von Peers, statt sie nur zu vermeiden (Williams et al., 2007).

Beide Kinder, dasjenige, das sich zurückzieht, und dasjenige, das Annäherungsversuche von Peers ablehnt, haben möglicherweise Angst vor anderen und vor neuen Situationen (Henderson, Marshall, Fox, Rubin, 2004). Ihr Herzschlag erhöht sich, wenn sie andere Kinder spielen sehen. Unglücklicherweise haben Kleinst-, Kleinkinder und Zweijährige, die zurückgezogen und sozial ängstlich sind, im Alter von 3 bis 5 Jahren mit größerer Wahrscheinlichkeit emotionale und Verhaltensprobleme (Guedeny et al., 2014). Sie werden dann im Grundschulalter auch eher von Peers abgewiesen (Gazell, 2006).

Einige Kinder weisen jedoch nicht die anderen zurück, sondern sie selber werden von den Peers zurückgewiesen. Diese Kleinkinder und Zweijährigen laufen ziellos herum und versuchen, beim Spiel der anderen mitzumachen. Zurückweisung hat eine schädliche Auswirkung auf junge Kinder. Aber weisen Kleinkinder und Zweijährige tatsächlich einige ihrer Peers aktiv zurück? Anscheinend schon, denn wir haben beobachtet, wie Peers ständig vor einem Kleinkind in einem Heim weggelaufen sind. Kleinkinder, die sich selbst aggressiv verhalten, werden vermutlich eher abgewiesen.

Traumatisierte und misshandelte oder vernachlässigte Kinder

Bei Kleinst- oder Kleinkind kann ein Trauma auf vielerlei Art ausgelöst werden: Ein Kind kann Zeuge von Gewalt in seinem Zuhause werden, oder gegen sich selbst erleben oder in der Nachbarschaft. Es kann die Trennung von einem geliebten Menschen erlebt haben oder Opfer von Misshandlungen und Vernachlässigung sein.
Traumatisierte Kinder sind furchtsam. Sie sind aus der Bahn geworfen und bestürzt. Sie haben die Fähigkeit verloren vorherzusagen, was als Nächstes geschehen wird. Vielleicht weinen sie viel und schlafen schlecht. Sie klammern sich vielleicht eng an ihre Lieblingserwachsenen, wie eine „menschliche Klette" (Schechter et al., 2002). Einige Kleinst- und Kleinkinder ziehen sich in ihre eigene Welt zurück, oder sie werden durch ihre Angst und ihren Zorn aggressiv. Junge Kinder, die misshandelt oder vernachlässigt werden, können unter chronischer Mangelernährung leiden, Kopfverletzungen und daraus resultierende Gehirnschäden erleiden; weitere mögliche Folgen sind Hörverlust, schlechte motorische Körperbeherrschung, Entwicklungsverzögerungen, Bindungsstörungen, Mangel an Grundvertrauen, „eingefrorene Wachsamkeit", Angst, Aggression, Sprachstörungen (Wiggins, Feneschel, Mann, 2007). Diese Folgen von Misshandlung oder Vernachlässigung beeinflussen das Verhalten zu Peers und auch die Beziehung zwischen Kind und Erwachsenem. Traumatisierte Kinder können nicht normal mit ihren Peers umgehen, wenn sie sich um ihre eigene Sicherheit und die Sicherheit anderer sorgen müssen.
Kinder, deren Familienmitglieder ein Trauma durchleben, wie einen Tod in der Familie oder einen Autounfall, verlieren ihren Schutz durch die Zuneigung der Familie („insulation of affection"; Solnit, 2002). Joy Osofsky (2002) erklärt, wie Kleinst-, Kleinkinder und Zweijährige auf traumatische Ereignisse reagieren können, die ihre Eltern oder andere Erwachsene in ihrem Leben betreffen. Wie sie festgestellt hat, brauchen Einjährige die Rückversicherung durch Erwachsene. Sie reagieren auf Spannungen, Stress, Besorgnis und Angst der vertrauten Erwachsenen und brauchen einen Erwachsenen, der sie hält und auffängt und ihnen sagt, dass alles wieder gut wird. Ein Zweijähriger hingegen ist eher in der Lage zu verstehen, dass etwas Schreckliches passiert ist, Menschen verletzt wurden und voller Sorge und Trauer sind. Da Kinder in diesem Alter sich aber sehr mächtig fühlen, könnten sie sogar glauben, sie hätten selbst etwas getan und diese schreckliche Sache, die passiert ist, mit „verursacht". Sie brauchen Erwachsene, die ihnen Einzelheiten in einfacher Sprache erklären und ihnen versichern, dass sie sicher und beschützt sind.
Im dritten Jahr sind Kinder verständiger, haben aber Schwierigkeiten, den Unterschied zwischen „so tun, als ob" und dem realen Geschehen zu sehen. Sie werden vermutlich das traumatische Ereignis im Spiel wiederholen und so versuchen, es zu bewältigen. Wenn sie in ihrem Spiel steckenbleiben, zum Beispiel einen Autounfall oder eine Verletzung immer wieder und wieder durchspielen, ist das der Moment für Sie, um einen anderen und positiveren Ausgang vorzuschlagen.

Kinder mit Behinderungen[4]

Kinder mit Behinderungen haben unterschiedliche Bedürfnisse, Stärken und Interessen. Jedes Kind ist ein Individuum. Beispielsweise haben die meisten Kinder mit Autis-

[4] Anmerkung des Lektorats: Zu diesem Thema empfehlen wir das Buch „Die inklusive Kindertageseinrichtung – Wege zum gemeinsamen Lernen" von Patti Gould und Joyce Sullivan (Gryphon House, dt. Ausgabe 2015 verlag modernes lernen, Bestell-Nr. 1255).

mus-Spektrum-Störungen soziale Schwierigkeiten, aber sie unterscheiden sich individuell in ihren sprachlichen, motorischen und sozialen Fähigkeiten voneinander. Verwenden Sie die Strategien, die wir in jedem Kapitel dieses Buches für Kinder mit den entsprechenden Behinderungen aufgezeigt haben, um ihre sozialen Einstellungen, Möglichkeiten und Fähigkeiten zu erweitern, sowie auch ihre Kommunikationskompetenzen zu erhöhen und ihnen damit ein gemeinsames Lernen in Kindertageseinrichtungen zu ermöglichen.

Abschließende Gedanken

Reflektieren Sie Ihre Gefühle

Bevor Sie sich für eine spezielle Strategie entscheiden, die Sie anwenden wollen, sollten Sie erst einmal Ihren eigenen Gefühlen nachspüren, die Sie gegenüber problematischen Kindern hegen und den Bedürfnissen dieser Kinder. Eine Dokumentation, die zeigt, in welchen Bereichen Kinder sich herausgefordert fühlen, was ihre Stärken sind und was das Ziel ihres Verhaltens ist, liefert uns Informationen darüber, welche individuellen Strategien wir anwenden sollten.

Denken Sie über Ihre Gefühle nach: Wir sind traurig, wenn Babys angespannt sind, einer unsicheren Zukunft entgegengehen und einem Leben ohne Liebe. Wir mühen uns ab, das Unverständliche zu verstehen: Familien ohne Zuhause, Kinder, die plötzlich ohne Eltern dastehen, oder Misshandlung und Vernachlässigung von verletzlichen Babys. Einige Erwachsene empfinden vielleicht Zorn darüber, wie unfair und ungerecht es in der Welt zugeht. Wir bewundern Babys, Familien und ihre Belastbarkeit und doch sorgen wir uns, wenn Risikofaktoren sich häufen und die Chancen für eine gesunde Entwicklung eines Kindes und sein Wohlergehen infragegestellt werden. Oft fühlen wir uns zu machtlos, um im Leben der jungen Kinder und ihrer Familien eine Veränderung zu bewirken, und oft haben wir ein Gefühl von Dringlichkeit, da wir wissen, wie wichtig die frühen Lebensjahre sind.

Reflektieren Sie die Bedürfnisse der Kinder

Wir können zwar die Herausforderungen nachempfinden, denen sich junge Kinder stellen müssen, aber achten Sie auch auf die Bewältigungsstrategien der Kinder, die für uns Erwachsene manchmal eine Herausforderung zu sein scheinen. Bewundern Sie die Lebenskraft eines Kindes, das schreit, in der Hoffnung dass jemand kommen wird, um es zu beruhigen. *Es hat nicht aufgegeben.* Respektieren Sie die Durchsetzungsfähigkeit des einjährigen Kindes, das der Erzieherin die Arme entgegenstreckt, um gehalten zu werden, obwohl die vorherige Erzieherin es ablehnte, das Kind zu halten, aus Angst, sie würde es damit zu sehr verwöhnen. *Es hat nicht aufgegeben.* Bewundern Sie die Halsstarrigkeit des Zweijährigen, der versucht, Beachtung für seine Bedürfnisse zu bekommen, obwohl viele dieser Bedürfnisse in der Vergangenheit nicht befriedigt wurden. *Auch dieses Kind hat nicht aufgegeben.* Versuchen Sie, sich in diese Kinder hineinzuversetzen, und überlegen Sie, welche Bedürfnisse sie haben und welche Verhaltensweisen sie gelernt haben, um diese Bedürfnisse einzufordern. Diese Verhaltensweisen können für Erwachsene und Peers zwar problematisch sein, haben den Kindern aber bisher dabei geholfen, ihr Umfeld zu bewältigen. Wir müssen diese Kinder unterstützen, damit sie nun geeignetere Wege finden, um ihre Bedürfnisse erfüllt zu bekommen.

Kelly, Zuckerman, Sandoval und Buehlman (2001) haben zehn Bedürfnisse von Kleinst- und Kleinkindern festgehalten. Wenn eines dieser Bedürfnisse nicht erfüllt wird, hat das junge Kind möglicherweise Schwierigkeiten mit Beziehungen.

Diese Bedürfnisse beinhalten
- *sich sicher und umsorgt zu fühlen*
- *sich geachtet und geliebt zu fühlen*
- *auf Gegenseitigkeit beruhende erfreuliche Beziehungen und ein Gefühl der Zugehörigkeit erleben*
- *sich anerkannt und verstanden zu fühlen*
- *bemerkt zu werden und Aufmerksamkeit zu erhalten*
- *das Gefühl zu haben, Dinge beeinflussen und vorhersagen zu können*
- *dass erkannt wird, wenn das Kind aufgebracht ist und das Gefühl, dies handhaben zu können*
- *sich sicher und ermutigt bei seinen Erkundigungen zu fühlen*
- *sich kompetent zu fühlen*
- *gehört zu werden und zu kommunizieren*

Diskutieren Sie diese Bedürfnisse mit Ihrem Team und den Familienmitgliedern. Fragen Sie, wie diesen Bedürfnissen zu Hause und in der Kita Rechnung getragen wird und wer sich verantwortlich fühlt. Reden Sie darüber, wie das Kind zeigt, ob seine Bedürfnisse erfüllt werden oder nicht. Und wenn ein Kind ein unerfülltes Bedürfnis hat, wie könnten die Betreuer und die Familie dann zusammenarbeiten und sicherstellen, dass es erfüllt wird?

Dokumentieren Sie die Stärken und Bedürfnisse der Kinder

Verwenden Sie Tabellen wie die auf Seite 164, mit denen Sie spezifische Verhaltensweisen älterer Kleinstkinder, Kleinkinder und Zweijähriger dokumentieren können, um dann einen Interventionsplan zu entwickeln, der ihre sozialen Probleme berücksichtigt und auf ihren Stärken aufbaut. Beobachten Sie ein Kind fünf Tage lang für etwa 15 Minuten pro Tag. Zählen Sie zusammen, wie oft das Kind das aufgelistete Verhalten zeigt. Dann verwenden Sie die Informationen, um die Stärken und Herausforderungen des Kindes zu verstehen und ihm dabei zu helfen, seine negativen Gefühle angemessen auszudrücken und umgängliches und prosoziales Verhalten zu zeigen.

Name: ....

Verhalten	Datum / Uhrzeit
▪ Umgänglich:	
– Zeigt Interesse an Peers	....
– Lächelt Peers an	....
– Beginnt Spiel mit Peers	....
– Reagiert auf Versuche der Peers, ein Spiel zu beginnen, indem es mitmacht	....
– Ahmt Handlungen und Ausdrucksweisen von Peers nach	....
– Macht bei Ritualen, Spielen und wechselseitigen Interaktionen mit	....
– Hat einen Freund / eine Freundin	....
▪ Prosozial:	
– Zeigt Empathie	....
– Hilft anderen Kindern	....
– Tröstet andere Kinder, die traurig sind	....
▪ Aktives Ablehnen und Zurückweisen von Peers:	
– Lehnt den Versuch von Peers ab, mit ihm zu spielen	....
– Wendet den Peers den Rücken zu oder bewegt sich von ihnen weg	....
▪ Zieht sich von Peers zurück:	
– Schaut zu anstatt mitzumachen	....
– Tut so, als ob er / sie die Versuche von Peers, ein Spiel zu beginnen, nicht bemerkt	....
– Weint oder regt sich schnell auf, wenn er / sie mit Peers zusammen ist	....
▪ Wird von Peers abgewiesen:	
– Peers stoßen ihn / sie weg oder weisen ihn / sie mit Körpereinsatz ab	....
– Peers ignorieren ihn / sie	....
▪ Verhält sich negativ oder aggressiv gegenüber Peers:	
– Schlägt, schubst oder tut anderen Kindern auf andere Art weh	....
– Nimmt Peers Spielzeug oder andere Objekte gewaltsam weg	....
– Erschreckt Peers mit Geräuschen, Gesichterschneiden oder anderen Handlungen	....

Nach: Williams, Ontai, Mastergeorge (2007) „Beobachtungsinstrument"

Dokumentieren Sie die Intention des kindlichen Verhaltens

Wenn Sie ein problematisches Verhalten feststellen, dann beobachten und dokumentieren Sie was, wann, wo geschieht und wie ein Kind sich verhält, um zu ermitteln, warum ein Kind möglicherweise Aggressivität einsetzt oder Ärger zeigt, schlägt, beißt, sich zurückzieht, Peers ablehnt oder selbst abgelehnt wird. Indem Sie eine Tabelle wie die folgende benutzen, können alle Beteiligten, Fachkräfte und Familien, nachvollziehen, was ein Kind mit diesem Verhalten vielleicht zu erreichen versucht. In diesem Beispiel versuchen die Erzieher, das Beißen des zweijährigen Kenneth zu ergründen.

Name: Kenneth

Was geschah vor dem gezeigten Verhalten?	Verhalten	Was geschah nach dem gezeigten Verhalten?
Sienna schubste Kenneth.	Kenneth biss Sienna in den Arm.	Sienna weinte, und Miss Shelley kam und griff ein.
Tommy streckte seine Hand direkt vor Kenneth aus, um ein Spielzeug vom Regal zu nehmen.	Kenneth biss Tommy in den Arm.	Tommy schrie, und Ms. Latoya kam und griff ein.
Matti versuchte, sich neben Kenneth zu setzen, der auf dem Boden saß und sich ein Buch ansah.	Kenneth biss Matti in die Schulter.	Matti weinte, und Ms. Latoya kam und griff ein.

Nach diesen Beobachtungen überlegten die Pädagoginnen, welches Verhalten sie sich von Kenneth in diesen Situationen statt des Beißens wünschen würden. Sie hofften, er würde lernen, „seine Worte zu benutzen", aber wie sie wussten, war er noch nicht ganz so weit, das auch wirklich zu tun. Sie brachten ihm bei, das Zeichen *„Stopp"* zu verwenden, wenn Kinder ihm zu nahe kamen. Sie übten das mehrmals täglich. Zu anderen Zeiten konzentrierten sie sich darauf, Kenneth zu ermuntern, andere Kinder zu trösten, wenn sie traurig waren und neben einem anderen Kind zu spielen, während eine Pädagogin in der Nähe war. Die Pädagoginnen schenkten Kenneth ihre Aufmerksamkeit durch ermutigende und bestätigende Worte. Sie umarmten ihn, wenn er eine Umarmung brauchte, und sie schenkten ihm im Verlauf des Tages zusätzliche positive Aufmerksamkeit. Schon bald benutzte Kenneth die Zeichensprache und schien es zu mögen, wenn Peers in seiner Nähe waren.

Unterstützen Sie die Familien

Kinder brauchen sichere Bindungen an Familienmitglieder und Pädagoginnen, damit sie gedeihen können. Strategien, die eingesetzt werden, wenn ein Kind Schwierigkeiten mit seinen Peers hat, sind eher erfolgreich, wenn die Pädagoginnen einen Beziehungsplan (Übersicht über die Beziehungen eines Kindes zu Peers und Erwachsenen) zusammen mit den Familienmitgliedern erstellen. Wenn Kinder sehr intensive, anhaltende und ernsthafte Probleme haben, ist vielleicht die Hilfe einer psychologischen Fachberatung nötig.

Wir möchten Familien dabei unterstützen, sichere Bindungen zu ihren Kindern aufzubauen. In allen Kapiteln dieses Buches haben wir die positiven Auswirkungen auf Kinder betont, die sich in ihren Familien sicher fühlen.

Zusätzlich verringert eine sichere Bindung die negativen Auswirkungen von Stress auf junge Kinder (Gunnar / Sullivan, 2017). Ideal ist es, wenn ein Kind sich bei allen Betreuern in seiner Familie sicher fühlt, aber sogar nur eine einzige sichere Bindung hat schon eine positive Auswirkung auf das Kind. Unsicherheit, Ängstlichkeit und Vermeidungsverhalten gegenüber beiden Elternteilen vergrößert hingegen das Risiko eines Kindes dafür, Verhaltensprobleme zu entwickeln (Kochanska / Kim, 2013).
Entwickeln Sie gemeinsam mit den Teammitgliedern und der Familie einen „Beziehungsplan" für das Kind.

Fragen Sie:

- Wer hat die wichtigen Beziehungen zu diesem Kind?
- Wie können diese Beziehungen dem Kind dabei helfen
  - sich sicher zu fühlen?
  - seine emotionalen Bedürfnisse zu befriedigen?
  - hilfreiche Alltagsabläufe in der Betreuung zu erleben?
  - eine Kontinuität in der Betreuung zu erfahren?
  - das Vertrauen zu entwickeln, dass es jeden Tag durch feinfühlige und aufmerksame Fürsorge wachsen wird?
  - in ihm ein positives, funktionierendes Vorbild für Beziehungen entstehen zu lassen?
  - auf der Basis seiner Stärken prosoziale Haltungen und Verhaltensweisen zu entwickeln?

Empfehlen Sie bzw. suchen Sie professionelle Hilfe für Kinder, die Beziehungsschwierigkeiten haben, und auch für Familien sowie Erzieher, die sich von den Kindern überfordert fühlen.

Einige junge Kinder fühlen sich in Beziehungen zu Peers aufgrund ihres Temperamentes herausgefordert, oder durch ihre Erfahrungen mit Beziehungen und Situationen, die sie täglich in ihrem Zuhause oder in einer Betreuungseinrichtung vorfinden.
Erwachsene wiederum fühlen sich durch die Kinder herausgefordert, und gleichzeitig fühlen sich die Kinder von den Erwachsenen und von ihrem Umfeld herausgefordert. Wenn Kinder andere beißen, machen sich Kinder, Erzieher und Eltern Sorgen. Am besten funktionieren Strategien, die auf die Bedürfnisse und Beweggründe der Kinder zugeschnitten sind. Wenn Kinder unter Trauer, Aggression, Misshandlung und Vernachlässigung leiden, schwappen ihre traurigen, zornigen oder hilflosen Gefühle auf ihre Peers über. Sie ziehen sich dann vielleicht zurück oder sie schlagen zornig auf andere ein.

Kluge Pädagoginnen verstehen die emotionalen und sozialen Bedürfnisse junger Kinder und versuchen, sie zu erfüllen. Sie sorgen für eine fürsorgliche Gemeinschaft, in der Kleinst- und Kleinkinder ein fein abgestimmtes, einfühlsames und schönes Miteinander erleben, bei dem der Schwerpunkt auf **zufriedenstellenden** Beziehungen zwischen Erwachsenem und Kind sowie zwischen dem Kind und seinen Peers liegt.

Kapitel 9

Strategien zur Unterstützung von Kindern, die sich durch ihre Beziehungen zu Peers herausgefordert fühlen

Auch wenn das Verhalten von Kindern für Erwachsene oft eine Herausforderung ist, so dürfen wir nicht vergessen, dass sich die Kinder selber auch herausgefordert und frustriert fühlen. Es gibt viele Strategien, mit denen man den emotionalen und Beziehungsbedürfnissen der Kinder begegnen und sie dahin leiten kann, effektivere Wege einzuschlagen, um ihre Bedürfnisse zu befriedigen. Im Folgenden fassen wir die Strategien noch einmal zusammen, die man einsetzen kann, wenn Kinder sich in ihren Beziehungen zu Peers überfordert sind.

Wirksame Strategien bei Beißen

Reflektieren, beobachten und dokumentieren

Wie wir bereits erfahren haben, beißen Kinder aus den unterschiedlichsten Gründen. Ein Kind hat vielleicht Schwierigkeiten mit den Begriffen „festhalten" und „loslassen". Es lernt vielleicht gerade das Konzept von Autonomie, Erkunden oder Ursache und Wirkung. Das Kind könnte zahnen. Es versucht möglicherweise mit Peers Kontakt aufzunehmen oder imitiert Verhalten, das es beobachtet hat. Es könnte gestresst sein, ängstlich, zornig oder frustriert. Es versucht unter Umständen, Aufmerksamkeit auf sich zu lenken. Um dem Beißen erfolgreich zu begegnen, beobachten Sie die Ursache oder das Ziel des Verhaltens und probieren Sie dann einige der folgenden Strategien aus, die dem Kind helfen sollen, akzeptablere, prosoziale Wege zum Erreichen seines Ziels einzuschlagen.

Auslöser für Beißen: Festhalten und loslassen

- Erleichtern Sie dem Kleinst- oder Kleinkind am Morgen die Trennung von seinen Familienmitgliedern.
- Üben Sie mit dem Kind das Festhalten und Loslassen von Spielzeug oder anderen begehrten Objekten, indem Sie eine Übungsmöglichkeit dafür schaffen, wie zum Beispiel „Bausteine in einen Behälter werfen".
- Drängen Sie nicht mit dem Toiletten-Training. Warten Sie, bis das Kind in anderen Bereichen zeigt, dass es „loslassen" kann.

Auslöser für Beißen: Autonomie

- Bieten Sie so viele Gelegenheiten wie möglich an, in denen die Kinder eine Entscheidung treffen und so ihre Selbstwirksamkeit zeigen können. Bieten Sie die Wahl zwischen einem roten und einem blauen Stift an, zwischen Cheerios und Rice Krispies oder Milch / keine Milch auf den Frühstücksflocken.
- Geben Sie den Kindern viel Zeit zum Wählen, Erkunden und Lernen.
- Geben Sie sichere Grenzen vor. Ohne Grenzen könnten die Kinder tatsächlich eher das Gefühl haben, die Kontrolle zu verlieren.

Auslöser für Beißen: Erforschung

- Bieten Sie in ihrer Einrichtung Möglichkeiten zu unterschiedlichen sensorisch-motorischen Erlebnissen.

- Stellen Sie sicher, dass die Kleinst- und Kleinkinder ihre sich entfaltenden motorischen Fertigkeiten üben können. Bieten Sie separate ungestörte Bereiche an, in denen die Kinder sich auf Aufgaben konzentrieren können, wie zum Beispiel ein Puzzle zusammenzusetzen, ohne von Peers gestört zu werden.

Auslöser für Beißen: Zahnen

- Geben Sie dem Kleinst- oder Kleinkind sichere Beißspielzeuge.
- Ältere Kinder könnten ermuntert werden, auf feste Nahrung oder Beißspielzeuge zu beißen.
- Halten Sie ein sauberes Tuch in der Kühltruhe bereit, das dem zahnenden Kind Schmerzlinderung verschafft, oder für ein Kind, das gebissen wurde.

Auslöser für Beißen: Wunsch nach Beschäftigung mit einem Peer

- Kinder brauchen viele soziale Erfahrungen, um zu lernen, wie sie mit anderen umgehen sollten.
- Bringen Sie den Kindern bei, sanft zu sein.
- Gehen Sie auf das Interesse eines Kindes an anderen Kindern ein und sagen Sie: „Ich weiß, du magst Darin. Du kannst ihm ein Spielzeug geben."
- Beachten und bestätigen Sie positive Interaktionen unter Peers, wenn zum Beispiel ein Kind ein anderes umarmt, einem anderen Kind ein Spielzeug gibt oder ein Kind anlächelt.

Auslöser für Beißen: Ursache und Wirkung

- Stellen Sie Spielzeug bereit, das Geräusche macht, sich bewegt oder aufleuchtet, wenn das Kind sich mit ihm beschäftigt.
- Sorgen Sie für Sand, Erde, Wasser, Farben, Bausteine und Malstifte, die ein kreatives, sensorisches Erleben fördern, ohne ein vorbestimmtes Ende vorzugeben. Bieten Sie dem Kind viele Möglichkeiten, Materialien zu benutzen, bei denen etwas „geschieht".
- Sorgen Sie dafür, dass die Kinder die positive Reaktionen auch wahrnehmen, die sie auslösen, wenn sie ein anderes Kind tätscheln, umarmen oder ihm ein Spielzeug geben.

Auslöser für Beißen: Nachahmen

- Seien Sie ein Vorbild, das Kinder nachahmen können: Gehen Sie liebevoll mit ihnen um, fördern Sie die Kinder und teilen Sie mit ihnen, seien Sie höflich und positiv.
- Entwickeln Sie ein Repertoire an Verhaltensweisen, mit dem Sie verletzendem Verhalten der Kinder begegnen und die vorbildhaft für Strategien zur Wiederherstellung einer Beziehung sind.
- Zeigen Sie, wie man über Gefühle sprechen kann.
- Verwenden Sie positive Techniken, in denen die Perspektive anderer Menschen hervorgehoben wird, die von den Kindern nachgeahmt werden können.

- Unterstützen Sie die Kinder darin, Wörter zu benutzen oder Zeichensprache, um Beißen zu verhindern und Beziehungen wiederherzustellen.

Auslöser für Beißen: Aufmerksamkeit

- In Momenten, in denen nicht gebissen wird, wenden Sie sich dem Kind, das beißt, mit positiver, warmherziger Aufmerksamkeit zu.
- Beachten, kommentieren und unterstützen Sie positive, geschäftige, neugierige, hilfsbereite und produktive Verhaltensweisen.
- Durchbrechen Sie in Ihrer Rolle als Erwachsene den negativen Kreislauf im Verhalten eines Kindes durch ihre positiven Kommentare und Umarmungen für erwünschtes Verhalten.

Auslöser für Beißen: Frustration

- Nehmen Sie die Gefühle der Kinder wahr: „Mark hat jetzt den Laster. Du bist frustriert, weil du warten musst."
- Bringen Sie den Kindern Ausdrücke bei wie „Ich bin frustriert".
- Prüfen Sie das Umfeld:
  - Sind da zu viele Kinder gleichzeitig im Raum?
  - Gibt es gemütliche Ecken?
  - Ist das Umfeld unordentlich?

Auslöser für Beißen: Zorn

- Gehen Sie auf die Bedürfnisse des Kindes nach liebevoller Fürsorge ein.
- Bauen Sie bei dem Kind Vertrauen auf, indem Sie konsequent auf es eingehen.

- Sagen Sie: „Ich möchte nicht, dass du beißt. Ich kann dir helfen."
- Helfen Sie dem jungen Kind, ein Repertoire an Verhaltensweisen aufzubauen, mit deren Hilfe es seine zornigen Gefühle handhaben kann.
- Helfen Sie dem Kind, mit Worten oder Zeichensprache einem anderen Kind „Nein" zu vermitteln, wenn dieses ihm ein Spielzeug wegnimmt.

Auslöser für Beißen: Stress und Angst

- Arbeiten Sie mit den Eltern zusammen um herauszufinden, was die Ursache für den Stress des Kindes ist.
- Bieten Sie dem Kind beruhigende Tätigkeiten an, wie Spielen mit Wasser oder Sand.
- Erlauben Sie es dem Kind, am Daumen zu lutschen oder vorübergehend ein Objekt, wie eine Decke oder ein Plüschtier, zu halten.
- Ermöglichen Sie ihm Zeiten, in denen es mit einem für ihn wichtigen Erwachsenen allein zusammen sein kann.
- Um Kinder vor dem Mittagsschlaf zu beruhigen, schaukeln Sie sie, klopfen Sie ihnen sanft auf den Rücken, singen Sie Lieder. Spielen Sie ihnen beruhigende Schlaflieder vor.
- Bleiben Sie zur Unterstützung in der Nähe des Kindes und helfen Sie ihm in der Übergangszeit.
- Sprechen Sie tröstend mit dem Kind über die Dinge, die in seinem Leben vor sich gehen.
- Liebevolle Erwachsene werden diesen Kindern dabei helfen müssen, sowohl die eigenen Gefühle wahrzunehmen als auch die Gefühle der anderen.

Wenden Sie Strategien an, die auf der Beziehung zwischen Erwachsenem und Kind basieren

Der Augenblick, in dem ein Kind ein anderes beißt, kann belastend und aufwühlend für alle Beteiligten sein. Atmen Sie tief durch und denken Sie daran, dass dies auch eine Gelegenheit dafür ist, dem Kind etwas beizubringen. Wenn die Strafe für das Kind, das gebissen hat, streng ist, könnte das junge Kind mehr an sein eigenes Verletztsein denken, anstatt sich darauf zu konzentrieren, wie es dem Opfer helfen kann. Unterstützen Sie die Kinder dabei, positive Strategien zu lernen, anstatt zu beißen. Strafen, beschimpfen oder beschämen Sie sie nicht, entziehen Sie ihnen nicht ihre Zuneigung.

- Unterstützen Sie beide Kinder emotional.
- Bringen Sie den Kindern unterschiedliche Strategien bei.
- Verwenden Sie Techniken, um die Beziehung wiederzuherstellen.
- Fragen Sie, was geschehen ist, oder benennen Sie das Problem. Wenn Sie mit den Kindern reden, denken Sie daran, Wörter und / oder Handlungen so auszuwählen, dass sie dem Entwicklungsstand der Kinder entsprechen.
- Erfragen Sie den Standpunkt und die Gefühle des Kindes, das verletzt wurde, oder heben Sie diese hervor.

- Lassen Sie auf keinen Fall das Kind, das gebissen hat, als Person außer Acht, die selbst auch Gefühle hat.
- Fragen Sie nach einer alternativen Vorgehensweise oder nennen Sie sie selbst.
- Ermuntern Sie das Kind, das gebissen hat, darüber nachzudenken, wie es dem anderen Kind helfen könnte, sich wieder besser zu fühlen.
- Halten Sie sich an das Verfahren, das Ihre Einrichtung Ihnen vorschreibt.

Beachten Sie, wann es zu dem Beißvorfall kam. Halten Sie die Einzelheiten fest und suchen Sie nach Mustern – kommt es typischerweise in einer sehr vollen Kita vor? Beißt das Kind, nachdem ein Elternteil es hingebracht hat?

Wenn ein Kind weiterhin beißt, nachdem diese Techniken mehrere Tage lang wiederholt wurden, treffen Sie sich mit der Familie und anderen Pädagoginnen, um herauszufinden, was das Kind veranlasst zu beißen. Planen Sie mit der Familie übereinstimmende Vorgehensweisen für Zuhause und die Kindertageseinrichtung. Überlegen Sie sich Problemlösungsstrategien und betrachten Sie dann die Ergebnisse mit der Familie und dem Team der Pädagoginnen. Wenn eine Strategie nicht funktioniert, versuchen Sie einen anderen Ansatz.

Verwenden Sie ein System mit „Time-in“. Lassen Sie einen Erwachsenen das Kind ständig begleiten, die Bedürfnisse des Kindes erfüllen, dem Kind Zuneigung zeigen und ihm Mut machen, und er muss eingreifen, bevor es beißt. Dieser Erwachsene kann dem Kind alternative Verhaltensweisen beibringen und ihm helfen zu lernen, wie man sanft ist und Zeichensprache oder Wörter benutzt, um Bedürfnisse auszudrücken.

Seien Sie proaktiv zusammen mit den anderen Mitarbeitern. Gehen Sie in einem Meeting noch einmal alle Gründe durch, warum junge Kinder beißen und alle Techniken, die eine Pädagogin einsetzen kann. Alle Einrichtungen müssen ein Verfahren vorgeben, wie mit

Beißvorfällen umzugehen ist. Individualisieren Sie Strategien für ein Kind und arbeiten Sie dann als Team zusammen, um dem Kind eine fürsorgliche und zuverlässige Beziehung zu bieten.

Seien Sie proaktiv den Eltern und Familien gegenüber. Bevor die Eltern sich wegen eines Beißvorfalls erregen: Laden Sie sie zu einem Gespräch ein oder schicken Sie ihnen ein Mitteilungsblatt nach Hause, in dem Sie ihnen erklären, welche Techniken zur Wiederherstellung der Beziehungen sie selbst und die Pädagoginnen einsetzen können. Eltern müssen wissen, warum junge Kinder beißen, dass es ein häufiges Problem ist, wann immer junge Kinder in einer Gruppe zusammen sind, und dass die Pädagoginnen alles in ihrer Möglichkeit Stehende tun, um die Sicherheit der Kinder zu gewährleisten. Schicken Sie ein Merkblatt mit Informationen darüber an die Familien, warum es zum Beißen kommt, und berichten Sie auch über die Strategien, die sie einsetzen, um Kindern zu helfen, die beißen oder die gebissen wurden. Erklären Sie den Ablauf, nach dem die betreuende Einrichtung vorgeht, wenn es einen Beißvorfall gegeben hat. In vielen Einrichtungen wurde beschlossen, den Namen des Kindes, das gebissen hat, nicht zu nennen. Welche Vorgaben über das Verfahren gibt es in Ihrer Einrichtung?

Wirksame Strategien bei Zorn, Trotz und Aggressivität

Das Verhalten der Kinder ist ein Kommunikationsversuch. Wenn ein Kind Zorn oder Trotz ausdrückt oder sich aggressiv verhält, überlegen Sie, wodurch es vielleicht zu diesem Verhalten gebracht wird.

Reflektieren, beobachten und dokumentieren

- Berücksichtigen Sie den Gesundheitszustand des Kindes. Denken Sie an sein Schlafbedürfnis und die Möglichkeit eines Eisenmangel oder einer Bleivergiftung.
- Prüfen Sie das Gehör der Kinder und ihre Sprachentwicklung.
- Beobachten Sie das zornige Verhalten der Kinder sehr genau, um herauszufinden, was und wer sie zornig macht und wie sie ihren Zorn ausdrücken.
- Überlegen Sie, wann Kinder trotzig sind und wie sie Trotz ausdrücken. Wird das trotzige Verhalten von Aggression begleitet?
- Überlegen Sie, welche unterschiedlichen Bedürfnisse die Kinder aufgrund ihres Temperaments haben. Kinder mit überschäumendem Temperament benötigen vielleicht Hilfe bei der Selbstregulation. Kinder mit reizbarem Temperament sollten vielleicht mit nur wenigen Peers gleichzeitig zusammengebracht werden.
- Beobachten Sie gemeinsam mit dem Team und der Familie des Kindes, das sich verletzend benimmt, und denken Sie zusammen über das Verhalten nach. Fragen Sie, gegen wen das Kind sich aggressiv verhält – gegen die Eltern, die Betreuer, die Peers?
- Welche Form von Aggression wählt das Kind?
- Steht das Kind unter gesundheitsschädlichem Stress?
- Welche Ziele versucht das Kind durch die Aggression zu erreichen?
- Welche emotionalen Bedürfnisse hat das Kind? Werden diese Bedürfnisse erfüllt?

- Helfen Schlagen oder andere aggressive Verhaltensweisen dem Kind dabei, seine starken Emotionen zu regulieren und wieder das Gefühl zu bekommen, das „Ruder in der Hand zu haben"?
- Hat das Kind gelernt, dass Aggression der einzige Weg ist, um die Aufmerksamkeit eines Erwachsenen oder Peers zu erregen?
- Ahmt das Kind Erwachsene in seinem Leben nach? Oder kennt es keine anderen Möglichkeiten, um Probleme zu lösen?

Wenden Sie Strategien an, die auf der Beziehung zwischen Erwachsenem und Kind basieren

Wenn Sie beobachtet, reflektiert und mehr darüber erfahren haben, welche Verhaltensweisen das Kind zeigt und warum sie auftreten, probieren Sie die folgenden Strategien aus, um den Kindern zu helfen, neue Wege zu erlernen, wie sie ihre Bedürfnisse befriedigen können.

- Zeigen Sie Empathie und Wärme, und gehen Sie auf die Kinder ein. Diese sind oft voller Angst über ihre Unfähigkeit, starke Emotionen zu regulieren. Kinder, die zu extremen Zornausbrüchen neigen, profitieren von mütterlicher Warmherzigkeit (Razza et al., 2012).
- Bauen Sie Vertrauen auf, indem Sie Zeit mit Kleinst- und Kleinkindern alleine verbringen. Erlauben Sie den Kleinstkindern, sich an Ihren Körper anzuschmiegen, und erlauben Sie Kleinkindern, an Ihrer Seite zu bleiben, wenn sie es möchten. Sobald sie sich sicher fühlen, werden sie wieder auf und davon sein und ihre Umgebung erforschen. Freuen Sie sich, wenn die Kinder das Bedürfnis haben, zu Ihnen zurückzukehren, um sich emotionalen Trost und Bestärkung zu holen und sich dann wieder hinauswagen.
- Bereiten Sie das Kind auf die Regeln der Redeübernahme vor, bei der das Kind und seine Gesprächspartner ungefähr gleiche Redeanteile haben. Dadurch helfen Sie dem Kind, sich zu beteiligen, mitzumachen, abwechselndes Spielen zu lernen, sich anerkannt zu fühlen und Zuhören zu lernen.
- Folgen Sie den Vorgaben der Kinder im Spiel, um ihnen zu helfen, sich erfolgreich zu fühlen und um sie zu motivieren weiterzuspielen. Einmischung und Zwang durch den Erwachsenen können zu zornigem, trotzigem und aggressivem Verhalten führen.
- Lassen Sie ein Kind, das ängstlich oder aggressiv ist, mit einem Kind zusammenspielen, das im Allgemeinen sehr gesellig ist. Bleiben Sie bei ihnen, um die Interaktionen der Peers zu unterstützen.
- Würdigen Sie immer wieder die Gefühle – beobachten Sie aktiv mit Augen und Ohren, was das Kind fühlt. Sagen Sie: „Du scheinst traurig zu sein. Was kann ich tun, um dir zu helfen?" Oder: „Das hat dich richtig wütend gemacht." Oder: „Du hattest etwas anderes erwartet / gewünscht. Deine Hände haben etwas gemacht, was du eigentlich nicht wolltest. Ich weiß, das fühlt sich nicht gut an."
- Bringen Sie den Kindern Eigenschaftswörter für Gefühle und Emotionen bei. Kinder haben das Recht, starke Emotionen zu empfinden. Sie haben das Recht, Wörter zu benutzen, um ihre Gefühle auszudrücken, und sie haben die Freiheit, sie auszusprechen. Sie haben das Recht gehört zu werden.
- Arbeiten Sie mit den Kindern daran, die Perspektive ihrer Peers zu erkennen. Helfen Sie ihnen, die Emotionen anderer zu „lesen".

- Nennen Sie Gründe, warum gewisse Verhaltensweisen von den Kindern erwartet werden. Nennen Sie wieder und wieder die Regeln dafür, wie wir einander gut behandeln. Sagen Sie: „Wir sind sanft mit unseren Freunden. Freunde mögen das."
- Lehren Sie alternative Verhaltensweisen zur Aggression gegen Peers.
- Reduzieren Sie den Stress im Leben der Kinder, sowohl in ihrem Zuhause als auch in der Betreuung. Erlauben Sie es den Kindern, in Ihrer Nähe zu bleiben, wenn sie zusätzliche emotionale Unterstützung brauchen. In einigen Zentren werden die Tage, an denen ein Kleinst- oder Kleinkind ausgiebige emotionale Unterstützung braucht, die „Fürsorge für die Seele"-Tage genannt („Care of the Spirit"; Colorado EQ Project, 2017).
- Binden Sie Kinder in prosoziale Aktivitäten ein. Nehmen Sie sie zu Kindern mit, die Kummer haben.
- Erfinden Sie soziale Geschichten und benutzen Sie dabei den Namen des Kindes. Erzählen Sie die Geschichte aus der Perspektive des Kindes. Benennen und erklären Sie Strategien, die z.B. „Kayla" benutzte, als sie so wütend war, dass sie am liebsten mit den Füßen aufgestampft hätte. Erfinden Sie einen Teil in der Geschichte, in dem Kayla sich mit einem Kind befreundet, indem sie ihm hilft.
- Greifen Sie sofort ein, wenn sich Zorn in einem Kind aufstaut, und geben Sie den Kindern eine Auswahl an Strategien vor, die sie anwenden könnten: bestimmte Wörter benutzen, zur Pädagogin gehen, aufstampfen, sich entspannen, einen Ball in einen Korb werfen, oder mit einer weichen Decke, Plüschtieren und Puppen in eine gemütliche Ecke gehen. Begrenzen Sie die Auswahl bei Kleinkindern auf zwei Möglichkeiten. Fügen Sie weitere hinzu, wenn das Kind mehr als zwei Möglichkeiten verarbeiten kann.
- Stoppen Sie Kinder, die aggressiv werden. Sie brauchen jemanden, der ihnen klare Grenzen für ihr Verhalten vorgibt. Stellen Sie den Kindern Verhaltensweisen zur Wahl, um sie zur Selbstregulation anzuregen. Sagen Sie zum Beispiel: „Du bist sehr wütend. Kannst du damit aufhören, Stühle herumzuwerfen, oder brauchst du mich, damit ich dich daran hindere?", „Ich sehe, du brauchst mich dabei. Ich will dich halten, um dir zu helfen.".
- Zeigen Sie dem Kind Ihre Zuwendung, indem Sie einschreiten, um es vor gefährlichem Verhalten zu bewahren. Kinder, die ein gefährliches Verhalten an den Tag legen, sind vielleicht auf der Suche nach jemandem, der sich genügend um sie sorgt, um sie daran zu hindern (Koplow, 1996; Lieberman, 1993).
- Geben Sie Kindern zehn Mal mehr Aufmerksamkeit für prosoziales Verhalten, als für aggressives Verhalten.
- Bringen Sie zum Ausdruck, dass Sie sich immer noch um sie sorgen und sie lieben, auch wenn sie sich zornig, trotzig oder aggressiv verhalten.

Schaffen Sie ein liebevolles soziales Umfeld und sorgen Sie für eine bedarfsgerechte Programmplanung

Schaffen Sie eine liebevolle Gemeinschaft in ihrem Raum und ihrer Einrichtung. Beziehen Sie die Familien mit ein, indem Sie sie dazu ermuntern, die Einrichtung zu besuchen.

- Bieten Sie ein interessantes Umfeld und geben Sie den Kindern Zeit, sich interessante Aktivitäten auszusuchen und diese konzentriert auszuüben.

- Bieten Sie Aktivitäten an, die Kinder beruhigen, wie zum Beispiel das Spiel mit Sand oder Wasser und Malen. Diese Beschäftigungen beruhigen Kinder und helfen ihnen, sich zu konzentrieren. Geben Sie den Kindern ihre eigenen Eimer mit Sand oder Wasser, aber stellen Sie sie dicht genug zusammen, damit die Kinder sich gegenseitig beobachten und miteinander sprechen können.
- Schaffen Sie gemütliche Ecken, in denen z.B. zwei Kinder spielen können, ohne einen ganzen Pulk von Kindern dabeizuhaben. Manchmal mögen es Kinder, die schnell aggressiv sind, nicht, wenn Peers ihnen zu nahe kommen.
- Schaffen Sie gemütliche Ecken, zum Beispiel mit einem Karton, einem kleinen (leeren) Pool mit einer Decke oder einer Box, in die Kinder sich zurückziehen können, wenn sie es benötigen. *Sie sind nicht als „Time-out"-Bereich gedacht! Es ist ein vom Kind gewähltes „Time-in", bei dem die Kleinen sich entspannen und selbstregulieren können.*
- Treiben Sie die Kinder nicht wie Schafe in Gruppen umher. Das erhöht ihren Stresslevel und die Wahrscheinlichkeit, dass es zu Konflikten und Aggressionen kommt.

Unterstützen Sie die Familien

Diskutieren Sie mit den Familienmitgliedern, was ihrer Meinung nach die Ursache dafür sein könnte, dass das Kind zornig, aggressiv oder trotzig ist. Suchen Sie gemeinsam nach Lösungen für Zuhause und die Kindertagesstätte. Berichten Sie, welche Strategien im Rahmen Ihrer Einrichtung funktionieren, und fragen Sie die Eltern, ob sie glauben, dass diese auch Zuhause funktionieren könnten. Probieren Sie diese Lösungen aus und besprechen Sie dann mit den Familien, wie sie funktioniert haben.
Geben Sie emotionale und soziale Unterstützung sowie Informationen, um zu strenge und übergriffige Methoden der Eltern zu verhindern oder abzumildern und sichere Bindungen zu fördern. In einer Studie, in der Eltern kurz die Forschungsergebnisse über den Zusammenhang von körperlicher Bestrafung und problematischem Verhalten vorgestellt wurden, änderten diese Eltern ihre Haltung im Hinblick auf körperliche Strafen (Holden et al., 2014).

Wenn der Widerstand der Kinder, ihr Zorn und ihr aggressives Verhalten schwerwiegend und andauernd sind, suchen oder empfehlen Sie die Unterstützung von Psychologen oder weiteren Fachleuten.

Strategien für Kinder, die schüchtern, vorsichtig, ängstlich, gehemmt, verschlossen, furchtsam sind oder die abgelehnt werden

Reflektieren, beobachten und dokumentieren

- Betrachten Sie die kulturellen Faktoren. Rubin (1998) unterstreicht bspw. in seiner Untersuchung zur sozialen und emotionalen Entwicklung aus der Kultur-Perspektive, dass chinesische Mütter Schüchternheit und Gehemmtheit nicht als negativen Wesenszug beurteilen. Wie dagegen aus einer anderen Studie hervorgeht, wollen auch chinesische Eltern nicht, dass ihre Kinder verschlossen und gehemmt sind (Cheah et al., 2004).
- Betrachten Sie das Temperament, denn es könnte für das Verhalten eine Rolle spielen. Manche Kinder sind zurückhaltender, bevor sie bei einem Spiel mitmachen. Sie müssen genau wissen, was passiert, bevor sie sich auf eine Situation einlassen. Andere Kinder können empfindlicher auf Berührung reagieren und möchten nicht dicht neben anderen Kindern sitzen oder sich in einer Menge aufhalten. Andere fühlen sich von lauten Geräuschen gestört, also versuchen sie, eine ruhige Ecke im Raum zu finden.
- Achten Sie auf Probleme beim Hören oder eine verzögerte Sprachentwicklung, die zu einem verschlossenen Verhalten beitragen können.
- Betrachten Sie den Faktor Furcht: Er könnte die Ursache dafür sein, wenn das Kind verschlossen ist oder die Peers aktiv zurückweist. Erzieher sollten das Kind beobachten und mit der Familie sprechen, um die Ursache und Besonderheiten der Furcht herauszufinden.

Wenden Sie Strategien an, die auf der Beziehung zwischen Erwachsenem und Kind basieren

Entwickeln Sie eine starke, positive Beziehung zu dem Kind, da Vertrauen in Erwachsene unabdingbar dafür ist, dass Kleinst- und Kleinkinder sich sozial sicher fühlen. Helfen Sie Kleinst- und Kleinkindern, sich sicher zu fühlen, indem Sie auf ihre körperlichen und emotionalen Bedürfnisse eingehen. Begrüßen Sie jedes Kind morgens herzlich und lassen Sie jedes einzelne Ihre liebevolle Zuneigung fühlen. Wenn ein Kind Vertrauen zu der Erzieherin entwickelt hat, kann diese einen Peer mitnehmen, um das Kind zu begrüßen.

Informieren Sie die Kinder aller Altersgruppen immer, was als Nächstes im Laufe des Tages geschehen wird. Das hilft, die Ängstlichkeit zu mildern. Seien Sie bereit, ein Kind zu halten und zu umarmen, wenn es Furcht zeigt. Wenn Erwachsene auf Kinder nicht eingehen, aus Angst, Sie würden sie verziehen, stärkt das nämlich nicht die Unabhängigkeit des Kindes. Vielmehr können Kinder, die vom Erzieher zurückgewiesen werden, noch abhängiger und verschlossener werden, da ihre Ängste um ihre eigene Sicherheit wachsen. Bauen Sie in Gerüst des sozialen Erfolges für ein verschlossen wirkendes Kind. Wenn sich ein Kleinst- oder Kleinkind an die Erwachsenen klammert, machen Sie es langsam mit den Materialien und Aktivitäten vertraut. Halten Sie ein Kleinstkind, das sich vor seinen Peers fürchtet, und machen Sie es langsam mit seinen Peers vertraut. Bleiben Sie bei einem Kleinkind und helfen Sie ihm, draußen zu seinen Peers in den Sandkasten zu gehen. Bleiben Sie in der Nähe und helfen Sie dem Kind, mit dem Spiel zu beginnen. Verwenden Sie ermutigende Worte und bleiben Sie geduldig. Geben Sie zwei Kindern in der Kita die Möglichkeit im Beisein einer Pädagogin zu spielen, während die anderen mit einer anderen Pädagogin draußen spielen.

Aber: Übervorsicht kann zur Furchtsamkeit eines Kindes führen. Wie Forschungen gezeigt haben, tragen zur vorsichtige Betreuer dazu bei, dass sich Kleinkinder in neuen Situationen schnell überfordert fühlen (Hutt et al., 2013). Bieten Sie sichere Risiken an, die auf das Kind zugeschnitten sind. Stützen Sie das Erfolgsgefühl des Kindes durch Aktivitäten, die dem Kind nur ein bisschen riskant erscheinen.

Eine kleine Rutsche kann zum Beispiel für das furchtsame Kind schon eine Herausforderung sein. Mit Ihrer Unterstützung wird das Kind sich kompetent fühlen, wenn es seine Furcht vor der Rutsche überwunden hat.
Lehren Sie die Kinder, die zurückgewiesen werden, prosoziale Verhaltensweisen, anstatt nur die Verhaltensweisen zu unterbinden, die zu der Zurückweisung beigetragen haben (Hay, 2006). Dies ist von entscheidender Bedeutung! Errichten Sie ein Gerüst aus sozialem Erfolg für das Kind, das abgewiesen wird. Bieten Sie dem Kind viele Gelegenheiten, Erfolg mit Erwachsenen, Spielzeug und Materialien zu haben. Bauen Sie sein Selbstwertgefühl auf. Weisen Sie andere darauf hin, wenn das Kind etwas Interessantes macht. Geben Sie dem Kind ein neues Spielzeug und fordern Sie es auf, den anderen Kleinkindern und Zweijährigen zu zeigen, wie es funktioniert.

Schaffen Sie eine fürsorgliche Gemeinschaft

Schaffen Sie behagliche Ecken, in die Kinder sich zurückziehen können, wenn sie traurig sind oder allein sein wollen.
Stellen Sie eine weitere gemütliche Ecke zur Verfügung, in der genügend Platz ist für ein Kind mit seinem Freund oder einer Pädagogin. Legen Sie Plüschtiere hinein, eine Decke und Bücher, die Kinder beruhigen.
Achten Sie bei der Grundversorgung der Kinder darauf, dass immer die gleiche Pädagogin dieselbe Kindergruppe betreut, z.B. ihre Windeln wechselt, sie füttert, hin und her wiegt und tätschelt, bis sie einschlafen. Dies hilft Kindern, Vertrauen in bekannte Erwachsene zu entwickeln und lindert ihre Furcht.

Unterstützen Sie die Familien

Gehemmte Kinder können für Eltern, die sich ein sozial kompetentes Kind wünschen, eine Herausforderung sein. Eltern glauben dann vielleicht, diesen Kindern Befehle erteilen oder sie tadeln zu müssen, und das würde sie dazu ermutigen, mit ihren Peers zu spielen. Geduld, Unterstützung und eine allmähliche Gewöhnung dieser Kleinkinder an ihre Peers, führen aber zu viel besseren sozialen Resultaten (Kiel et al., 2016). Helfen Sie den Eltern, „sichere“ Risikosituationen für ihre furchtsamen Kinder anzubieten.

Sprechen Sie über das Verhalten mit der Familie des Kindes. Vielleicht ist es das Ziel der Familie, ein Kind zu haben, das sich ruhig und respektvoll anderen gegenüber verhält. Sie werden aber bestimmt kein Kind haben wollen, das sich zurückzieht oder aktiv anderen Kindern aus dem Weg geht. Hören Sie auf den Standpunkt der Familie und arbeiten Sie mit ihr zusammen, um die soziale Kompetenz des Kindes in einer Weise zu unterstützen, die kulturell relevant ist. Ermuntern Sie die Eltern, Verabredungen zum Spielen mit jüngeren Kindern zu treffen, um dem Kind, das abgewiesen wird oder verschlossen ist, ein soziales Erfolgserlebnis zu verschaffen.

Strategien bei Kindern, die ein Trauma, Misshandlungen oder Vernachlässigung erlebt haben

Reflektieren, beobachten, dokumentieren

- Lassen Sie wie immer zunächst eine umfassende gesundheitliche Untersuchung bei dem Kind durchführen, einschließlich einer Überprüfung des Gehörs.
- Führen Sie sich vor Augen, dass Kinder in ihrer Entwicklung Rückschritte machen können. Ältere Kleinstkinder, die es vorher liebten, alles zu erkunden, möchten jetzt vielleicht den meisten Teil des Tages auf dem Schoß der Erzieherin sitzen. Kleinkinder, die schon mit dem Löffel gegessen haben, essen jetzt vielleicht mit den Fingern. Zweijährige, die gelernt hatten, zur Toilette zu gehen, nässen vielleicht wieder ein und möchten ihre Windeln wiederhaben. Kinder, die sich morgens leicht von der Familie verabschiedet haben, weinen und schreien, wenn ein Elternteil gehen muss.
- Dokumentieren Sie Verhaltensweisen, die möglicherweise auf ein Trauma hindeuten, einschließlich Kindesmisshandlung und Vernachlässigung. Halten Sie es schriftlich fest, wenn Sie ungewöhnliche Flecken oder Wunden an dem Kind entdecken. Dokumentieren Sie verwirrtes, aggressives oder verschlossenes Verhalten des Kindes.

Wenden Sie Strategien an, die auf der Beziehung zwischen Erwachsenem und Kind basieren

- Am wichtigsten ist es, Empathie für das Erleben des Kindes zu zeigen. Fragen Sie sich: „Wie muss das für dieses Kind sein?“ und „Kann das Kind vorhersehen, was in seinem Leben geschehen wird?“.

- Sorgen Sie für Schutz und Zuneigung für die Kinder, die ein Trauma erlebt haben. Seien Sie einfühlsam bei körperlicher Berührung. Manche Kinder werden sich nicht von Ihnen umarmen lassen, aber sie setzen sich vielleicht neben Sie. Lassen Sie die Kinder wissen, dass sie bei Ihnen und in Ihrer Einrichtung sicher sind. Sprechen Sie sanft und tröstend mit ihnen. Seien Sie ein emotional sicherer Hafen für die Kinder und ihre Familien. Seien Sie geduldig, sanft und liebevoll.
- Setzen Sie Grenzen für jene Kinder, die Erwachsene auf die Probe stellen, um zu sehen, ob diese sich genügend um sie sorgen, um ihr gefährliches Verhalten zu stoppen. Sagen Sie: „Klettere nicht auf den Bücherschrank. Der Bücherschrank kann umfallen. Ich möchte dich beschützen."
- Kinder, die ein Trauma erlebt haben, können zornige und aggressive Gedanken gegenüber Erwachsenen und Peers hegen. Diese Kinder brauchen von den Erwachsenen genau das Gegenteil, also nicht noch mehr Aggression und Zorn, was den Zyklus der negativen Interaktionen weiter verstärken würde.

Schaffen Sie eine fürsorgliche Gemeinschaft

- Verwenden Sie Strategien, die ein vorhersagbares Umfeld schaffen. Wenn ein Kind zum Beispiel gerne malt, stellen Sie ihm jeden Tag Farbe zur Verfügung, damit es die Möglichkeit zu malen hat, wenn es sie braucht.
- Sorgen Sie für zuverlässige Routinen. Lassen Sie zum Beispiel alle Kleinkinder und die Zweijährigen sich nach dem Essen die Hände waschen, ein Buch aussuchen und zu ihren Betten gehen, wo ihre Decken und ihr Schmusespielzeug auf sie warten. Eine Erzieherin kann sich zwischen zwei Kinder setzen und ihnen leicht den Rücken beklopfen (wenn sie das beruhigt) und ihnen dabei leise etwas vorsingen.
- Schaffen Sie Ecken in einem Raum, in die sich ein Kleinkind mit einer Pädagogin zurückziehen oder mit einem anderen Kleinkind zusammen sein kann.
- Fördern Sie das Spiel mit Kunstmaterialien, Sand und Wasser. Geben Sie jedoch dem traumatisierten Kind sein eigenes Material, einen Eimer mit Sand oder Wasser und einen eigenen Platz. Setzen Sie es dicht neben die anderen.
- Sorgen Sie für Kontinuität in der Betreuung, indem eine Pädagogin, der das Kind vertraut und die es liebt, mit ihm (und einer Gruppe von Peers) in einen neuen Raum wechselt, wenn es größer wird. Arbeiten Sie daran, sichere Bindungsbeziehungen zwischen Erwachsenem, Kind und seinen Peers aufrechtzuerhalten.

Unterstützen Sie die Familien

- Halten Sie einen ständigen Informationsfluss zur Familie aufrecht. Sprechen Sie mit den Familien, wenn es widersprüchliche Ansichten zwischen ihnen und dem Programm der Kita gibt.
- Arbeiten Sie eng mit den Pflege- oder Adoptiveltern der Kinder zusammen, die misshandelt wurden, damit sie die Auswirkungen eines Traumas auf das Kind verstehen, und helfen sie ihnen, die vereinbarten Strategien einzusetzen.
- Arbeiten Sie ggf. bei der Beurteilung und den Interventionsstrategien interdisziplinär mit anderen Fachleuten, sowie mit den Kindern, Familien und Pädagoginnen Ihrer Einrichtung zusammen.

- Abschließende Strategien, um Kinder, die sich von ihren Peers herausgefordert fühlen, zu unterstützen:
  - Denken Sie über Ihre eigenen Gefühle nach
  - Denken Sie über die Bedürfnisse der Kinder nach
  - Dokumentieren Sie die Stärken und Bedürfnisse der Kinder
  - Dokumentieren Sie den Zweck des Verhaltens der Kinder
  - Unterstützen Sie die Familien

Zusammenfassung der Strategien bei aggressivem Verhalten

Es folgen einige Strategien, die Sie bei Kindern ausprobieren können, die oft zornig sind, und die trotziges und/oder aggressives Verhalten zeigen:

- Reflektieren, beobachten und dokumentieren
  - Berücksichtigen Sie den Gesundheitszustand der Kinder. Beachten Sie ihr Schlafbedürfnis, oder auch einen möglichen Eisenmangel oder eine Bleivergiftung.
  - Beurteilen Sie ihr Hörvermögen und ihre sprachliche Entwicklung.
  - Beobachten Sie das zornige Verhalten der Kinder genau, um herauszufinden, was oder wer sie zornig macht und wie sie ihren Zorn ausdrücken.
  - Denken Sie darüber nach, wann die Kinder trotzig sind und wie sie ihren Trotz ausdrücken. Wird das trotzige Verhalten von aggressivem Verhalten begleitet?
  - Denken Sie darüber nach, welche Bedürfnisse die Kinder aufgrund ihres Temperamentes haben. Kinder mit überschäumendem Temperament brauchen unter Umständen Hilfe, um sich selbst zu regulieren. Leicht reizbare Kinder können vielleicht erst mit nur wenigen Peers gleichzeitig zusammengebracht werden.
  - Beobachten und überdenken Sie mit dem Team und der Familie die verletzenden Verhaltensweisen des Kindes. Fragen Sie, gegen wen das Kind sich aggressiv verhält – gegen die Eltern, Pädagoginnen und / oder Peers? Welche Art von Aggression zeigt das Kind? Erlebt es gesundheitsschädlichen Stress? Welche Ziele versucht das Kind mit Hilfe der Aggression zu erreichen? Welche emotionalen Bedürfnisse hat das Kind? Werden diese Bedürfnisse erfüllt? Helfen Schlagen und andere aggressive Handlungen dem Kind dabei, seine starken Emotionen zu regulieren und sich wieder selbstbestimmt zu fühlen?

Hat das Kind gelernt, dass Aggression eine Möglichkeit ist, um Aufmerksamkeit von Erwachsenen oder Peers zu erhalten? Imitiert das Kind die Erwachsenen in seiner Umwelt? Oder kennt das Kind keine anderen Wege, um seine Probleme zu lösen?

- Wenden Sie Strategien an, die auf der Beziehung zwischen Erwachsenem und Kind basieren:
  - Zeigen Sie Empathie und Wärme, und gehen Sie auf die Kinder ein. Diese sind oft voller Angst über ihre Unfähigkeit, starke Emotionen zu beherrschen. Kinder, die zu extremen Zornausbrüchen neigen, profitieren von mütterlicher Warmherzigkeit (Razza et al., 2012).

- Bauen Sie Vertrauen auf, indem Sie Zeit mit Kleinst- und Kleinkindern allein verbringen. Erlauben Sie den Kleinstkindern, sich an Ihren Körper anzuschmiegen, und erlauben Sie Kleinkindern, an Ihrer Seite zu bleiben, wenn sie es möchten. Sobald sie sich sicher fühlen, werden sie wieder auf und davon sein und ihre Umgebung erforschen. Freuen Sie sich, wenn die Kinder das Bedürfnis haben, zu Ihnen zurückzukehren, um sich emotionalen Trost und Bestärkung zu holen, und sich dann wieder hinauswagen.
- Bereiten Sie das Kind auf die Regeln der Redeübernahme vor, bei der das Kind und seine Gesprächspartner ungefähr gleiche Redeanteile haben. Dadurch helfen Sie dem Kind, sich zu beteiligen, mitzumachen, abwechselndes Spielen zu lernen, sich anerkannt zu fühlen und Zuhören zu lernen.
- Folgen Sie den Vorgaben der Kinder im Spiel, um ihnen zu helfen, sich erfolgreich zu fühlen und motiviert zu sein, weiterzuspielen. Einmischung und Zwang durch den Erwachsenen können zu zornigem, trotzigem und aggressivem Verhalten führen.
- Lassen Sie ein Kind, das zornig oder aggressiv ist, mit einem Kind zusammenspielen, das im Allgemeinen sehr gesellig ist. Bleiben Sie bei ihnen, um die Interaktionen der Peers zu unterstützen.
- Würdigen Sie immer wieder die Gefühle – beachten Sie aktiv mit Augen und Ohren, was das Kind fühlt. Sagen Sie: „Du scheinst traurig zu sein. Was kann ich tun, um dir zu helfen." Oder: „Das hat dich richtig wütend gemacht." Oder: „Anscheinend hast du dir das anders vorgestellt. Deine Hände haben etwas gemacht, was du eigentlich nicht wolltest. Ich weiß, das fühlt sich nicht gut an."
- Bringen Sie den Kindern Wörter für Gefühle und Emotionen bei. Kinder haben das Recht, starke Emotionen zu empfinden. Sie haben das Recht, Wörter zu benutzen, um ihre Gefühle auszudrücken, und sie haben die Freiheit sie auszusprechen. Sie haben das Recht gehört zu werden.

- Arbeiten Sie mit den Kindern daran, die Perspektive ihrer Peers zu erkennen. Helfen Sie ihnen, die Emotionen anderer zu „lesen“.
- Geben Sie Begründungen, warum gewisse Verhaltensweisen von ihnen erwartet werden. Nennen Sie wieder und wieder die Regeln dafür, wie wir einander gut behandeln. Sagen Sie: „Wir sind sanft mit unseren Freunden. Freunde mögen das.“
- Lehren Sie alternative Verhaltensweisen zur Aggression gegen Peers.
- Reduzieren Sie den Stress im Leben der Kinder sowohl in ihrem Zuhause als auch in der Betreuung. Erlauben Sie es den Kindern, in Ihrer Nähe zu bleiben, wenn sie zusätzliche emotionale Unterstützung brauchen. In einigen Zentren werden die Tage, an denen ein Kleinst- oder Kleinkind ausgiebige emotionale Unterstützung braucht, die „Fürsorge für die Seele“-Tage genannt („Care of the Spirit“; Colorado EQ Project, 2017).
- Binden Sie Kinder in prosoziale Aktivitäten ein. Nehmen Sie sie zu Kindern mit, die Kummer haben.
- Erfinden Sie soziale Geschichten, und benutzen Sie dabei den Namen des Kindes. Erzählen Sie die Geschichte aus der Perspektive des Kindes. Benennen und erklären Sie Strategien, die bspw. „Kayla“ benutzte, als sie so wütend war, dass sie am liebsten mit den Füßen aufgestampft hätte. Erfinden Sie einen Teil in der Geschichte, in dem Kayla sich mit einem Kind befreundet, indem sie ihm hilft.
- Greifen Sie sofort ein, wenn sich Zorn in einem Kind aufstaut, und geben Sie den Kindern eine Auswahl an Strategien vor, die sie anwenden könnten: Wörter benutzen, zur Erzieherin gehen, aufstampfen, sich entspannen, einen Ball in einen Korb werfen, oder mit einer weichen Decke, Plüschtieren und Puppen in eine gemütliche Ecke gehen. Begrenzen Sie die Auswahl auf zwei Möglichkeiten bei Kleinkindern. Fügen Sie weitere hinzu, wenn das Kind mehr als zwei Möglichkeiten verarbeiten kann.

- Stoppen Sie Kinder, die aggressiv werden. Sie brauchen jemanden, der ihnen klare Grenzen für ihr Verhalten vorgibt. Stellen Sie den Kindern Verhaltensweisen zur Wahl, um sie zur Selbstregulation anzuregen. Sagen Sie zum Beispiel: „Du bist sehr wütend. Kannst du damit aufhören, Stühle herumzuwerfen, oder brauchst du mich, damit ich dich daran hindere?“, „Ich sehe, du brauchst mich dabei. Ich will dich halten, um dir zu helfen.“.
- Zeigen Sie dem Kind Ihre Zuwendung, indem Sie einschreiten, um es vor gefährlichem Verhalten zu bewahren. Kinder, die ein gefährliches Verhalten an den Tag

legen, sind vielleicht auf der Suche nach jemandem, der sich genügend um sie sorgt, um sie daran zu hindern (Koplow, 1996; Lieberman, 1993).

  - Geben Sie Kindern zehn Mal mehr Aufmerksamkeit für prosoziales Verhalten, als für aggressives Verhalten.
  - Bringen Sie zum Ausdruck, dass Sie sich immer noch um sie sorgen und sie wertschätzen, auch wenn sie sich zornig, trotzig oder aggressiv verhalten.

- Schaffen Sie eine fürsorgliche Gemeinschaft
  - Bieten Sie ein interessantes Umfeld und geben Sie den Kindern Zeit, sich interessante Aktivitäten auszusuchen und diese konzentriert auszuüben.
  - Treiben Sie die Kinder nicht wie Schafe in Gruppen umher. Das erhöht ihren Stresslevel und die Wahrscheinlichkeit, dass es zu Konflikten und Aggressionen kommt.
  - Schaffen Sie gemütliche Ecken, in denen zwei Kinder spielen können, ohne einen ganzen Pulk von Kindern um sich zu haben. Manchmal mögen es Kinder, die leicht aggressiv werden nicht, wenn sie von Peers eng umdrängt werden.
  - Schaffen Sie gemütliche Ecken/Höhlen für ein Kind, zum Beispiel einen Karton, einen kleinen (leeren) Pool mit einer Decke oder eine Box, in die Kinder sich zurückziehen können, wenn sie enttäuscht sind, weil Dinge anders laufen, als sie gedacht haben. Sie sind nicht als „Time-out"-Bereich gedacht. Es ist ein vom Kind gewähltes „Time-in", bei dem sich die Kleinen entspannen und selbstregulieren können.
  - Bieten Sie Aktivitäten an, die Kinder beruhigen, wie zum Beispiel das Spiel mit Sand oder Wasser und Malen. Diese Beschäftigungen beruhigen Kinder und helfen ihnen dabei, sich zu konzentrieren. Geben Sie den Kindern ihre eigenen Eimer mit Sand oder Wasser, aber stellen Sie sie dicht genug zusammen, damit die Kinder sich beobachten und miteinander sprechen können.

- Unterstützen Sie die Familien
  - Diskutieren Sie mit den Familienmitgliedern, was ihrer Meinung nach die Ursache dafür ist, warum das Kind zornig, aggressiv oder trotzig wird. Suchen Sie gemeinsam nach Lösungen für Zuhause und für den Tag in der Kita. Probieren Sie die Lösungen aus und erörtern Sie dann mit den Familien, wie sie funktioniert haben.
  - Berichten Sie, welche Strategien im Rahmen der Betreuung funktionieren, und fragen Sie die Eltern, ob sie meinen, dass diese auch Zuhause funktionieren könnten.
  - Geben Sie emotionale Unterstützung, soziale Unterstützung und Informationen, um strenge und übergriffige Methoden der Eltern zu verhindern oder abzumildern und sichere Bindungen zu fördern. In einer Studie, in der Eltern kurz die Forschungsergebnisse über den Zusammenhang von körperlicher Bestrafung und problematischem Verhalten vorgestellt wurden, änderten die Eltern ihr Haltung im Hinblick auf körperliche Strafen (Holden et al., 2014).
  - Beziehen Sie die Familien mit ein, indem Sie sie ermuntern, sich das Betreuungsprogramm anzusehen.
  - Wenn der Widerstand der Kinder, ihr Zorn und ihr aggressives Verhalten schwerwiegend und anhaltend sind, suchen oder empfehlen Sie Unterstützung von Fachleuten.

Zusammenfassung der Strategien bei zurückgezogenem Verhalten

Die folgenden Strategien können Erwachsene anwenden, um Kindern zu helfen, die schüchtern, vorsichtig, ängstlich, gehemmt, verschlossen, furchtsam sind oder abgelehnt werden.

- Reflektieren, beobachten und dokumentieren
  - Berücksichtigen Sie die kulturellen Faktoren. Rubin (1998) unterstreicht bspw. in seiner Untersuchung zur sozialen und emotionalen Entwicklung aus der Kultur-Perspektive, dass chinesische Mütter Schüchternheit und Gehemmtheit nicht als negativen Wesenszug beurteilen. Wie dagegen aus einer anderen Studie hervorgeht, wollen auch chinesische Eltern nicht, dass ihre Kinder verschlossen und gehemmt sind (Cheah et al., 2004).
  - Berücksichtigen Sie das Temperament, denn es könnte für das Verhalten eine Rolle spielen. Manche Kinder sind zurückhaltender, bevor sie bei einem Spiel mitmachen. Sie müssen genau wissen, was passiert, bevor sie sich auf eine Situation einlassen. Andere Kinder können empfindlicher auf Berührung reagieren und möchten nicht dicht neben anderen Kindern sitzen oder sich in einer Menge aufhalten. Andere fühlen sich von lauten Geräuschen gestört, also versuchen sie, eine ruhige Ecke im Raum zu finden.
  - Achten Sie auf Probleme beim Hören oder eine verzögerte Sprachentwicklung, die zu einem verschlossenen Verhalten beitragen können.
  - Berücksichtigen Sie den Faktor Furcht: Er könnte die Ursache dafür sein, wenn das Kind verschlossen ist oder die Peers aktiv zurückweist. Pädagoginnen können das Kind beobachten und mit der Familie sprechen, um Ursache und Besonderheiten der Furcht herauszufinden.

- Wenden Sie Strategien an, die auf der Beziehung zwischen Erwachsenem und Kind basieren
  - Entwickeln Sie eine starke, positive Beziehung zu dem Kind, da Vertrauen in Erwachsene unabdingbar ist, wenn Kleinst- und Kleinkinder sich sozial sicher fühlen sollen. Helfen Sie Kleinst- und Kleinkindern sich sicher zu fühlen, indem Sie auf ihre körperlichen und emotionalen Bedürfnisse eingehen.
  - Begrüßen Sie morgens jedes Kind herzlich und lassen Sie jedes einzelne Ihre liebevolle Zuneigung fühlen. Wenn es Vertrauen zu der Erzieherin entwickelt hat, kann diese einen Peer mitnehmen, um das Kind zu begrüßen.
  - Informieren Sie die Kinder aller Altersgruppen immer, was als Nächstes im Laufe des Tages geschehen wird. Das hilft, die Ängstlichkeit zu mildern.
  - Seien Sie bereit, ein Kind zu halten und zu umarmen, wenn es Furcht zeigt. Wenn Erwachsene auf Kinder nicht eingehen, aus Angst sie würden sie verziehen, stärkt das nicht die Unabhängigkeit des Kindes. Vielmehr können Kinder, die vom Erzieher zurückgewiesen werden, noch abhängiger und verschlossener werden, da ihre Ängste um die eigene Sicherheit vergrößert werden.
  - Bauen Sie ein Gerüst des sozialen Erfolges für ein verschlossen wirkendes Kind. Wenn ein Kleinst- oder Kleinkind sich in einem Programm an die Erwachsenen klammert, machen Sie es langsam mit den Materialien und Aktivitäten vertraut.

Halten Sie ein Kleinstkind, das sich vor seinen Peers fürchtet, und machen Sie es langsam mit seinen Peers bekannt. Bleiben Sie bei einem Kleinkind und helfen Sie ihm, draußen zu seinen Peers in den Sandkasten zu gehen. Bleiben Sie in der Nähe und helfen Sie dem Kind, mit dem Spiel zu beginnen. Verwenden Sie ermutigende Worte und bleiben Sie geduldig.

- Geben Sie zwei Kindern drinnen die Möglichkeit im Beisein einer Pädagogin zu spielen, während die anderen mit einer anderen Pädagogin draußen spielen.
- **Aber:** Überbehütendes Verhalten kann zur Furchtsamkeit eines Kindes führen. Wie Forschungen gezeigt haben, tragen übervorsichtige Betreuer bei Kleinkindern dazu bei, sich in neuen Situationen überfordert zu fühlen (Hutt et al., 2013). Bieten Sie sichere Risiken an, die auf das Kind zugeschnitten sind. Stützen Sie das Erfolgsgefühl des Kindes durch Aktivitäten, die dem Kind nur ein wenig riskant erscheinen. Eine kleine Rutsche kann zum Beispiel für das furchtsame Kind schon eine Herausforderung sein. Mit Ihrer Unterstützung wird das Kind sich kompetent fühlen, wenn es seine Furcht vor der Rutsche überwunden hat.
- Lehren Sie die Kinder, die zurückgewiesen werden, prosoziale Verhaltensweisen, statt dass Sie nur die Verhaltensweisen unterbinden, die zu der Zurückweisung beigetragen haben (Hay, 2006). Dies ist von entscheidender Bedeutung!
- Errichten Sie ein Gerüst aus sozialem Erfolg für das Kind, das abgewiesen wird. Bieten Sie dem Kind viele Gelegenheiten, Erfolg mit Erwachsenen, Spielzeug und Materialien zu haben. Bauen Sie sein Selbstwertgefühl auf. Weisen Sie andere darauf hin, wenn das Kind etwas Interessantes macht. Geben Sie dem Kind ein neues Spielzeug und fordern Sie es auf, den anderen Kleinkindern und Zweijährigen zu zeigen, wie es funktioniert.

- Schaffen Sie eine fürsorgliche Gemeinschaft
  - Schaffen Sie behagliche Ecken, in die Kinder sich zurückziehen können, wenn sie traurig sind oder allein sein wollen. Stellen Sie eine weitere gemütliche Ecke zur Verfügung, in der genügend Platz für ein Kind mit seinem Freund oder einer Erzieherin ist. Legen Sie Plüschtiere hinein, eine Decke und Bücher, die Kinder beruhigen.
  - Achten Sie bei der Grundversorgung der Kinder darauf, dass immer die gleiche Erzieherin dieselbe Kindergruppe betreut, z.B. ihre Windeln wechselt, sie füttert, hin und her wiegt und tätschelt, bis sie einschlafen. Dies hilft Kindern, Vertrauen in bekannte Erwachsene zu entwickeln und lindert ihre Furcht.

- Unterstützen Sie die Familien
  - Gehemmte Kinder können für Eltern, die sich ein sozial kompetentes Kind wünschen, eine Herausforderung sein. Eltern glauben dann vielleicht, wenn sie Kleinkindern Befehle erteilen oder sie tadeln, würden sie sie dazu ermutigen, mit ihren Peers zu spielen. Geduld, Unterstützung und eine allmähliche Gewöhnung dieser Kleinkinder an ihre Peers zeigen jedoch viel bessere soziale Resultate (Kiel et al., 2016).
  - Helfen Sie den Eltern, „sichere" überschaubare Risikosituationen für ihre furchtsamen Kinder zu schaffen, in denen sie sich beweisen können.
  - Sprechen Sie über das Verhalten mit der Familie des Kindes. Vielleicht ist es das Ziel der Familie, ein Kind zu haben, das ruhig und respektvoll anderen gegenüber ist. Die Eltern werden jedoch kein Kind haben wollen, das sich zurückzieht oder anderen Kindern aktiv aus dem Weg geht. Hören Sie auf den Standpunkt der Fa-

milie und arbeiten Sie mit ihr zusammen, um die soziale Kompetenz des Kindes in einer Weise zu unterstützen, die kulturell relevant ist.

- Ermuntern Sie die Eltern, Verabredungen zum Spielen mit jüngeren Kindern zu treffen, um dem Kind, das abgewiesen wird oder verschlossen ist, eine Gelegenheit zum sozialen Erfolg zu verschaffen.

Zusammenfassung der Strategien bei Kindern, die ein Trauma, Misshandlungen oder Vernachlässigung erlebt haben

- Reflektieren, beobachten, dokumentieren
  - Lassen Sie wie immer zunächst eine umfassende gesundheitliche Untersuchung bei dem Kind durchführen, einschließlich einer Überprüfung des Gehörs.
  - Führen Sie sich vor Augen, dass Kinder in ihrer Entwicklung Rückschritte machen können. Ältere Kleinstkinder, die es vorher liebten, alles zu erkunden, möchten vielleicht jetzt den meisten Teil des Tages auf dem Schoß der Pädagogin sitzen. Kleinkinder, die schon mit dem Löffel gegessen haben, essen jetzt vielleicht mit den Fingern. Zweijährige, die gelernt hatten, zur Toilette zu gehen, nässen vielleicht wieder ein und möchten ihre Windeln wiederhaben. Kinder, die sich morgens leicht von der Familie verabschiedet haben, weinen und schreien, wenn ein Elternteil gehen muss.
  - Dokumentieren Sie Verhaltensweisen, die möglicherweise auf ein Trauma hindeuten, einschließlich Kindesmisshandlung und Vernachlässigung. Halten Sie schriftlich fest, wenn Sie ungewöhnliche Flecken oder Wunden an dem Kind entdecken. Dokumentieren Sie verwirrtes, aggressives oder verschlossenes Verhalten des Kindes.
- Wenden Sie Strategien an, die auf der Beziehung zwischen Erwachsenem und Kind basieren
  - Am wichtigsten ist es, Empathie für das Erlebnis des Kindes zu zeigen. Fragen Sie sich: „Wie muss das für dieses Kind sein?“ und „Kann das Kind vorhersehen, was in seinem Leben geschehen wird?“.

Die Rechtslage in der Bundesrepublik (Stand 2019): Für Fachkräfte in der Jugendhilfe (und damit auch in der Kita, aber z.B. auch der OGS, der Schulsozialarbeit) gilt § 8a Abs. 4 SGB VIII. Diese Regelung sieht vor, dass bei einem Verdacht auf eine Kindeswohlgefährdung (z.B. Misshandlung, Vernachlässigung, Missbrauch) zunächst das Gefährdungsrisiko von der Einrichtung selbst einzuschätzen ist, und zwar unter Hinzuziehung einer insoweit erfahrenen Fachkraft. Regelmäßig wird das auch zusammen mit den Eltern und dem Kind gemacht, dies allerdings nicht, sofern dadurch der Schutz des Kindes infrage gestellt wird. Wenn sich bestätigt, dass es eine Gefährdung gibt, wird zunächst versucht, bei den Eltern dafür zu werben, eine Hilfe anzunehmen, damit dadurch die Gefahr abgewendet werden kann. Hier sind verschiedenste Hilfen denkbar – von einer ambulanten (oder auch einer teilstationären oder stationären) Jugendhilfe-Leistung bis hin zu Leistungen des Gesundheitssystems (für das Kind oder für die Eltern, z.B. eine Suchtbehandlung). Wenn die Eltern die Hilfe ablehnen, sie abbrechen oder sie nicht ausreicht, um die Gefahr abzuwenden, dann wird das Jugendamt informiert. Zudem ist das Jugendamt zu informieren, wenn eine ganz dringliche Gefahr für das Kind besteht oder der Kontakt abgebrochen wird. Eine Meldepflicht an die Strafverfolgungsbehörden (die es in den meisten Ländern gibt) besteht in Deutschland nicht.

Die Praxis zeigt übrigens, dass viele der Jugendhilfe-Fachkräfte dieses gesetzlich vorgegebene Verfahren gar nicht durchführen, sondern lieber sofort das Jugendamt informieren, wenn sie einen Verdacht auf Kindeswohlgefährdung haben. Das ist aber nicht nur datenschutzrechtlich problematisch, vielmehr bleiben dadurch gute Möglichkeiten für einen gelingenden Kinderschutz ungenutzt, denn die Jugendhilfe-Fachkräfte können die Eltern oft viel besser zu positiven Veränderungen motivieren als das Jugendamt, das die Familie noch gar nicht kennt. [5]

[5] Der Verlag dankt Prof. Dr. Brigitta Goldberg von der Evangelischen Hochschule Rheinland-Westfalen-Lippe in Bochum für diese Informationen.

- Sorgen Sie für Schutz und Zuneigung für die Kinder, die ein Trauma erlebt haben. Seien Sie einfühlsam bei körperlicher Berührung. Manche Kinder werden sich nicht von Ihnen umarmen lassen, aber sie setzen sich vielleicht neben Sie. Lassen Sie die Kinder wissen, dass sie bei Ihnen und in Ihrer Einrichtung sicher sind. Sprechen Sie sanft und tröstend mit ihnen. Seien Sie ein emotional sicherer Hafen für die Kinder und ihre Familien. Seien Sie geduldig, sanft und liebevoll.
- Setzen Sie Grenzen für jene Kinder, die Erwachsene auf die Probe stellen, um zu sehen, ob diese sich genügend um sie sorgen um ihr gefährliches Verhalten zu stoppen. Sagen Sie: „Klettere nicht auf den Bücherschrank. Der Bücherschrank kann umfallen. Ich möchte dich beschützen."
- Kinder, die ein Trauma erlebt haben, können zornige und aggressive Gedanken gegenüber Erwachsenen und Peers hegen. Diese Kinder brauchen von den Erwachsenen das genaue Gegenteil, also nicht noch mehr Aggression und Zorn, was den Zyklus der negativen Interaktionen weiterführen würde.

- Schaffen Sie eine fürsorgliche Gemeinschaft
  - Verwenden Sie Strategien, die ein vorhersagbares Umfeld schaffen. Wenn ein Kind zum Beispiel gerne malt, stellen Sie ihm jeden Tag Farbe zur Verfügung, damit es jederzeit die Möglichkeit hat zu malen, wenn es dies braucht.
  - Sorgen Sie für zuverlässige Routinen. Lassen Sie zum Beispiel alle Kleinkinder und die Zweijährigen sich nach dem Essen die Hände waschen, ein Buch aussuchen und zu ihren Betten gehen, wo ihre Decken und ihr Schmusespielzeug auf sie warten. Eine Erzieherin kann sich zwischen zwei Kinder setzen und ihnen leicht den Rücken beklopfen (wenn sie das beruhigt) und ihnen dabei leise etwas vorsingen.
  - Schaffen Sie Ecken in einem Raum, in dem ein Kleinkind mit einer Erzieherin allein sein kann oder mit einem anderen Kleinkind.
  - Fördern Sie das Spiel mit Kunstmaterialien, Sand und Wasser. Geben Sie jedoch dem traumatisierten Kind sein eigenes Material, einen Eimer mit Sand oder Wasser und einen eigenen Platz. Setzen Sie es dicht neben die anderen.
  - Sorgen Sie für Kontinuität in der Betreuung, indem eine Erzieherin, der das Kind vertraut und die es liebt, mit dem Kind (und einer Gruppe von Peers) in einen neuen Raum wechselt, wenn es größer wird. Arbeiten Sie daran, sichere Bindungsbeziehungen zwischen Erwachsenem, Kind und seinen Peers aufrechtzuerhalten.

- Unterstützen Sie die Familien
  - Halten Sie einen ständigen Informationsfluss zur Familie aufrecht. Sprechen Sie mit den Familien, wenn es widersprüchliche Ansichten zwischen den Betreuern und den Familien gibt.
  - Arbeiten Sie eng mit Pflege- oder Adoptiveltern von Kindern zusammen, die misshandelt wurden, damit sie die Auswirkungen eines Traumas auf das Kind verstehen, und helfen sie ihnen, die vereinbarten Strategien einzusetzen.
  - Arbeiten Sie ggf. bei der Beurteilung und den Interventionsstrategien interdisziplinär mit anderen Fachleuten, sowie mit den Kindern, Familien und Erzieherinnen Ihrer Einrichtung zusammen.
  - Stellen Sie den Familien Lesematerial zur Verfügung (s. Literaturtipps auf Seite 217ff.).

Anhang

Vollständiges Verhaltensrepertoire der Peers (Geburt bis 3 Jahre)

0–4 Monate

- Kleinstkinder schauen einander gern an.
- Ab 3 bis 4 Monaten lächeln Kleinstkinder andere Kleinstkinder an.
- Ein 3 Monate altes Kleinstkind, das auf dem Rücken liegt, streckt sich aus, um einen Peer neben sich zu berühren.

4–8 Monate

- Kleinstkinder lieben es, einander anzusehen, sich anzunähern und eine Interaktion zu beginnen (Selby / Bradley, 2003).
- Kleinstkinder gurren, lächeln und lachen einander an (Porter, 2003).
- Mit 5 Monaten können Kleinstkinder einen lautlichen Ausdruck (positiv oder negativ) den passenden Gesichtsausdrücken anderer Kleinstkinder zuordnen (wobei in der Studie zwei Gesichtsausdrücke nebeneinander auf einem Video gezeigt wurden). Kleinstkinder schauen länger auf den passenden Gesichtsausdruck, der zu der Stimme passt (Vaillant-Molina, Bahrick, Flom, 2013).
- Kleinstkinder zeigen schon mit 6 Monaten mehr Interesse an fremden Peers, als an fremden Erwachsenen (Brooks / Lewis, 1976).
- 6 Monate alte Kinder reagieren aufgeregter auf Fotos von 6 Monate alten Kindern als auf Fotos von 9 bis 12 Monate alten (Sanefuji, Ohgami, Hashiya, 2006).
- 5 und 10 Monate alte Kinder können soziale Urteile fällen, indem sie eine helfende Handpuppe einer Handpuppe, die sich antisozial verhalten hat, vorziehen (Hamlin / Wynn, 2011).
- 6 und 10 Monate alte Kleinstkinder betrachten die Handlungen einer Person anderen gegenüber und bewerten diese Person als ansprechend oder aversiv; Kleinstkinder ziehen eine Person, die anderen hilft, einer Person vor, die andere behindert, ziehen eine hilfsbereite Person einer neutralen vor, und ziehen eine neutrale Person einer Person vor, die andere behindert. Diese Ergebnisse beweisen, dass präverbale Kleinstkinder Personen aufgrund ihres Verhaltens anderen gegenüber beurteilen (Hamlin, Wynn, Bloom, 2007).
- Kleinkinder können unter Einsatz ihres ganzen Körpers mit ihren Peers interagieren: sich an sie heranrollen, über sie hinwegkrabbeln, an ihnen lecken oder nuckeln oder sich auf sie setzen.
- 7 Monate alte Kinder unterscheiden zwischen einem zornigen und einem ängstlichen Gesichtsausdruck und reagieren stärker auf den zornigen (Kobiella, Grossmann, Reid, Striano, 2008).
- Die Vorläufer zu aggressivem Verhalten können bei 6 Monate alten Kindern beobachtet werden (Hay et al., 2014).

8–12 Monate

- Kleinstkinder berühren sich gern gegenseitig und krabbeln umeinander herum und nebeneinander her.
- Kleinstkinder können fröhlich miteinander lachen.

- 9 Monate alte Kinder ziehen es vor, Fotos und Filme von Babys ihres eigenen Alters zu betrachten (Sanefuji, Ohgami, Hashiya, 2006).
- 10 bis 12 Monate alte Kinder ziehen es vor, andere Kleinstkinder ihres eigenen Geschlechts zu betrachten (Kujawski / Bower, 1993).
- Das „Kuckuck-Spiel" ist ein Lieblingsspiel in diesem Alter, muss aber möglicherweise von einem Erwachsenen begonnen werden.
- Wenn ein Kleinstkind mit einem einzelnen anderen Kleinstkind zusammengesetzt wird, ergeben sich häufiger komplexe und intensive Interaktionen mit dem Peer, als wenn ein Kleinstkind mit vielen Peers zusammensitzt.
- Kleinstkinder können die Ziele eines anderen verstehen und benutzen diese Erkenntnis, um ihr eigenes Verhalten zu steuern (Brownell, Ramani, Zerwas, 2006).
- Kinder fangen an, auf sehr unterschiedliche Arten zu kommunizieren: mit beschwichtigenden, drohenden, aggressiven Handlungen, mit Gesten der Furcht und des Rückzugs, mit Handlungen, die Isolation zur Folge haben (Pines, 1984).
- Bei den Einjährigen steigt die Zahl der Handlungen, die auf Peers ausgerichtet sind, dramatisch an. Daraus lässt sich schließen, dass Kleinkinder differenzierte soziale Wesen sind (Kawakami / Takai-Kawakami, 2015).
- 8 Monate alte Kleinstkinder beginnen gezielt, Persönlichkeiten zu bevorzugen, die positiv auf prosoziale Menschen eingehen, und Persönlichkeiten, die abweisend auf antisoziale Menschen reagieren (Hamlin, Wynn, Bloom, Mahajan, 2011).
- Es gibt Hinweise auf Empathie bei Babys: empathische Besorgnis und prosoziales Verhalten im ersten Lebensjahr gegenüber Peers (Liddle, Bradley, Mcgrath, 2015).
- 10 bis 20 Prozent der Kinder im Alter von 8 und 10 Monaten zeigen sich besorgt, wenn ihre Mütter verzweifelt sind; sie zeigen ihre Besorgnis stimmlich, durch Gesten und durch einen besorgten Gesichtsausdruck (Roth-Hanania, Davidov, Zahn-Waxler, 2011).
- Kinder im Alter von 8 bis 12 Monaten versuchen andere verzweifelte Babys zu trösten. Sie lächeln, machen Geräusche, winken, strampeln und schwingen die Beine hin und her und schütteln ihren Kopf von einer Seite zur anderen in Richtung auf das andere Kleinstkind, das weint (Liddle, Bradley, Mcgrath, 2015).
- Ältere Kleinstkinder zeigen Erwachsenen und Peers ihre Zuneigung (McMullen et al., 2009).
- 9 Monate alte Kinder blicken Erwachsene an, damit diese anderen Kleinstkindern in Not helfen (Köster, Ohmer, Nguyen, Kärtner, 2016).
- 9 und 14 Monate alte Kinder können soziale Urteile fällen – Kleinstkinder ziehen Personen vor, die ein prosoziales Gegenüber gut behandeln und ein unsoziales schlecht (Hamlin, Mahajan, Liberman, Wynn, 2013).
- Wenn Kleinstkinder sitzen, stupsen sie ein anderes Baby manchmal an, schubsen oder tätscheln es, um zu sehen, was das andere Kind dann macht. Oft sind sie sehr überrascht über die Reaktion, die sie erhalten.
- Es kommt zu Konflikten, weil Kleinstkinder den Drang haben, ihre Umgebung zu erkunden, weil Aktivitäten unterbrochen werden und Bedürfnisse erwachen (Licht, Simoni, Perrig-Chiello, 2008).
- Da Kleinstkinder in diesem Alter zielgerichteter sind als in den vorangegangenen Monaten, stoßen sie manchmal die Hand eines anderen Kleinstkindes von einem Spiel-

zeug weg oder krabbeln über ein anderes Baby hinweg, um sich ein Spielzeug zu holen.

12–18 Monate

- Im Alter zwischen 12 und 42 Monaten kommt es zu einem Anwachsen von Aggression (Alink et al., 2006; Tremblay, 2004).
- Kleinkinder berühren manchmal den Gegenstand, den ein Peer hält. Das kann eine positive Aufforderung und die Fähigkeit sein, eine zwischenmenschliche Beziehung aufzunehmen (Eckerman, Whatley, McGehee, 1979).
- Kleinkinder zeigen oder geben einem anderen Kind ein Spielzeug (Porter, 2003).
- Kleinkinder zeigen auf ein Spielzeug und lenken ihre Aufmerksamkeit gleichzeitig mit einem anderen Kind auf diesen Gegenstand (Shin, 2012).
- Die Fähigkeit der Kleinkinder, sich im Alter von 12 Monaten gemeinsam mit Peers auf etwas zu konzentrieren, erlaubt eine Vorhersage über ihre soziale Kompetenz im Alter von 30 Monaten (Van Hecke et al., 2007).
- Kleinkinder fordern andere Kleinkinder zum Spielen auf (Porter, 2003).
- Es werden Handlungen mit der Absicht durchgeführt, ein Ziel zu erreichen; die Ziele können sich jedoch von einem Augenblick auf den anderen ändern (Jennings, 2004).
- Kleinkinder kommunizieren unter Einsatz ihres Körpers (Løkken, 2000; Porter, 2003), schweigend und durch Bewegung (Kultti, 2015).
- Kinder kommunizieren auf sehr unterschiedliche Arten: mit beschwichtigenden, drohenden, aggressiven Handlungen, mit Gesten der Furcht und des Rückzugs, mit Handlungen, die Isolation zur Folge haben (Pines, 1984).
- Kleinstkinder haben mindestens zwölf Themen in ihrem Spiel gemeinsam; sie können durch Ausdrücken eines positiven Gefühls anzeigen, dass etwas für sie dieselbe Bedeutung hat. Kinder benutzen das Lachen um zu zeigen, dass sie die Handlungen des anderen verstehen. Sie ermuntern sich gegenseitig dazu, ihre Vorführungen zu wiederholen, indem sie lachen und / oder lächeln (Brenner / Mueller, 1982).
- Kleinkinder sind in diesem Alter kleine Forscher und experimentieren damit, wie die Dinge funktionieren. Das hat Auswirkungen darauf, wie sie mit ihren Peers auskommen. Sie machen ständig etwas mit anderen Kindern, um zu sehen, welche Reaktion sie erhalten.
- Kleinkinder machen einander in diesem Stadium nach; zum Beispiel produzieren sie während der Mahlzeit bei Tisch eine fröhliche Sinfonie mit den Löffeln, die sie auf den Tisch schlagen. Durch das Nachahmen kommunizieren sie miteinander (Trevarthen / Aitken, 2001).
- Zwischen 14 und 18 Monaten ahmen Kinder dreiteilige Sequenzen nach und imitieren Peers besser als Erwachsene (Ryalls, Gul, Ryalls, 2000: Zmyj, Aschersleben, Prinz, Daum, 2012).
- Kinder zwischen 14 und 18 Monaten können sowohl fünf Minuten als auch 48 Stunden, nachdem sie ihre Peers beobachtet haben, deren Handlungen nachahmen (den Peers waren bestimmte Handlungen mit Spielzeug beigebracht worden) (Hanna / Meltzoff, 1993).
- Zwischen 13 und 15 Monaten beteiligen sich 27 Prozent der Kinder an komplementärem und wechselseitigem Spiel – die Kinder zeigen Rollenumkehrungen bei sozialen,

bewegungsbetonten Spielen, wie Rennen und Jagen und „Kuckuck Spielen“ (Howes / Matheson, 1992).

- Zwischen 16 und 18 Monaten beteiligen sich 50 Prozent der Kinder an komplementären und wechselseitigen Spielen (Rennen, Jagen, Kuckuck) und 5 Prozent beginnen mit kooperativen sozialen „so tun, als ob“-Spielen – Kinder stellen komplementäre Rollen in einem sozialen Rollenspiel dar (Howes / Matheson, 1992).
- Kleinkinder lieben es, sich in losen Gruppen gemeinsam Bücher anzusehen (d.h. sie kommen dazu und gehen nach Belieben wieder fort). Sie lehnen sich an die Lieblingserzieherin oder einen Elternteil an, sitzen auf ihrem Schoß oder in ihren Armen.
- Kleinkinder lieben Sand und Wasser und das Spiel mit unterschiedlich großen Flaschen und Bällen. Wenn jeder seinen eigenen Eimer oder Behälter hat, verläuft das Spiel ungestörter.
- Das prosoziale Verhalten ist gegenwärtig. Kleinkinder heben einen Gegenstand wieder auf, den ein Erwachsener beim Experimentieren aus Versehen fallengelassen hat, und der nun außerhalb seiner Reichweite ist (Warneken / Tomasello, 2007).
- Kinder zwischen 12 und 18 Monaten geben ihren Eltern Spielzeug, wenn sie aufgefordert oder durch Lob darin bestärkt werden (Parke et al., 2010).
- Kinder zwischen 12 und 18 Monaten warnen spontan einen Erwachsenen, indem sie auf einen verborgen im Weg liegenden hinderlichen Gegenstand zeigen. Forschungen zeigen, dass Kleinstkinder spontan eingreifen, um anderen dabei zu helfen, ein Problem zu vermeiden, bevor es auftritt (Knudsen / Liszkowski, 2013).
- Wenn sie entscheiden, was sie essen, beziehen 16 Monate alte Kinder die emotionalen Reaktionen, die von neuartigen und zuvor prosozialen Quellen gezeigt worden waren, mit ein, nicht aber die von antisozialen (Hamlin / Wynn, 2012).
- Die Vorliebe für ein anderes Kind kann mit ungefähr 12 Monaten einsetzen (Howes, 2000).
- Befreundete Kleinkinder zeigen eine starke Präferenz füreinander und haben eine fürsorgliche, affektive, verspielte und humorvolle Beziehung miteinander (Shin, 2010).
- Befreundete Kleinkinder suchen die Nähe, wollen eng beieinander sein und ihre Zuneigung zeigen, durch Lächeln, Lachen und Umarmen (Whaley / Rubenstein, 1994).
- Kleinkinder berühren vielleicht einen Gegenstand, den ein Peer hält. Das kann eine positive Aufforderung und ein Zeichen für interaktive Fähigkeiten sein (Eckerman, Whatley, McGehee, 1979). Es kann jedoch auch zu Konflikten führen.
- Junge Kleinkinder sind in Bewegung. In 6 Stunden machen Kleinkinder ungefähr 14.000 Schritte, gehen über 46 Fußballplätze und fallen 100-mal hin (Adolph et al., 2012), da sie erst noch lernen müssen, das Gleichgewicht zu halten und ihren Körper beim Gehen zu beherrschen. Dabei können sie einen Konflikt verursachen, wenn sie in andere Kinder hineinlaufen oder hineinfallen.
- Es kommt zu Konflikten, wenn Kleinkinder, die alles erforschen wollen, in ihren Aktivitäten unterbrochen werden (Licht, Simoni, Perrig-Chiello, 2008).
- Es kann zum Beißen kommen, wenn Kleinkinder andere beißen, „um zu sehen, was passiert“, um das Spielzeug zu bekommen, das sie haben wollen oder um Frustration auszudrücken. Auf der Schwelle zur guten Kommunikation stehend, kommunizieren sie mit ihrem Mund in Form eines Bisses.

18 bis 24 Monate

- Zwischen 19 und 23 Monaten spielen 56 Prozent der Kinder komplementäre und wechselseitige Spiele und 6 Prozent nehmen an kooperativen sozialen Rollenspielen teil (Howes / Matheson, 1992).
- Kleinkinder können kinästhetische Kleinkind-Gespräche führen, während sie einem Anführer folgen, im Raum umhergehen – in die Gruppe hinein- und wieder herausgehen, sich abwechseln als Anführer und Hinterherläufer – als seien sie in einem Gespräch mit Zuhören und Reden, und sie lernen dabei die wertvolle Funktion des Sprecherwechsels (Løkken, 2000a, 2000b).
- Kleinkinder können sich versammeln, sich zusammenscharen und zusammendrängen. Wenn eine Erzieherin mit einem Kind eine interessante Aktivität anfängt, kommen die anderen oft aus allen Ecken des Raumes angerannt.
- Kleinkinder können zusammenarbeiten und mit Bauklötzen bauen – einer kann zum Beispiel der Anführer sein, und die anderen folgen ihm (Porter, 2003).
- Kinder beginnen erst in diesem Stadium zu verstehen, dass die Vorlieben anderer sich von ihren eigenen unterscheiden können („Theory of mind"), und sie lernen, die Sichtweise einer anderen Person einzunehmen.
- Kleinkinder können zusammen auf ein gemeinsames Ziel hinarbeiten.
- Kleinkinder bevorzugen prosoziale Charaktere in einem Cartoon, was auf ihre Bevorzugung von Prosozialität hinweist (Scola, Holvoet, Arciszewski, Picard, 2015).
- Im Alter von 18 bis 30 Monaten helfen Kindern Peers, die Hilfe benötigen (Hepach, Kante, Tomasello, 2016).
- Kleinkinder zeigen drei Arten von Empathie – proximale, altruistische und selbst-korrigierende (Quann / Wein, 2006).
- 18 Monate alte Kinder helfen Erwachsenen, ganz gleich ob der Erwachsene, der die Hilfe empfängt, anwesend ist oder nicht (Hepach, Haberi, Lambert, Tomasello, 2017)
- Die meisten Kleinkinder zeigen sich anderen gegenüber, die Kummer haben, freundlich. Sie gehen aber vielleicht davon aus, dass das, was sie selbst trösten könnte, auch für das bekümmerte Kind tröstlich sein würde. Das Kind bietet also dem verletzten oder traurigen Kind seine Decke oder sein Fläschchen an (Zahn-Waxler, Radke-Yarrow, King, 1979).
- Einige Kleinkinder sind fähig, anderen, die verletzt oder traurig sind, Hilfe anzubieten. Einige von ihnen weisen ein eindrucksvolles Repertoire an altruistischen Verhaltensweisen auf; wenn also die eine Sache nicht funktioniert, probieren sie etwas anderes (Zahn-Waxler, Radke Yarrow, King, 1979).
- „Zwischen 18 und 24 Monaten wird das Teilen von Ressourcen mit Übernahme der Perspektive anderer häufiger, spontaner und autonom, und der Empfänger muss dabei weniger unterstützen und weniger dazu auffordern" (Brownell, Iesue, Nichols, Svetlova, 2013).
- Im Alter von 18 bis 24 Monaten teilen Kinder die Ressourcen gleichmäßig auf. „Diese Ergebnisse lassen vermuten, dass Kinder nicht selbstsüchtig sind, sondern vielmehr großzügig mit den Ressourcen umgehen, wenn sie diese untereinander verteilen" (Ulber, Hamann, Tomasello, 2015).
- Befreundete Kinder berühren sich, lehnen sich aneinander an und lächeln sich eher zu, als Kinder, die nicht befreundet sind.

- Freunde ziehen sich gegenseitig als Partner für Interaktionen vor (Whaley / Rubenstein, 1994).
- Begehrenswerte Spielzeuge können zu Konflikten führen. Wenn nur eines davon vorhanden ist, wird mehr als nur ein Kind damit spielen wollen. Es ist schwer für Kleinkinder zu warten, bis sie an der Reihe sind.
- Kleinkinder fangen an, *„meins"* und *„deins"* zu sagen. Kinder, die zwischen 18 und 24 Monaten anfangen, *„meins"* zu sagen, sagen mit größerer Wahrscheinlichkeit *„deins"* und teilen mit anderen im Alter von 24 Monaten (Hay, 2006).
- Kleinkinder sind noch dabei, den Unterschied zwischen den Wörtern und Begriffen wie *„sich abwechseln"*, *„Eigentum"*, *„Besitz"*, *„teilen"* und *„geben"* zu lernen.
- Es kann zu Stoßen, Schubsen, Wegnehmen und Schlagen kommen, solange Kinder sich noch mit dem Verstehen der Aussagen „meins, so lange ich es haben will" und „deins, aber ich will es auch haben" abmühen.
- Kleinkinder können eher Konflikte aufgrund kleiner Spielzeuge haben, als wegen großer, unbeweglicher Gegenstände (DeStefano / Mueller, 1982).
- In diesem Alter können Kinder sich mit aller Kraft widersetzen, wenn ein anderes Kind versucht, ihm ein Spielzeug wegzunehmen.
- Kinder können sich äußerst konzentriert damit beschäftigen, eine Aufgabe zu Ende zu bringen, wie zum Beispiel Formen in einen Behälter zu stecken oder Ringe auf einem Spielzeug zu stapeln. Sie protestieren unter Umständen, wenn sie unterbrochen werden.
- Konflikte können eine positive Rolle in der Entwicklung des Zusammenseins mit Peers spielen, da Kinder lernen, dass andere Personen Ideen haben, die sich von ihren eigenen unterscheiden, und dass man deshalb verhandeln muss (Chen, Fein, Killen, Hak-Ping, 2001; Eckerman / Peterman, 2001; Shantz, 1987).

24–36 Monate

- Ältere Kleinkinder teilen übereinstimmende Bedeutungen; ihnen ist zum Beispiel klar, dass unterschiedliche Arten des Schlagens für sie unterschiedliche Bedeutungen haben (Brownlee / Bakerman, 1981).
- Ältere Kleinkinder werden zu echten Sozialpartnern. Die Mehrzahl der in der Studie 27 Monate alten Kinder konnte kooperieren, um eine Aufgabe zu erledigen (Brownell, Ramani, Zerwas, 2006).
- Zwischen 24 und 36 Monaten werden Kinder positiver und weniger negativ in ihrem sozialen Spiel (Chen et al., 2001).
- Ältere Kleinkinder verwenden eine Vielzahl von Wörtern für eine Vielzahl von Funktionen, um zum Beispiel etwas zu beschreiben, Unterschiede zu erklären, das Zusammengehörigkeitsgefühl in einer sozialen Gruppe zu fördern und ein Skript für ein Rollenspiel zu entwickeln (Forman / Hall, 2005b).
- Ältere Kleinkinder leiten andere Kinder an, mithilfe von Vorsagen, Zeigen und affektiven Signalen in Bezug auf ein Ziel (Eckerman / Peterman, 2001).
- Ältere Kleinkinder können sich prosozial verhalten: Sie trösten andere Kinder mit Tätscheln, Umarmungen und Küsschen, sie versuchen, die Ursache für den Kummer des anderen zu beseitigen, sie schützen oder warnen ein anderes Kind, oder sie schlagen Lösungen für Probleme des Peers vor (Murphy, 1936).

- Ab dem Alter von 2 Jahren teilen Kinder freiwillig wertvolle Ressourcen, selbst mit fremden Personen, solange es für sie keinen Verzicht bedeutet. Wichtig ist dabei aber, dass der Empfänger seinen Wunsch zum Ausdruck bringt (Brownell, Svetlova, Nichols, 2009).
- Ältere Kleinkinder sind intrinsisch motiviert, anderen zu helfen (Hepach, Vaish, Tomasello, 2012) und werden nicht durch extrinsische Belohnungen motiviert (Warneken / Tomasello, 2008). Lob für diese intrinsische Motivation wird aber vermutlich prosoziales Verhalten fördern (Warneken / Tomasello, 2008).
- Ältere Kleinkinder beginnen, Fairness zu verstehen (Geraci / Surian, 2011).
- Ältere Kleinkinder können prosozial sein, auch wenn ihre erwachsenen Partner es nicht sind (Sebastián-Enesco, Hernández-Lloreda, Colmenares, 2013).
- Ältere Kleinkinder können auch die Rolle des Betreuers einnehmen, nicht immer nur die des zu Betreuenden (Kawakami / Takai-Kawakami, 2015).
- In einem Raum mit gemischten Altersgruppen betreuen Zweijährige die Kleinstkinder sanft und respektvoll (McGaha, Cummings, Lippard, Dallas, 2011).
- Es gibt sechs Dimensionen in den Freundschaften zwischen Zweijährigen: Helfen, Vertraulichkeit, Loyalität, Teilen, Ähnlichkeit und rituelles Handeln (Whaley / Rubenstein, 1994).
- Kinder können Fröhlichkeit ausdrücken – sie lachen, zeigen Freude und Ausgelassenheit miteinander (Løkken, 2000a, 2000b).
- In einer von Pädagoginnen geführten Fördergruppe, in der Bücher mit Geschichten verwendet wurden, um Kinder über Emotionen zu unterrichten, zeigten die Zwei- bis Dreijährigen, dass ihr emotionales Verstehen größer wurde (Grazzani, Ornaghi, Agliati, Brazzelli, 2016).
- Es gibt einen engen Zusammenhang zwischen dem Verstehen von Emotionen im Alter von 3 Jahren und prosozialem Verhalten im Alter von 4 Jahren (Ensor, Spencer, Hughes, 2011).
- Viele ältere Kleinkinder verstehen jetzt den Unterschied zwischen *„Eigentum“* und *„Besitz“* (Fasig, 2000); es ist jedoch immer noch schwer für sie, ihr Verlangen zu beherrschen, mit einem begehrten Spielzeug spielen zu wollen, das gerade im Besitz eines anderen Kindes ist.
- 24 bis 30 Monate alte Kinder verstehen den Begriff *„Eigentum“*. Sie sagen *„meins“* bei Gegenständen, die ihnen gehören, und *„deins“* bei Gegenständen, die anderen gehören (Ross, Friedman, Field, 2015).
- Es kommt zu weniger Konflikten in Bezug auf Gegenstände (Chen, 2001).
- Kinder wenden viele Strategien in Konflikten an (Hay, 2006). Sie können beharrlich sein, begründen, alternative Vorschläge machen, Kompromisse schließen, ignorieren, Erklärungen verlangen oder körperliche Kraft anwenden (Chenn, 2001). Sie heben die Stimme, sprechen schneller und betonen bestimmte Aspekte (Brenneis / Lein, 1977).
- Es kann zu Dominanz eines Kindes über ein anderes kommen (Hawley / Little, 1999).
- Beißen tritt aus unterschiedlichen Gründen auf, vor allem, weil Kinder lernen, „ihre Wörter zu benutzen“ und die Sichtweise einer anderen Person einzunehmen (Wittmer / Petersen, 2017).

- Kinder, die aggressiv sind, brauchen Unterstützung, um sich sicher zu fühlen und alternative Strategien zu lernen, und sie müssen, falls nötig, schnellstmöglich Zugang zu früher Intervention oder psychologischer Unterstützung erhalten.
- Bei Kleinkindern mit einem hohen Risikofaktor und aggressivem Verhalten besteht die Gefahr schlechter akademischer Leistungen im Schulalter (Brennan, Shaw, Dishion, Wilson, 2012).

Literatur- und Quellenverzeichnis

Adolph, Karen, et al. 2012. How Do You Learn to Walk? Thousands of Steps and Dozens of Falls Per Day. Psychological Science 23(11): 1387–1394.

Ainsworth, Mary, Mary Blehar, Everett Waters, and Sally Wall. 1978. Patterns of Attachment: A Psychological Study of the Strange Situation. Hillsdale, NJ: Erlbaum.

Alink, Lenneke, et al. 2006. The Early Childhood Aggression Curve: Development of Physical Aggression in 10- to 50-Month-Old Children. Child Development 77(4): 954–966.

Astington, Janet, and Margaret Edward. 2010. The Development of Theory of Mind in Early Childhood. In Encyclopedia on Early Childhood Development [online]. Montréal, QC: Centre of Excellence for Early Childhood Development and the Strategic Knowledge Cluster on Early Child Development. http://www.child-encyclopedia.com/social-cognition/according-experts/development-theory-mind-early-childhood

Baillargeon, Raymond, Gregory Sward, Kate Keenan, and Guanqiong Cao. 2011. Opposition-Defiance in the Second Year of Life: A Population-Based Cohort Study. Infancy 16(4): 418–434.

Baillargeon, Raymond, et al. 2007. Gender Differences in Physical Aggression: A Prospective Population-Based Survey of Children Before and After Two Years of Age. Developmental Psychology 43(1): 13–26.

Bandura, Albert. 1989. Social Cognitive Theory. In Annals of Child Development, Volume 6. Greenwich, CT: JAI Press. *(Deutsch: Sozial-kognitive Lerntheorie, 1991)*

Bayer, Cherie, Kimberlee Whaley, and Stephen May. 1995. Strategic Assistance in Toddler Disputes II: Sequences and Patterns of Teachers' Message Strategies. Early Education and Development 6(4): 406–432.

Belacchi, Carmen, and Eleonora Farina. 2012. Feeling and Thinking of Others: Affective and Cognitive Empathy and Emotion Comprehension in Prosocial/Hostile Preschoolers. Aggressive Behavior 38(2): 150–165.

Benzies, Karen, Leslie Anne Keown, and Joyce Magill-Evans. 2009. Immediate and Sustained Effects of Parenting on Physical Aggression in Canadian Children Aged 6 Years and Younger. Canadian Journal of Psychiatry 54(1): 55–64.

Bernard, Kristen, E. B. Meade, and Mary Dozier. 2013. Parental Synchrony and Nurturance as Targets in an Attachment-Based Intervention: Building upon Mary Ainsworth's Insights about Mother-Infant Interaction. Attachment and Human Development 15(5): 507–523.

Blandon, Alysia, and Meghan Scrimgeour. 2015. Child, Parenting, and Situational Characteristics Associated with Toddlers' Prosocial Behaviour. Infant and Child Development 24(6): 643–660. Bowlby, John. 1988. A Secure Base: Parent-Child Attachment and Healthy Human Development. New York: Basic Books.

Bowlby, John. 1988. A Secure Base: Paent-Child Attachment and Healthy Human Deveopment. New York: Basic Books. *(Deutsch: Bindung als sichere Basis: Grundlagen und Anwendung der Bindungstheorie. 2018, 4. Auflage. München: Ernst Reinhardt.)*

Bradley, Benjamin S., and Jane Selby. 2004. Observing Infants in Groups: The Clan Revisited. Infant Observation 7(2–3): 107–122.

Bradley, Benjamin S., and Michael Smithson. 2017. Groupness in Preverbal Infants: Proof of Concept. Frontiers in Psychology 8: 385. https://www.ncbi.nlm.nih.gov/pmc/articles/ PMC5352679/

Brennan, Lauretta, Daniel Shaw, Thomas Dishion, and Melvin Wilson. 2012. Longitudinal Predictors of School-Age Academic Achievement: Unique Contributions of Toddler- Age Aggression, Oppositionality, Inattention, and Hyperactivity. Journal of Abnormal Child Psychology 40(8): 1289–1300.

Brenneis, Donald, and Laura Lein. 1977. „You Fruithead": A Sociolinguistic Approach to Dispute Settlement. In Child Discourse. New York: Academic Press.

Brenner, Jeffrey, and Edward Mueller. 1982. Shared Meaning in Boy Toddlers' Peer Relations. Child Development 53(2): 380–391.

Briggs, Dorothy. 1988. Your Child's Self-Esteem. New York: Broadway Books.

Brooks, Jeanne, and Michael Lewis. 1976. Infants' Responses to Strangers: Midget, Adult, and Child. Child Development 47(2): 323–332.

Brophy-Herb, Holly, et al. 2011. Toddlers' Social-Emotional Competence in the Contexts of Maternal Emotion Socialization and Contingent Responsiveness in a Low-Income Sample. Social Development 20(1): 73–92.

Brownell, Celia. 2012. Early Development of Prosocial Behavior: Current Perspectives. Infancy 18(1): 1–9.

Brownell, Celia, Stephanie Iesue, Sara Nichols, and Margarita Svetlova. 2013. Mine or Yours? Development of Sharing in Toddlers in Relation to Ownership Understanding. Child Development 84(3): 906–920.

Brownell, Celia, Geetha Ramani, and Stephanie Zerwas. 2006. Becoming a Social Partner with Peers: Cooperation and Social Understanding in One- and Two-Year-Olds. Child Development 77(4): 803–821.

Brownell, Celia, Margarita Svetlova, and Sara Nichols. 2009. To Share or Not to Share: When Do Toddlers Respond to Another's Needs? Infancy 14(1): 117–130.

Brownlee, John, and Roger Bakeman. 1981. Hitting in Toddler-Peer Interaction.Child Development 52(3): 1076–1079.

Bruner, Jerome. 1996. The Culture of Education. Boston, MA: Harvard University Press.

Buss, Kristin, et al. 2013. Dysregulated Fear Predicts Social Wariness and Social Anxiety Symptoms during Kindergarten. Journal of Clinical Child and Adolescent Psychology 42(5): 603–616.

Campbell, Susan, Susan Spieker, Margaret Burchinal, and Michele Poe. 2006. Trajectories of Aggression from Toddlerhood to Age 9 Predict Academic and Social Functioning through Age 12. Journal of Child Psychology and Psychiatry 47(8): 791–800.

Center on the Developing Child. 2017a. Brain Architecture. Harvard University. http:// developingchild.harvard.edu/science/key-concepts/brain-architecture/

Center on the Developing Child. 2017b. 8 Things to Remember about Child Development. Harvard University. http://developingchild.harvard. edu/resources/8-things-remember-child-development/

Center on the Developing Child 2017c. Five Numbers to Remember about Early Childhood Development. Harvard University. http://developingchild. harvard.edu/resources/five-numbers-to-remember-about-early-childhood-development/

Center on the Developing Child. 2017d. InBrief: The Impact of Early Adversity on Children's Development. Harvard University. http:// developingchild.harvard.edu/resources/inbrief-the-impact-of-early-adversity-on-childrens-development-video/

Center on the Developing Child. 2017e. Serve and Return. Harvard University. http:// developingchild.harvard.edu/science/key-concepts/serve-and-return/

Cheah, Charissa, and Kenneth Rubin. 2004. European American and Mainland Chinese Mothers' Responses to Aggression and Social Withdrawal in Preschoolers. International Journal of Behavioral Development 28(1): 83–94.

Chen, Dora. 2003. Preventing Violence by Promoting the Development of Competent Conflict Resolution Skills: Exploring Roles and Responsibilities. Early Childhood Education Journal 30(4): 203–208.

Chen, Dora, Greta Fein, Melanie Killen, and Tam Hak-Ping. 2001. Peer Conflicts of Preschool Children: Issues, Resolution, Incidence, and Age-Related Patterns.Early Education and Development 12(4): 523–544.

Christopher, Caroline, et al. 2013. Maternal Empathy and Changes in Mothers' Permissiveness as Predictors of Toddlers' Early Social Competence with Peers: A Parenting Intervention Study. Journal of Child and Family Studies 22(6): 769–778.

Colorado EQ Project. 2017. Module – Care of the Spirit. Denver, CO: Colorado Department of Education.

Côté, Sylvana, et al. 2006. The Development of Physical Aggression from Toddlerhood to Pre- Adolescence: A Nationwide Longitudinal Study of Canadian Children. Journal of Abnormal Child Psychology 34(1): 71–86.

Crockenberg, Susan, Esther Leerkes, and Shamila Lekka. 2007. Pathways from Marital Aggression to Infant Emotion Regulation: The Development of Withdrawal in Infancy. Infant Behavior and Development 30(1): 97–113.

Cryer, Debby, et al. 2005. Effects of Transitions to New Child Care Classes on Infant/Toddler Distress and Behavior. Early Childhood Research Quarterly 20(1): 37–56.

Dahl, Audun. 2015. The Developing Social Context of Infant Helping in Two U.S. Samples. Child Development 86(4): 1080–1093.

Dahl Audun. 2016. Mothers' Insistence when Prohibiting Infants from Harming Others in Everyday Interactions. Frontiers in Psychology 7: 1448.

DaRos, Denise, and Beverly Kovach. 1998. Assisting Toddlers and Caregivers during Conflict Resolutions: Interactions that Promote Socialization. Childhood Education 75(1): 25–30.

Davidov, Maayan, Carolyn Zahn-Waxler, Ronit Roth-Hanania, and Ariel Knafo. 2013. Concern for Others in the First Year of Life: Theory, Evidence, and Avenues for Research. Child Development Perspectives 7(2): 126–131.

Davies, Patrick, Dante Cicchetti, and Meredith Martin. 2012. Toward Greater Specificity in Identifying Associations among Interparental Aggression, Child Emotional Reactivity to Conflict, and Child Problems. Child Development 83(5): 1789–1804.

Davis, Belinda, and Sheila Degotardi. 2015. Educators' Understandings of, and Support for, Infant Peer Relationships in Early Childhood Settings. Journal of Early Childhood Research 13(1): 64–78.

Dennis, Tracy, Melanie Hong, and Beylul Solomon. 2010. Do the Associations between Exuberance and Emotion Regulation Depend on Effortful Control? International Journal of Behavioral Development 34(5): 462–472.

DeStefano, Charles, and Edward Mueller. 1982. Environmental Determinants of Peer Social Activity in 18-Month-Old Males. Infant Behavior and Development 5(2–4): 175–183.

Deynoot-Schaub, Mirjam, and J. Marianne Riksen-Walraven. 2006. Peer Interaction in Child Care Centres at 15 and 23 Months: Stability and Links with Children's Socio-Emotional Adjustment. Infant Behavior and Development 29(2): 276–288.

Dollar, Jessica, and Kristin Buss. 2014. Approach and Positive Affect in Toddlerhood Predict Early Childhood Behavior Problems. Social Development 23(2): 267–287.

Domitrovich, Celine, Rebecca Cortes, and Mark Greenberg. 2007. Improving Young Children's Social and Emotional Competence: A Randomized Trial of the Preschool PATHS Curriculum. The Journal of Primary Prevention 28(2): 67–91.

Drummond, Jesse, et al. 2016. Helping the One You Hurt: Toddlers' Rudimentary Guilt, Shame, and Prosocial Behavior after Harming Another. Child Development 88(4): 1382–1397.

Dunfield, Kristen, and Valerie Kuhlmeier. 2010. Intention Mediated Selective Helping in Human Infants. Psychological Science 21(4): 523–527.

Ebbeck, Marjory, et al. 2015. A Research Study on Secure Attachment Using the Primary Caregiving Approach. Early Childhood Education Journal 43(3): 233–240.

Eckerman, Carol, and Karen Peterman. 2001. Peers and Infant Social/Communicative Development. In Blackwell Handbook of Infant Development. Malden, MA: Blackwell.

Eckerman, Carol, J. L. Whatley, and L. J. McGehee. 1979. Approaching and Contacting the Object Another Manipulates: A Social Skill of the One-Year-Old. Developmental Psychology 15: 585–593.

Ensor, Rosie, and Claire Hughes. 2008. Content or Connectedness? Mother-Child Talk and Early Social Understanding. Child Development 79(1): 201–216.

Ensor, Rosie, Debra Spencer, and Claire Hughes. 2011. 'You Feel Sad?' Emotion Understanding Mediates Effects of Verbal Ability and Mother- Child Mutuality on Prosocial Behaviors: Findings from 2 Years to 4 Years. Social Development 20(1): 93–110.

Fasig, Lauren. 2000. „Toddlers Understanding of Ownership: Implications for Self-Concept Development. Social Development 9(3): 370–382.

Fernald, Anne, and Adriana Weisleder. 2015. Twenty Years after Meaningful Differences, It Is Time to Reframe the 'Deficit' Debate about the Importance of Children's Early Language Experience. Human Development 58(1): 1–4.

Forman, George, and Ellen Hall. 2005a. It Takes to Give. Amherst, MA: Videatives. https:// videatives.com/node/1703

Forman, George, and Ellen Hall. 2005b. Social Clay. Amherst, MA: Videatives. https://videatives.com/node/1768

Fox, Nathan, et al. 2013. Commentary: To Intervene or Not? Appreciating or Treating Individual Differences in Childhood Temperament. Journal of Child Psychology and Psychiatry 54(7): 789–790.

Gazelle, Heidi. 2006. Class Climate Moderates Peer Relations and Emotional Adjustment in Children with an Early History of Anxious Solitude: A Child x Environment Model. Developmental Psychology 42(6): 1179–1192.

Gazelle, Heidi. 2010. Anxious Solitude/Withdrawal and Anxiety Disorders: Conceptualization, Co- Occurrence, and Peer Processes Leading Toward and Away from Disorder in Childhood. In Social Anxiety in Childhood: Bridging Developmental and Clinical Perspectives, no. 127. San Francisco, CA: Jossey-Bass.

Geraci, Alessandra, and Luca Surian. 2011. The Developmental Roots of Fairness: Infants' Reactions to Equal and Unequal Distributions of Resources. Developmental Science 14(5): 1012–1020.

Gillespie, Linda, and Amy Hunter. 2010. Believe, Watch, Act! Promoting Prosocial Behavior in Infants and Toddlers. Young Children 65(1): 42–43.

Gloeckler, Lissy, and Jennifer Cassell. 2012. Teacher Practices with Toddlers during Social Problem Solving Opportunities. Early Childhood Education Journal 40(4): 251–257.

Grazzani, Ilaria, Veronica Ornaghi, Alessia Agliati, and Elisa Brazzelli. 2016. How to Foster Toddlers' Mental-State Talk, Emotion Understanding, and Prosocial Behavior: A Conversation-Based Intervention at Nursery School. Infancy 21(2): 199–227.

Groeneveld, Marleen, Harriet Vermeer, Marinus van IJzendoorn, and Mariëlle Linting. 2012. Stress, Cortisol, and Well-Being of Caregivers and Children in Home-Based Child Care: A Case for Differential Susceptibility. Child: Care, Health, and Development 38(2): 251–260.

Groh, Ashley, et al. 2014. The Significance of Attachment Security for Children's Social Competence with Peers: A Meta-Analytic Study. Attachment and Human Development 16(2): 103–136.

Gromoske, Andrea, and Kathryn Maguire-Jack. 2012. Transactional and Cascading Relations between Early Spanking and Children's Social-Emotional Development. Journal of Marriage and Family 74(5): 1054–1068.

Gross, Rebekkah, et al. 2015. Individual Differences in Toddlers' Social Understanding and Prosocial Behavior: Disposition or Socialization? Frontiers in Psychology 6: 1–11.

Guedeney, Antoine, et al. 2014. Social Withdrawal at 1 Year Is Associated with Emotional and Behavioural Problems at 3 and 5 Years: The Eden Mother-Child Cohort Study. European Child and Adolescent Psychiatry 23(12): 1181–1188.

Gunnar, Megan, Erin Kryzer, Mark Van Ryzin, and Deborah Phillips. 2010. The Rise in Cortisol in Family Day Care: Associations with Aspects of Care Quality, Child Behavior, and Sex. Child Development 81(3): 851–869.

Gunnar, Megan, and Regina Sullivan. 2017. The Neurodevelopment of Social Buffering and Fear Learning: Integration and Crosstalk. Social Neuroscience 12(1): 1–7.

Hall, Ellen, and George Forman. n.d. Gracious Toddler: It Was Mine, but Let Me Help. Amherst, MA: Videatives. https://videatives.com/node/1847

Hamlin, J. Kiley. 2014. Context-Dependent Social Evaluation in 4.5-Month-Old Human Infants: The Role of Domain-General versus Domain-Specific Processes in the Development of Social Evaluation. Frontiers in Psychology 5: 1–10.

Hamlin, J. Kiley, Neha Mahajan, Zoe Liberman, and Karen Wynn. 2013. Not Like Me = Bad: Infants Prefer Those Who Harm Dissimilar Others. Psychological Science 24(4): 589–594.

Hamlin, J. Kiley, and Karen Wynn. 2011. Young Infants Prefer Prosocial to Antisocial Others. Cognitive Development 26(1): 30–39.

Hamlin, J. Kiley, and Karen Wynn. 2012. Who Knows What's Good to Eat? Infants Fail to Match the Food Preferences of Antisocial Others. Cognitive Development 27(3): 227–239.

Hamlin, J. Kiley, Karen Wynn, and Paul Bloom. 2007. Social Evaluation by Preverbal Infants. Nature 450(7169): 557–559.

Hamlin, J. Kiley, Karen Wynn, and Paul Bloom. 2010. Three-Month-Olds Show a Negativity Bias in Their Social Evaluations. Developmental Science 13(6): 923–929.

Hamlin, J. Kiley, Karen Wynn, Paul Bloom, and Neha Mahajan. 2011. How Infants and Toddlers React to Antisocial Others. Proceedings of the National Academy of Sciences of the United States of America 108(50): 19931–19936.

Hanna, Elizabeth, and Andrew Meltzoff. 1993. Peer Imitation by Toddlers in Laboratory, Home, and Day-Care Contexts: Implications for Social Learning and Memory. Developmental Psychology 29(4): 701–710.

Hart, Betty, and Todd Risley. 1995. Meaningful Differences in the Everyday Experience of Young American Children. Baltimore, MD: Paul H. Brookes.

Hawley, Patricia, and Todd Little. 1999. On Winning Some and Losing Some: A Social Relations Approach to Social Dominance in Toddlers. Merrill-Palmer Quarterly 45(2): 185–214.

Hay, Dale. 2006. Yours and Mine: Toddlers' Talk about Possessions with Familiar Peers. British Journal of Developmental Psychology 24(1): 39–52.

Hay, Dale, and Hildy Ross. 1982. The Social Nature of Early Conflict. Child Development 53(1): 105–113.

Hay, Dale, Sarah-Louise Hurst, Cerith Waters, and Andrea Chadwick. 2011. Infants' Use of Force to Defend Toys: The Origins of Instrumental Aggression. Infancy 16(5): 471–489.

Hay, Dale, et al. 2010. Identifying Early Signs of Aggression: Psychometric Properties of the Cardiff Infant Contentiousness Scale. Aggressive Behavior 36(6): 351–357.

Hay, Dale, et al. 2011. The Emergence of Gender Differences in Physical Aggression in the Context of Conflict between Young Peers. British Journal of Developmental Psychology 29(2): 158–175.

Hay, Dale, et al. 2014. Precursors to Aggression Are Evident by 6 Months of Age. Developmental Science 17(3): 471–480.

Heberle, Amy, et al. 2014. The Impact of Neighborhood, Family, and Individual Risk Factors on Toddlers' Disruptive Behavior. Child Development 85(5): 2046–2061.

Hedenbro, Monica, and Per-Anders Rydelius. 2014. Early Interaction between Infants and Their Parents Predicts Social Competence at the Age of Four. Acta Paediatrica 103(3): 268–274.

Heitler, Susan. 2011. Discipline with Babies and Toddlers. Psychology Today. https://www.psychologytoday.com/blog/resolution-not-conflict/201110/discipline-babies-and-toddlers

Henderson, Heather, Peter Marshall, Nathan Fox, and Kenneth Rubin. 2004. Psychophysiological and Behavioral Evidence for Varying Forms and Functions of Nonsocial Behavior in Preschoolers. Child Development 75(1): 251–263.

Hepach, Robert, Katharina Haberl, Stéphane Lambert, and Michael Tomasello. 2017. Toddlers Help Anonymously. Infancy 22(1): 130–145.

Hepach, Robert, Nadine Kante, and Michael Tomasello. 2016. Toddlers Help a Peer. Child Development. doi: 10.1111/cdev.12686

Hepach, Robert, Amrisha Vaish, and Michael Tomasello, M. 2012. Young Children Are Intrinsically Motivated to See Others Helped. Psychological Science 23(9): 967–972.

Hepach, Robert, Amrisha Vaish, and Michael Tomasello. 2013. Young Children Sympathize Less in Response to Unjustified Emotional Distress. Development Psychology 49(6): 1132– 1138.

Hinde, Robert. 1992. Ethological and Relationship Approaches. In Six Theories of Child Development: Revised Formulations and Current Issues. London, UK: Jessica Kingsley Publishers.

Holden, George, Alan Brown, Austin Baldwin, and Kathryn Croft Caderao. 2014. Research Findings Can Change Attitudes about Corporal Punishment. Child Abuse and Neglect 38(5): 902–908.

Honig, Alice. 2014. The Best for Babies: Expert Advice for Assessing Infant-Toddler Programs. Lewisville, NC: Gryphon House.

Honig, Alice, and Alyce Thompson. 1994. Helping Toddlers with Peer-Group Entry Skills. Zero to Three 14(5): 15–19.

Howard, Lauren, Annette Henderson, Cristina Carrazza, and Amanda Woodward. 2015. Infants' and Young Children's Imitation of Linguistic In-Group and Out-Group Informants. Child Development 86(1): 259–275.

Howes, Carollee. 1988. Peer Interaction of Young Children. Monographs of the Society for Research in Child Development 53(1). Hoboken, NJ: John Wiley and Sons.

Howes, Carollee. 2000. Social Development, Family, and Attachment Relationships. In Infants and Toddlers in Out-of-Home Care. Baltimore, MD: Paul H. Brookes.

Howes, Carollee, and Joann Farver. 1992. Toddlers' Responses to the Distress of Their Peers. Journal of Applied Developmental Psychology 8(4): 441–452.

Howes, Carollee, Claire Hamilton, and Catherine Matheson. 1994. Children's Relationships with Peers: Differential Associations with Aspects of the Teacher-Child Relationship. Child Development 65(1): 253–263.

Howes, Carollee, and Catherine Matheson. 1992. Sequences in the Development of Competent Play with Peers: Social and Social Pretend Play. Developmental Psychology 28(5): 961–974.

Hutt, Rachel, Kristin Buss, and Elizabeth Kiel. 2013. Caregiver Protective Behavior, Toddler Fear and Sadness, and Toddler Cortisol Reactivity in Novel Contexts. Infancy 18(5): 708–728.

Hymel, Shelley, and Laurie Ford. 2014. School Completion and Academic Success: The Impact of Early Social-Emotional Competence. Encyclopedia on Early Childhood Development. http://www.child-encyclopedia.com/school-success/according-experts/school-completion-and-academic-success-impact-early-social

Hyson, Marilou, and Jackie Taylor. 2011. Caring about Caring: What Adults Can Do to Promote Young Children's Prosocial Skills. Young Children 66(4): 74–83.

Jennings, Kay. 2004. Development of Goal-Directed Behavior and Related Self-Processes in Toddlers. International Journal of Behavioral Development 28(4): 319–327.

Johnson, James, James Christie, and Thomas Yawkey. 1998. Play and Early Childhood Development. 2nd ed. New York: Longman.

Jones, Damon, Mark Greenberg, and Max Crowley. 2015. Early Social-Emotional Functioning and Public Health: The Relationship between Kindergarten Social Competence and Future Wellness. American Journal of Public Health 105(11): 2283–2290.

Kaplan, Louise. 1978. Oneness and Separateness. New York: Simon and Schuster.

Kawakami, Kiyobumi, and Kiyoko Takai-Kawakami. 2015. Teaching, Caring, and Altruistic Behaviors in Toddlers. Infant Behavior and Development 41: 108–112.

Kelly, Jean, Tracy Zuckerman, Diana Sandoval, and Kim Buehlman. 2001. Promoting First Relationships: A Program for Service Providers to Help Parents and Other Caregivers Nurture Young Children's Social and Emotional Development. Seattle, WA: Nursing Child Assessment Satellite Training Programs, University of Washington Publications.

Kiel, Elizabeth, Julie Premo, and Kristin Buss. 2016. Maternal Encouragement to Approach Novelty: A Curvilinear Relation to Change in Anxiety for Inhibited Toddlers. Journal of Abnormal Child Psychology 44(3): 433–444.

Kim, Sanghag, and Grazyna Kochanska. 2012. Child Temperament Moderates Effects of Parent-Child Mutuality on Self-Regulation: A Relationship-Based Path for Emotionally Negative Infants. Child Development 83(4): 1275–1289.

Kim, Sonia de Groot. 2010. There's Elly, It Must Be Tuesday: Discontinuity in Child Care Programs and Its Impact on the Development of Peer Relationships in Young Children. Early Childhood Education Journal 38(2): 153–164.

Kirk, Elizabeth, et al. 2015. A Longitudinal Investigation of the Relationship between Maternal Mind-Mindedness and Theory of Mind. British Journal of Developmental Psychology 33(4): 434–445.

Klein, Benjamin, Jan Willem Gorter, and Peter Rosenbaum. 2013. Diagnostic Shortfalls in Early Childhood Chronic Stress: A Review of the Issues. Child: Care, Health and Development 39(6): 765–771.

Knudsen, Birgit, and Ulf Liszkowski. 2013. One-Year-Olds Warn Others about Negative Action Outcomes. Journal of Cognition and Development 14(3): 424–436.

Kobiella, Andrea, Tobias Grossmann, Vincent Reid, and Tricia Striano. 2008. The Discrimination of Angry and Fearful Facial Expressions in 7-Month-Old Infants: An Event-Related Potenzial Study. Cognition and Emotion 22(1): 134–146.

Kochanska, Grazyna, and Sanghag Kim. 2012. Toward a New Understanding of Legacy of Early Attachments for Future Antisocial Trajectories: Evidence from Two Longitudinal Studies. Development and Psychopathology 24(3): 783–806.

Kochanska, Grazyna, and Sanghag Kim. 2013. Early Attachment Organization with Both Parents and Future Behavior Problems: From Infancy to Middle Childhood. Child Development 84(1): 283–296.

Koplow, Lesley, ed. 1996. Unsmiling Faces: How Preschools Can Heal. New York: Teachers College Press.

Köster, Moritz, et al. 2016. Cultural Influences on Toddlers' Prosocial Behavior: How Maternal Task Assignment Relates to Helping Others. Child Development 87(6): 1727–1738.

Köster, Moritz, Xenia Ohmer, Thanh Dung Nguyen, and Joscha Kärtner. 2016. Infants Understand Others' Needs. Psychological Science 27(4): 542–548.

Kujawski, Jacqueline, and T. G. R. Bower. 1993. Same-Sex Preferential Looking during Infancy as a Function of Abstract Representation. British Journal of Developmental Psychology 11(2): 201–209.

Kultti, Anne. 2015. Adding Learning Resources: A Study of Two Toddlers' Modes and Trajectories of Participation in Early Childhood Education. International Journal of Early Years Education 23(2): 209–221.

La Paro, Karen, and Lissy Gloeckler. 2016. The Context of Child Care for Toddlers: The 'Experience Expectable Environment.' Early Childhood Education Journal 44(2): 147–153.

Lauw, Michelle, et al. 2014. Improving Parenting of Toddlers' Emotions Using an Emotion Coaching Parenting Program: A Pilot Study of Tuning In to Toddlers. Journal of Community Psychology 42(2): 169–175.

Lee, Shawna, Inna Altschul, and Elizabeth Gershoff. 2013. Does Warmth Moderate Longitudinal Associations between Maternal Spanking and Child Aggression in Early Childhood? Developmental Psychology 49(11): 2017–2028.

Legendre, Alain, and Dominique Munchenbach. 2011. Two-to-Three-Year-Old Children's Interactions with Peers in Child-Care Centres: Effects of Spatial Distance to Caregivers. Infant Behavior and Development 34(1): 111–125.

Lewis-Morrarty, Erin, et al. 2015. Infant Attachment Security and Early Childhood Behavioral Inhibition Interact to Predict Adolescent Social Anxiety Symptoms. Child Development 86(2): 598–613.

Licht, Batya, Heidi Simoni, and Pasqualina Perrig- Chiello. 2008. Conflict between Peers in Infancy and Toddler Age: What Do They Fight About? Early Years: Journal of International Research and Development 28(3): 235–249.

Liddle, Mitzi-Jane, Ben Bradley, and Andrew Mcgrath. 2015. Baby Empathy: Infant Distress and Peer Prosocial Responses. Infant Mental Health Journal 36(4): 446–458.

Lieberman, Alicia. 1993. The Emotional Life of the Toddler. New York: Free Press.

Lillvist, Anne. 2005. Observations of Social Competence in the Preschool – A Comparison of Children in Need of Special Support and Typically Developing Children. Diss. Mälardalen University. Västerås, Sweden. Available from anne.lillvist@mdh.se

Løkken, Gunvor. 2000a. The Playful Quality of the Toddling 'Style.' International Journal of Qualitative Studies in Education 13(5): 531–542

Løkken, Gunvor. 2000b. Tracing the Social Style of Toddler Peers. Scandinavian Journal of Educational Research 44(2): 163–176.

McElwain, Nancy, et al. 2008. A Process Model of Attachment-Friend Linkages: Hostile Attribution Biases, Language Ability, and Mother-Child Affective Mutuality as Intervening Mechanisms. Child Development 79(6): 1891–1906.

McElwain, Nancy, Martha Cox, Margaret Burchinal, and Jenny Macfie. 2003. Differentiating among Insecure Mother-Infant Attachment Classifications: A Focus on Child-Friend Interaction and Exploration during Solitary Play at 36 Months. Attachment and Human Development 5(2): 136–164.

McGaha, Cindy, Rebekah Cummings, Barbara Lippard, and Karen Dallas. 2011. Relationships Building: Infants, Toddlers, and 2-Year-Olds. Early Childhood Research and Practice 13(1). http://ecrp.uiuc.edu/v13n1/mcgaha.html

McMullen, Mary, et al. 2009. Learning to Be Me while Coming to Understand We: Encouraging Prosocial Babies in Group Settings. Young Children 64(4): 20–28.

Meins, Elizabeth. 1997. Security of attachment and the social development of cognition. Hove (GB): Psychology Press / Erlbaum (UK) Taylor & Francis.

Meltzoff, Andrew. 2007. The ‚Like Me' Framework for Recognizing and Becoming an Intentional Agent. Acta Psychologica 124(1): 26–43.

Meltzoff, Andrew. 2011. Social Cognition and the Origins of Imitation, Empathy, and Theory of Mind. In The Wiley-Blackwell Handbook of Childhood Cognitive Development. 2nd ed. Malden, MA: Wiley-Blackwell.

Miller, Alison, Ronald Seifer, Rebecca Crossin, and Monique Lebourgeois. 2015. Toddler's Self-Regulation Strategies in a Challenge Context Are Nap-Dependent. Journal of Sleep Research 24(3): 279–287.

Murphy, Lois. 1936. Sympathetic Behavior in Young Children. Journal of Experimental Education 5(1): 79–90.

Nadel, Jacqueline, C. Guérini, A. Pezé, and C. Rivet. 1999. The Evolving Nature of Imitation as a Transitory Means of Communication. In Imitation in Infancy. Cambridge, MA: Cambridge University Press.

National Institute of Child Health and Human Development. 2001. Child Care and Children's Peer Interaction at 24 and 36 Months: The NICHD Study of Early Child Care. Child Development 72(5): 1478–1500.

National Scientific Council on the Developing Child. 2004. Young Children Develop in an Environment of Relationships: Working Paper No. 1. http:// developingchild.harvard.edu/wp-content/uploads/2004/04/Young-Children-Develop-in-an-Environment-of-Relationships.pdf

National Scientific Council on the Developing Child. 2005/2014. Excessive Stress Disrupts the Architecture of the Developing Brain: Working Paper No. 3. Updated Edition. http://46y5eh11fhgw3ve3ytpwxt9r.wpengine. netdna-cdn.com/wp-content/uploads/2005/05/Stress_Disrupts_Architecture_Developing_ Brain-1.pdf

National Scientific Council on the Developing Child. 2010. Persistent Fear and Anxiety Can Affect Young Children's Learning and Development: Working Paper No. 9. http://46y5eh11fhgw3ve-3ytpwxt9r.wpengine. netdna-cdn.com/wp-content/uploads/2010/05/ Persistent-Fear-and-Anxiety-Can-Affect-Young- Childrens-Learning-and-Development.pdf

Newton, Emily, Ross Thompson, and Miranda Goodman. 2016. Individual Differences in Toddlers' Prosociality: Experiences in Early Relationships Explain Variability in Prosocial Behavior. Child Development 87(6): 1715–1726.

Nichols, Sara, Margarita Svetlova, and Celia Brownell. 2009. The Role of Social Understanding and Empathic Disposition in Young Children's Responsiveness to Distress in Parents and Peers. Cognition, Brain, Behavior 13(4): 449–478.

Nichols, Sara, Margarita Svetlova, and Celia Brownell. 2015. Toddlers' Responses to Infants' Negative Emotions. Infancy 20(1): 70–97.

Nygren, Maria, John Carstensen, Johnny Ludvigsson, and Anneli Sepa Frostell. 2012. Adult Attachment and Parenting Stress among Parents of Toddlers. Journal of Reproductive and Infant Psychology 30(3): 289–302.

Ødegaard, Elin Ekiksen. 2006. What's Worth Talking About? Meaning-Making in Toddler- Initiated Conarratives in Preschool. Early Years 26(1): 79–92.

Osofsky, Joy D. 2002. Helping Young Children and Families Cope with Trauma in a New Era. Zero to Three 22(3): 18–20.

Over, Harriet, and Malinda Carpenter. 2012. Putting the Social into Social Learning: Explaining Both Selectivity and Fidelity in Children's Copying Behavior. Journal of Comparative Psychology 126(2): 182–192.

Parke, Ross D., and Alison Clarke-Stewart. 2010. Social Development. Hoboken, NJ: John Wiley and Sons.

Parten, Mildred B. 1932. Social Participation among Preschool Children. Journal of Abnormal and Social Psychology 27: 243–269.

Paulus, Markus. 2014. The Emergence of Prosocial Behavior: Why Do Infants and Toddlers Help, Comfort, and Share? Child Development Perspective 8(2): 77–81.

Paulus, Markus, and Chris Moore. 2012. Producing and Understanding Prosocial Actions in Early Childhood. Advances in Child Development and Behavior 42: 271–305.

Peth-Pierce, Robin. 2000. A Good Beginning: Sending America's Children to School with the Social and Emotional Competence They Need to Succeed. Bethesda, MD: National Institute of Mental Health. https://scholar.google.com/citations?view_ op=view_citationandhl=enanduser=e3b-mfgAAAAJandcitation_for_view=e3b-mfgAAAAJ:d1gkVwhDpl0C

Piaget, Jean. 1936/1953. The Origins of Intelligence in the Child. New York: International Universities Press.

Piaget, Jean. 1952. The Origins of Intelligence in Children. New York: Norton.

Pines, Maya. 1979. Good Samaritans at Age Two? Psychology Today 13: 66–74.

Pines, Maya. 1984. Children's Winning Ways. Psychology Today 18: 59–65.

Porter, Phyllis. 2003. Social Relationships of Infants in Daycare. Educarer. http://www.educarer.com/current-article-relationships.htm

Quann, Valerie, and Carol Anne Wien. 2006. The Visible Empathy of Infants and Toddlers. Young Children 61(4): 22–29.

Razza, Rachel, Anne Martin, and Jeanne Brooks-Gunn. 2012. Anger and Children's Socioemotional Development: Can Parenting Elicit a Positive Side to a Negative Emotion? Journal of Child and Family Studies 21(5): 845–856.

Rhee, Soo Hyun, et al. 2013. Early Concern and Disregard for Others as Predictors of Antisocial Behavior. Journal of Child Psychology and Psychiatry 54(2): 157–166.

Roben, Caroline, Pamela Cole, and Laura Marie Armstrong. 2013. Longitudinal Relations among Language Skills, Anger Expression, and Regulatory Strategies in Early Childhood. Child Development 84(3): 891–905.

Rogoff, Barbara, et al. 2003. Firsthand Learning through Intent Participation. Annual Review of Psychology 54: 175–203.

Ross, Hildy, Ori Friedman, and Aimee Field. 2015. Toddlers Assert and Acknowledge Ownership Rights. Social Development 24(2): 341–356.

Roth-Hanania, Ronit, Maayan Davidov, and Carolyn Zahn-Waxler. 2011. Empathy Development from 8 to 16 Months: Early Signs of Concern for Others. Infant Behavior and Development 34(3): 447–458.

Rubin, Kenneth. 1998. Social and Emotional Development from a Cultural Perspective. Developmental Psychology 34(4): 611–615.

Rubin, Kenneth. 2002. The Friendship Factor. New York: Penguin Books.

Rubin, Kenneth, and Robert J. Coplan. 2004. Paying Attention to and Not Neglecting Social Withdrawal and Social Isolation. Merrill-Palmer Quarterly 50(4): 506–534.

Rubin, Kenneth, Robert J. Coplan, and Julie C. Bowker. 2009. Social Withdrawal in Childhood. Annual Review of Psychology 60: 141–171.

Rubin, Kenneth, Amy K. Root, and Julie C. Bowker. 2010. Parents, Peers, and Social Withdrawal in Childhood: A Relationship Perspective. New Directions for Child and Adolescent Development 127: 79–94.

Ryalls Brigette, Robina Gul, and Kenneth Ryalls. 2000. Infant Imitation of Peer and Adult Models: Evidence for a Peer Model Advantage. Merrill Palmer Quarterly 46(1): 188–202.

Sanefuji, Wakako, Hidehiro Ohgami, and Kazuhide Hashiya. 2006. Preference for Peers in Infancy. Infant Behavior and Development 29(4): 584–593.

Schechter, Daniel S., Susan Coates, and Elsa First. 2002. Observations of Acute Reactions of Young Children and Their Families to the World Trade Center Attacks. Bulletin of Zero to Three: National Center for Infants, Toddlers, and Families 22(3): 9–13.

Scola, Celine, Claire Holvoet, Thomas Arciszewski, and Delphine Picard. 2015. Further Evidence for Infants' Preference for Prosocial over Antisocial Behaviors. Infancy 20(6): 684–692.

Sebastián-Enesco, Carla, Maria V. Hernández-Lloreda, and Fernando Colmenares. 2013. Two-and-a-Half-Year-Old Children Are Prosocial Even When Their Partners Are Not. Journal of Experimental Child Psychology 116(2): 186–198.

Séguin, Jean R., Sophie Parent, Richard E. Tremblay, and Phillip David Zelazo. 2009. Different Neurocognitive Functions Regulating Physical Aggression and Hyperactivity in Early Childhood. Journal of Child Psychology and Psychiatry 50(6): 679–687.

Selby, Jane, and Benjamin Bradley. 2003. Infants in Groups: A Paradigm for the Study of Early Social Experience. Human Development 46(4): 197–221.

Shantz, Caroline U. 1987. Conflicts between Children. Child Development 58(2): 283–305.

Shin, Minsun. 2010. Peeking at the Relationship World of Infant Friends and Caregivers. Journal of Early Childhood Research 8(3): 294–302.

Shin, Minsun. 2012. The Role of Joint Attention in Social Communication and Play among Infants. Journal of Early Childhood Research 10(3): 309–317.

Shin, Minsun. 2015. Enacting Caring Pedagogy in the Infant Classroom. Early Child Development and Care 185(3): 496–508.

Shonkoff, Jack, and Deborah Phillips, eds. 2000. From Neurons to Neighborhoods: The Science of Early Childhood Development. Washington, DC: National Academy Press.

Sims, Margaret, Andrew Guilfoyle, and Trevor Parry. 2006. Children's Cortisol Levels and Quality of Child Care Provision. Child: Care, Health and Development 32(4): 453–466.

Singer, Elly, and Maritta Hännikäinen. 2002. The Teacher's Role in Territorial Conflicts of 2- to 3-Year-Old Children. Journal of Research in Childhood Education 17(1): 5–18.

Singer, Elly, Anne-Greth Van Hoogdalem, Dorian De Haan, and Nienke Bekkema. 2012. Daycare Experiences and the Development of Conflict Strategies in Young Children. Early Child Development and Care 182(12): 1661–1672.

Solnit, A. J. 2002. Supporting Parents, Helping Children: Some Questions and Principles. Zero to Three 22(3): 16–17.

Sommerville, Jessica, Marco F. H. Schmidt, Jung-eun Yun, and Monica Burns. 2013. The Development of Fairness Expectations and Prosocial Behavior in the Second Year of Life. Infancy 18(1): 40–66.

Spinrad, Tracy L., and Cynthia A. Stifter. 2006. Toddlers' Empathy-Related Responding to Distress: Predictions from Negative Emotionality and Maternal Behavior in Infancy. Infancy 10(2): 97–121.

Strayer, Janet, and William Roberts. 2004. Children's Anger, Emotional Expressiveness, and Empathy: Relations with Parents' Empathy, Emotional Expressiveness, and Parenting Practices. Social Development 13(2): 229–254.

Stupica, Brandi, Laura J. Sherman, and Jude Cassidy. 2011. Newborn Irritability Moderates the Association between Infant Attachment Security and Toddler Exploration and Sociability. Child Development 82(5): 1381–1389.

Svetlova, Margarita, Sara Nichols, and Celia Brownell. 2010. Toddlers' Prosocial Behavior: From Instrumental to Empathic to Altruistic Helping. Child Development 81(6): 1814–1827.

Tailor, Ketan, and Nicole Letourneau. 2012. Infants Exposed to Intimate Partner Violence: Issues of Gender and Sex. Journal of Family Violence 27(5): 477–488.

Teicher, Martin H., and Jacqueline A. Samson. 2016. Annual Research Review: Enduring Neurobiological Effects of Childhood Abuse and Neglect. Journal of Child Psychology and Psychiatry 57(3): 241–266.

Theilheimer, Rachel. 2006. Molding to the Children: Primary Caregiving and Continuity of Care. Zero to Three 26(3): 50–54.

Thompson, Ross A., and Emily K. Newton. 2013. Baby Altruists? Examining the Complexity of Prosocial Motivation in Young Children. Infancy 18(1): 120–133.

Thornberg, Robert. 2006. The Situated Nature of Preschool Children's Conflict Strategies. Educational Psychology 26(1): 109–126.

Todd, Brenda K., John A. Barry, and Sara A. O. Thommessen. 2016. Preferences for 'Gender- Typed' Toys in Boys and Girls Aged 9 to 32 Months. Infant and Child Development. http:// www.pitt.edu/~bertsch/Todd_et_al-2016- Infant_and_Child_Development.pdf

Tremblay, Richard. 2004. Decade of Behavior Distinguished Lecture: Development of Physical Aggression during Infancy. Infant Mental Health Journal 25(5): 399–407.

Trevarthen, Colwyn. 2001. Intrinsic Motives for Companionship in Understanding: Their Origin, Development, and Significance for Infant Mental Health. Infant Mental Health Journal 22(1): 95–131.

Trevarthen, Colwyn, and Kenneth J. Aitken. 2001. Infant Intersubjectivity: Research, Theory, and Clinical Applications. Journal of Child Psychology and Psychiatry 42(1): 3–48.

Ulber, Julia, Katharina Hamann, and Michael Tomasello. 2015. How 18- and 24-Month-Old Peers Divide Resources among Themselves. Journal of Experimental Child Psychology 140: 228–244.

Vaillant-Molina, Mariana, Lorraine Bahrick, and Ross Flom. 2013. Young Infants Match Facial and Vocal Emotional Expressions of Other Infants. Infancy 18(s1): E97–E111.

Vaish Amrisha, Malinda Carpenter, and Michael Tomasello. 2010. Young Children Selectively Avoid Helping People with Harmful Intentions. Child Development 81(6): 1661–1669.

Vallotton, Claire, and Catherine Ayoub. 2011. Use Your Words: The Role of Language in the Development of Toddlers' Self-Regulation. Early Childhood Research Quarterly 26(2): 169–181.

Van Hecke, Amy Vaughan, et al. 2007. Infant Joint Attention, Temperament, and Social Competence in Preschool Children. Child Development 78(1): 53–69.

Vaughn, Brian E., et al. 2003. Negative Interactions and Social Competence for Preschool Children in Two Samples: Reconsidering the Interpretation of Aggressive Behavior for Young Children. Merrill-Palmer Quarterly 49(3): 245–278.

Vygotsky, Lev. 1978. Mind in Society: The Development of Higher Psychological Processes. Cambridge, MA: Harvard University Press.

Vygotsky, Lev. 1987. Thinking and Speech. In The Collected Works of L. S. Vygotsky, Vol. 1: Problems in General Psychology. New York: Plenum. *(Deutsch: Denken und Sprechen, 2014)*

Waller, Rebecca, Daniel S. Shaw, Erika E. Forbes, and Luke W. Hyde. 2015. Understanding Early Contextual and Parental Risk Factors for the Development of Limited Prosocial Emotions. Journal of Abnormal Child Psychology 43(6): 1025–1039.

Warneken, Felix. 2013. Young Children Proactively Remedy Unnoticed Accidents. Cognition 126(1): 101–108.

Warneken, Felix, and Michael Tomasello. 2007. Helping and Cooperation at 14 Months of Age. Infancy 11(3): 271–294.

Warneken, Felix, and Michael Tomasello. 2008. Extrinsic Rewards Undermine Altruistic Tendencies in 20-Month-Olds. Developmental Psychology 44(6): 1785–1788.

Watamura, Sarah, Bonny Donzella, Jan Alwin, and Megan Gunnar. 2003. Morning-to-Afternoon Increases in Cortisol Concentrations for Infants and Toddlers at Child Care: Age Differences and Behavioral Correlates. Child Development 74(4): 1006–1020.

Watamura, Sarah, Erin Kryzer, and Steven Robertson. 2009. Cortisol Patterns at Home and Child Care: Afternoon Differences and Evening Recovery in Children Attending Very High Quality Full-Day Center-Based Child Care. Journal of Applied Developmental Psychology 30(4): 475–485.

Weisleder, Adriana, and Anne Fernald. 2013. Talking to Children Matters: Early Language Experience Strengthens Processing and Builds Vocabulary. Psychological Science 24(11): 2143–2152.

Whaley, Kimberlee, and Tamera Rubenstein. 1994. How Toddlers 'Do' Friendship: A Descriptive Analysis of Naturally Occurring Friendships in a Group Child Care Setting. Journal of Social and Personal Relationship 11(3): 383–400.

Wiggins, Crystal, Emily Fenichel, and Tammy Mann. 2007. Literature Review: Developmental Problems of Maltreated Children and Early Intervention Options for Maltreated Children. http://aspe.hhs.gov/hsp/07/Children-CPS/ litrev/report.pdf

Williams, Shannon, Lenna Ontai, and Ann Mastergeorge. 2007. Reformulating Infant and Toddler Social Competence with Peers. Infant Behavior and Development 30(2): 353–365.

Williamson, Rebecca A., Meghan R. Donohue, and Erin C. Tully. 2013. Learning How to Help Others: Two-Year-Olds' Social Learning of a Prosocial Act. Journal of Experimental Child Psychology 114(4): 543–550.

Wittmer, Donna S., and Sandra H. Petersen. 2017. Infant and Toddler Development and Responsive Program Planning: A Relationship-Based Approach. Upper Saddle River, NJ: Pearson/Prentice Hall.

Zahn-Waxler, Carolyn, Barbara Hollenbeck, and Marian Radke-Yarrow. 1984. The Origins of Empathy and Altruism. In Advances in Animal Welfare Science 1984/85. Washington, DC: Humane Society of the United States.

Zahn-Waxler, Carolyn , Marian Radke-Yarrow, and Robert King. 1979. Child Rearing and Children's Prosocial Initiations toward Victims of Distress. Child Development 50(2): 319–330.

Zahn-Waxler, Carolyn, Marian Radke-Yarrow, Elizabeth Wagner, and Michael Chapman. 1992. Development of Concern for Others. Developmental Psychology 28(1): 126–136.

Zero to Three. 2016. National Parent Survey: Overview and Key Insights. Zero to Three. https://www.zerotothree.org/ resources/1424-national-parent-survey-overview-and-key-insights

Zmyj, Norbert, Gisa Aschersleben, Wolfgang Prinz, and Moritz Daum. 2012. The Peer Model Advantage in Infants' Imitation of Familiar Gestures Performed by Differently Aged Models. Frontiers in Psychology 3: 252.

Zmyj, Norbert, and Sabine Seehagen. 2013. The Role of a Model's Age for Young Children's Imitation: A Research Review. Infant and Child Development 22(6): 622–641.

Literaturtipps deutschsprachige Literatur

Ahnert, L. (Hrsg.) (1998): Tagesbetreuung für Kinder unter drei Jahren. Theorien und Tatsachen. Göttingen: Huber.

Ahnert, L. (Hrsg.) (2004): Frühe Bindung: Entstehung und Entwicklung. München: Ernst Reinhardt.

Ahnert, L. (2006): Die Anfänge der frühen Bildungskarriere: Familiäre und institutionelle Perspektiven. In: Frühe Kindheit, 6, 18–23.

Ahnert, L. (2007): Von der Mutter-Kind- zur Erzieherinnen-Kind-Bindung? In: Becker-Stoll, F./ Textor, M. R. (Hrsg.): Die Erzieherin-Kind-Beziehung. Zentrum von Bildung und Erziehung. Berlin: Cornelsen, 31–41.

Albers, T./Jungmann, T. (2008): Chancengleichheit unter Drei. Gemeinsame Bildungsprozesse in der integrativen Krippe. In: klein & groß, 4, 28–31.

Bandura, A. (1979): Sozial-kognitive Lerntheorie. Stuttgart: Klett-Cotta.

Bowlby, J. (1995): Elternbindung und Persönlichkeitsentwicklung. Therapeutische Aspekte der Bindungstheorie. Heidelberg: Dexter.

Brazelton, T. B./ Greenspan, S. I. (2002): Die sieben Grundbedürfnisse von Kindern. Was jedes Kind braucht, um gesund aufzuwachsen, gut zu lernen und glücklich zu sein. Weinheim: Beltz.

Brisch, K. H. (1999/2001): Bindungsstörungen: Von der Bindungstheorie zur Therapie. Stuttgart: Klett-Cotta.

Brisch, K-H. (2012): Bindung und frühe Störungen der Entwicklung:

Brisch, K.H. (2014): Säuglings- und Kleinkinder. Bindungspsychotherapie. Stuttgart: Klett-Cotta.

Brisch, K.H. (2014): Kindergartenalter. Bindungspsychotherapie. Stuttgart: Klett-Cotta.

Bronfenbrenner, U. (1989): Die Ökologie der menschlichen Entwicklung. Frankfurt am Main: Fischer.

Calvet-Kruppa, C. (2001): Feinfühligkeit als Interaktionsqualität: Ein Leitfaden entwicklungspsychologischer Intervention. Psychoanalytische Texte zur Sozialforschung, 5, 153–165.

Friedrich, H. (2003): Beziehungen zu Kindern gestalten. Weinheim: Beltz.

Gloger-Tippelt, G. (2007): Präventive Programme zur Stärkung elterlicher Beziehungskompetenzen. Der Beitrag der Bindungsforschung. In: Ziegenhain, U./Fegert, J. M. (Hrsg.): Kindeswohlgefährdung und Vernachlässigung. München: Ernst Reinhardt, 128–141.

Grossmann, K. (2002): Kontinuität und Konsequenzen der frühen Bindungsqualität während des Vorschulalters. In: Spangler, G./ Zimmermann, P. (Hrsg.): Die Bindungstheorie. Grundlagen, Forschung und Anwendung. Stuttgart: Klett-Cotta, 191–202.

Grossmann, K.E./Grossmann, K. (2006): Bindung und Bildung. Über das Zusammenspiel von Psychischer Sicherheit und Kulturellem Lernen. In: Frühe Kindheit, 9, 10–17.

Jungmann, T. (2007): Frühgeburtlichkeit und ihre Risiken. Sprach- und Kognitionsentwicklung. Saarbrücken: Verlag Dr. Müller.

Jungmann, T./Reichenbach, Chr. (2016): Bindungstheorie und pädagogisches Handeln. Ein Praxisleitfaden. 4. Aufl., Dortmund: *BORGMANN MEDIA*.

Largo, R. (2017): Babyjahre. Die frühkindliche Entwicklung aus biologischer Sicht. Carlsen: Hamburg 1993. Überarbeitete Neuausgabe mit Untertitel „Entwicklung und Erziehung in den ersten vier Jahren“. München: Piper.

Largo, R. (2000): Kinderjahre. Die Individualität des Kindes als erzieherische Herausforderung. München: Piper.

Merker, H. (1998): Kleinkinder in altersheterogenen Gruppen. In: Ahnert, L. (Hrsg.): Tagesbetreuung für Kinder unter drei Jahren. Göttingen: Huber, 125–135.

Raschke, I./Weber, C. (1998): Frühe Sozialbeziehungen in altershomogenen Kleinkindgruppen. In: Ahnert, L. (Hrsg.): Tagesbetreuung für Kinder unter drei Jahren. Theorien und Tatsachen. Göttingen: Huber, 113–124.

Rauh, H./Ziegenhain, U. (1996): Krippenerfahrung und Bindungsentwicklung. In: Tietze, W. (Hrsg.): Früherziehung. Trends, international Forschungsergebnisse, Praxisorientierungen. Neuwied: Luchterhand, 97–113.

Rauh, H. (2007): Resilienz und Bindung bei Kindern mit Behinderungen. In: Opp, G./Fingerle, M. (Hrsg.): Was Kinder stärkt. Erziehung zwischen Risiko und Resilienz. München: Ernst Reinhardt, 175–191.

Sachse, R. (2006): Therapeutische Beziehungsgestaltung. Göttingen: Hogrefe.

Sarimski, K. (2000): Frühgeburt als Herausforderung. Psychologische Beratung als Bewältigungshilfe. Göttingen: Hogrefe.

Scheithauer, H./Petermann, F. (1999): Zur Wirkungsweise von Risiko- und Schutzfaktoren in der Entwicklung von Kindern und Jugendlichen. In: Kindheit und Entwicklung 8, 3–14.

Scheuerer-Englisch, H. (1989): Das Bild der Vertrauensbeziehung bei zehnjährigen Kindern und ihren Eltern: Bindungsbeziehungen in längsschnittlicher und aktueller Sicht. Dissertation, Universität Regensburg.

Scheuerer-Englisch, H. (2007): Bindungssicherheit fördern – eine wesentliche Aufgabe der Erziehungs- und Familienberatung. In: Psychologie in Erziehung und Unterricht 54, 2, 161–174.

Schick, A./Cierpka, M. (2004): Evaluation des Faustlos-Curriculums für den Kindergarten. Stuttgart: Landesstiftung Baden-Württemberg.

Schneewind, J./Landowsky, A. (2002): Kindergarten plus – Ein Programm zur Förderung der sozialen und emotionalen Kompetenzen im Kindergarten. http://www.juliaschneewind.de/documents/Kindergartenplus_SchneewindLandowsky_2003.pdf [24.11.2008].

Sturzbecher, D./Großmann, H. (2008): Die Erzieherin-Kind-Beziehung aus der Sicht des Kindes im Vergleich zur Eltern-Kind-Beziehung. In: Becker-Stoll, F./Textor, M. R. (Hrsg.): Die Erzieherin-Kind-Bindung. Zentrum von Bildung und Erziehung. Berlin: Cornelsen, 42–57.

Suess, G. J./Kißgen, R. (2005): STEEP – ein bindungstheoretisch und empirisch fundiertes Frühinterventionskonzept. In: Psychologie in Erziehung und Unterricht, 4, 287–292.

Suess, G. J./Zimmermann, P. (2001): Anwendung der Bindungstheorie und Entwicklungspsychopathologie. Eine neue Sichtweise für Entwicklung und (Problem-)Abweichung. In: Suess, G. J./ Scheuerer-Englisch, H. (Hrsg.): Bindungstheorie und Familiendynamik. Gießen: Psycho-Sozial.

Textor, M. R. (2008): Bildung in der Erzieherin-Kind-Beziehung. In: Becker-Stoll, F./Textor, M. R. (Hrsg.): Die Erzieherin-Kind-Bindung. Zentrum von Bildung und Erziehung. Berlin: Cornelsen, 74–96.

Thiel-Bonney, C. (2002): Beratung von Eltern mit Säuglingen und Kleinkindern. Videogestützte Verhaltensbeobachtung und Videomikroanalyse als Interventionsmöglichkeit. In: Psychotherapeut, 47, 381–384.

Ziegenhain, U./Fegert, J. M. (2004): Frühkindliche Bindungsstörungen. In: Eggers, C./Fegert, J. M./ Resch, F. (Hrsg.): Psychiatrie und Psychotherapie des Kindes und Jugendalters. Berlin: Springer, 875–890.

Ziegenhain, U./Rauh, H./Müller, B. (1998): Emotionale Anpassung von Kleinkindern an die Krippenbetreuung. In: Ahnert, L. (Hrsg.): Tagesbetreuung für Kinder unter drei – Theorien, Tatsachen. Göttingen: Hogrefe, 82–98.

Ziegenhain, U./Wolff, U. (2000): Der Umgang mit Unvertrautem – Bindungsbeziehung und Krippeneintritt. In: Psychologie in Erziehung und Unterricht, 47, 176–188.

Zimmermann, P. (2007): Bindung und Erziehung – gleiche oder sich ergänzende Beziehungsfaktoren? Zusammenhänge zwischen elterlicher Autonomie- und Kompetenzunterstützung, Bindungsrepräsentation und Selbstregulation im späten Jugendalter. In: Psychologie in Erziehung und Unterricht, 54, 2, 147–160.

Zimmermann P. (1995): Bindungsentwicklung von der frühen Kindheit bis zum Jugendalter und ihre Bedeutung für den Aufbau von Freundschaftsbeziehungen. In: Spangler, G./Zimmermann, P. (Hrsg.): Die Bindungstheorie. Grundlagen, Forschung und Anwendung. Stuttgart: Klett-Cotta, 203–231.

Bildquellenverzeichnis

Alle Fotos: Adobe Stock

Seite 2:	Ramona Heim	Seite 117:	Ramona Heim
Seite 13:	Ramona Heim	Seite 119:	Aliaksei Lasevich
Seite 15:	very_ulissa	Seite 120:	serge
Seite 17:	Anna Ritter	Seite 122:	Andrey Kuzmin
Seite 20:	Andrey Kuzmin	Seite 123:	Oksana Kuzmina
Seite 21:	Martinan	Seite 125:	zilvergolf
Seite 31:	anoushkatoronto	Seite 126:	photophonie
Seite 32:	ISO K° - photography	Seite 131:	candy1812
Seite 35:	2xSamara.com	Seite 132:	Christin Lola
Seite 36:	drubig-photo	Seite 136:	RFBSIP
Seite 38:	romysissi	Seite 140:	philidor
Seite 40:	Martinan	Seite 141:	Aliaksei Lasevich
Seite 49:	Monkey Business	Seite 142:	Sunny studio
Seite 55:	Jacob Lund	Seite 147:	Kzenon
Seite 56:	oksix	Seite 156:	Siam
Seite 63:	bluedesign	Seite 160:	Wanja Jacob
Seite 69:	very_ulissa	Seite 163:	lunaundmo
Seite 70:	yanlev	Seite 167:	igorgeiger
Seite 75:	Claudia Paulussen	Seite 168:	lisalucia
Seite 89:	Tierney	Seite 173:	2xSamara.com
Seite 90:	sushytska	Seite 175:	biker3
Seite 94:	Andrey Kuzmin	Seite 179:	maram
Seite 96:	Christophe Denis	Seite 182:	altanaka
Seite 100:	Ramona Heim	Seite 185:	Anja Greiner Adam
Seite 102:	NiDerLander	Seite 186:	Volker Witt
Seite 103:	Swifter	Seite 192:	Studio Romantic
Seite 104:	Photocreatief	Seite 194:	mbt_studio
Seite 106:	Sport Moments	Seite 202:	TeamDaf

Quellenhinweis zum Thema „Bleivergiftung“

https://www.deutschlandfunkkultur.de/umweltgifte-blei-im-blut-macht-kinder-aggressiv.993.de.html?dram:article_id=303207

https://www.google.de/amp/www.spiegel.de/wissenschaft/mensch/luftvergiftung-blei-macht-menschen-zu-moerdern-a-134275-amp.html

https://www.cerascreen.de/blogs/gesundheitsportal/bleivergiftung-blei-im-koerper

Aus der Kitapraxis für die Praxis

Sabine Pauli / Andrea Kisch

Geschickte Hände

Handgeschicklichkeit bei Kindern - Spielerische Förderung von 4-10 Jahren

Kinder mit fein- und grafomotorischen Schwierigkeiten haben im Alltag vielfältige Betätigungsprobleme und zeigen häufig eine starke Vermeidungshaltung gegenüber fein- und grafomotorischen Tätigkeiten. Deshalb ist es wichtig, sie durch fantasievolle Übungsangebote an fein- und grafomotorisches Arbeiten heranzuführen. Dieses Buch möchte darin unterstützen, das Förderangebot individuell, zielgerichtet und alltagsrelevant zu gestalten.

Zuerst wird die durchschnittliche Entwicklung der Handgeschicklichkeit, des Malens und der Grafomotorik von 0-10 Jahren beschrieben. Damit kann der Entwicklungsstand der Kinder festgestellt werden.

Dann ist die Handgeschicklichkeit in 8 Teilaspekte gegliedert, um Auffälligkeiten zielgerichtet beobachten zu können. Diese werden beschrieben und gezielte Übungen zu den einzelnen Teilaspekten vorgestellt.

Danach folgt eine reichhaltige Spielesammlung zu den Teilaspekten der Handgeschicklichkeit in unterschiedlichen Kombinationen. Die Kombination der Teilaspekte ist so zusammengestellt, wie sie häufig als Ursache für die Betätigungsschwierigkeiten der Kinder zu beobachten sind. Abschließend wird die Bedeutung des Malens als Grundlage zur Grafomotorik dargestellt. Über 50 interessante, kurzweilige Ideen geben Anregungen, um Kinder zum Malen zu motivieren.

2016, 208 S., mit Lesezeichen, Format 16x23cm, Klappenbroschur, Alter: 4-10

ISBN 978-3-8080-0789-1 | Bestell-Nr. 1609 | 19,95 Euro

Martin Vetter / Susanne Amft / Karoline Sammann / Irene Kranz

G-FIPPS: Grafomotorische Förderung

Ein psychomotorisches Praxisbuch

Die von den Autoren im Rahmen eines integrativ und präventiv ausgerichteten Forschungsprojektes entwickelte G-FIPPS-Förderkonzeption zur grafomotorischen Unterstützung von Kindern lässt sich ideal im Kindergarten- und Grundschulbereich einsetzen, ist aber auch in Kindergruppen außerhalb des schulischen Settings durchführbar. Den roten Faden bietet eine spannende Rahmengeschichte mit dem bekannten Elefanten Elmar aus den Büchern von David McKee. Durch die Möglichkeit der individuellen Arbeitsweise in der Gruppe haben Kinder mit unterschiedlichen Voraussetzungen die Chance, von der Förderung zu profitieren. Somit wird Inklusion ermöglicht. Die Besonderheit der G-FIPPS-Förderkonzeption ist es, dass es sich nicht um ein auf den Erwerb von grob- und feinmotorischen Fertigkeiten reduziertes Lernprogramm handelt. G-FIPPS erhebt den Anspruch, zur Verbesserung von grafomotorischen Fähigkeiten auch den persönlichen Ausdruck und die sozial-kommunikativen Fähigkeiten des Kindes, im Sinne eines umfassenden psychomotorischen Grafomotorik-Verständnisses, zu fördern.

2. Aufl. 2016, 192 S., farbige Abb., DIN A4, Klappenbroschur, Alter: 4-8

ISBN 978-3-938187-52-4 | Bestell-Nr. 9402 | 22,80 Euro

Christine Leutkart / Annemarie Steiner (Hrsg.)

Malen, bauen und erfinden

Ästhetische Bildung in Kindertageseinrichtungen

Dieses Buch bietet nicht nur eine Fülle an künstlerischen Techniken für Kinder mit praktisch orientierten Impulsen, sondern es werden auch theoretische Grundlagen rund um ästhetisch-künstlerische Prozesse vermittelt. Es richtet sich besonders an pädagogische Fachkräfte, die ihre Kenntnisse im Bereich der ästhetischen Bildung auffrischen und vertiefen wollen sowie Anregungen für die Praxis suchen. Die Herausgeberinnen und Autorinnen unterrichten seit Jahren an Fachschulen für Sozialpädagogik oder arbeiten in Kitas. Sie zeigen auf, welche Möglichkeiten es gibt, theoretische Erkenntnisse zur frühkindlichen Bildung im ästhetischen Bereich auf unkomplizierte Weise mit praktischem Tun zu verknüpfen.

2017, 224 S., farbige Abb., Format 16x23cm, Klappenbroschur, Alter: 3–6

ISBN 978-3-8080-0767-9 | Bestell-Nr. 1266 | 19,95 Euro

Günter Pütz / Manuela Rösner

Von 0 auf 36

Beobachtungs- und Spielsituationen zur Entwicklungsbegleitung von Kindern unter 3

„Insgesamt halte ich das Buch für empfehlenswert; es hilft, die Entwicklung der Kinder in einem Altersbereich zu begleiten, zu beobachten und zu fördern, in dem sie so richtig 'Gas geben', von 0 auf 36." Dr. Lothar Unzner, socialnet.de

„Die Gestaltung des Buches ist sehr klar und übersichtlich und macht eine leichte Handhabung möglich. Gerade die ersten Kapitel fassen kompaktes Wissen zu den Entwicklungsbereichen auf wenigen Seiten übersichtlich und vor allem verständlich zusammen. Die Beschreibung der Beobachtungsaufgaben sind farblich den Entwicklungsmonaten und den dazugehörigen Beobachtungsbögen zugeordnet.

Die Beobachtungsaufgaben sind mit wenig Material umsetzbar und gut in den Tageslauf integrierbar. ... Meine persönliche Empfehlung: Von '0 auf 36' halte ich für besonders geeignet für die Dokumentation in der Tagespflege." Daniela Pfaffenberger, kigaportal.com

2015, 160 S., farbige Abb., Beigabe: Formulare zusätzlich als Download, Format DIN A4, Klappenbroschur, Alter: 0-3

ISBN 978-3-8080-0732-7 | Bestell-Nr. 1253 | 22,95 Euro

Christine Leutkart / Annemarie Steiner (Hrsg.)

Bilder in Bewegung

Ausdrucksformen ästhetischer Bildung in Kindertageseinrichtungen

„Bilder in Bewegung" – als Motto und Anliegen dieses Buches bedeutet dies, dass Materialien, Techniken und abwechslungsreiche Methoden vorgestellt werden, die dem Schaffensdrang der vier- bis zehnjährigen Kinder entgegenkommen und sie in ihrer Entwicklung unterstützen. Die ästhetische Bildung mit ihren vielfältigen Ausdrucksformen setzt hier eine große Klammer ganz unterschiedlicher Bildungsbereiche.

Im ersten Teil befassen sich die Autorinnen mit den vielfältigen Aspekten der ästhetischen Bildung, die den pädagogischen Alltag beleben. So kommen auf ErzieherInnen stetig neue herausfordernde Aufgaben zu, wie zum Beispiel der wachsende Bedarf an inklusiven Prozessen. Wie können diese auf spielerisch-kreative Weise vorangetrieben werden? Ob mit oder ohne Behinderung, ob mit guten oder geringen Deutschkenntnissen, egal mit welchem kulturellen, sozialen oder biografischen Hintergrund, alle Kinder nehmen gleichwertig am künstlerischen Prozess teil. Dies gilt auch für die Genderfrage, denn die ästhetische Bildung ist ein vorzüglich geeignetes Feld, um Rollenstereotypen aufzuheben und Jungen wie Mädchen zu neuen, geschlechteruntypischen Erfahrungen zu ermutigen. In einem Erfahrungsbericht aus einer Kindertageseinrichtung, die reggio-orientiert arbeitet, wird darauf eingegangen, wie dies konkret in der Praxis aussehen kann und worauf wir dabei achten können. Elektronische Medien und die Nutzung des Internets haben in die kindliche Welt schon längst Einzug gehalten und lassen sich auch aus der frühkindlichen Bildung nicht mehr ausschließen. Die Auseinandersetzung mit der Frage, welche medienpädagogischen Aspekte den Kita-Alltag bereichern können, weitet den pädagogischen Blick sowie die Möglichkeiten der ästhetischen Bildung.

Bei all dem sollten wir die Eltern nicht vergessen: Eine lebendige Erziehungspartnerschaft bedeutet, Eltern nicht nur über die Bedeutung ästhetischer Prozesse zu informieren, sondern sie darüber hinaus auch daran teilhaben zu lassen. Welche Möglichkeiten uns hierfür zur Verfügung stehen, wird hier ebenfalls besprochen und mit Ideen zur praktischen Gestaltung von Elternabenden ergänzt.

Im zweiten Teil werden vielerlei gestalterische Ausdrucksmöglichkeiten aus ganz unterschiedlichen Bereichen vorgestellt, die auch im Rahmen größerer Projekte im pädagogischen Alltag umgesetzt werden können. Kinder sind beispielsweise ausdauernde Klangforscher und -gestalter. Welche Instrumente eignen sich für welche Altersgruppe, was ist eine sinnvolle Grundausstattung und wie können selbstgebaute Instrumente und klingende Alltagsmaterialien genutzt werden? Klanggeschichten und das Experimentieren mit Klängen werden mit dem Gestalten von Bildern und dem Entwickeln von eigenen Geschichten verknüpft. Bilder in Bewegung entstehen auch ganz konkret in Form von Mobiles, Pop-ups, Rollkinos und Wendebildern. Diese herzustellen ist gar nicht so schwierig! Der gestalterische Umgang mit digitalen Medien bietet weitere Ausdrucksmöglichkeiten in der ästhetischen Bildung.

2017, 224 S., farbige Abb., Format 16x23cm, Klappenbroschur, Alter: 4–10

ISBN 978-3-8080-0784-6 | Bestell-Nr. 1267 | 19,95 Euro

Maike Hülsmann / Julia Bauschke / Sabine Dudek / Sabine Hanstein / Jessica Schmidt

Segel setzen, Leinen los! Auf Piratenreise im letzten Kitajahr

Ein Programm zur Förderung schulischer Basiskompetenzen

Das Jahr vor der Einschulung ist eine ganz besondere Zeit für die Kinder. Sie blicken der Schule mit großer Begeisterung entgegen und freuen sich darauf, endlich Lesen, Schreiben und Rechnen zu lernen. Dies ist ein bewegtes Programm zur Förderung schulischer Basiskompetenzen. Es nimmt die Kinder mit auf eine abenteuerliche Lernreise und begleitet sie in ihrem Übergang von der Kita in die Schule. Eingebettet in eine Piraten-Abenteuergeschichte bereisen die Kinder im Laufe des Programms insgesamt 8 „Inseln", die verschiedene Entwicklungsthemen widerspiegeln. Dabei greift das Programm bedeutende Bausteine der Entwicklung strukturiert auf und vertieft und stärkt wichtige basale Bausteine für das Lernen in der Schule – motorische Fähigkeiten, Wahrnehmung, Sozialverhalten, Lernkompetenzen sowie fachliche Basisfähigkeiten wie phonologische Bewusstheit und mathematische Grundkompetenzen.

2017, 304 S., farbige Abb., Format DIN A4, Beigabe: 340 Vorlagen auf CD-ROM, Klappenbroschur, Alter: 5–7

ISBN 978-3-8080-0803-4 | Bestell-Nr. 1279 | 39,95 Euro

Ulrike Heppner

Der Trölf

Entspannungseinheiten für Kinder von 4-8 Jahren

Die fantastische Welt des Trölfs, seinen Teil des Waldes und seine Bewohner lernen die Kinder in Fantasiereisen, kindgerechten Einheiten im Bereich der progressiven Muskelentspannung, bei in Geschichten verpacktem autogenen Training und in Einheiten im Bereich Kinderyoga kennen. Jede der unterschiedlichen Entspannungseinheiten kann allein genutzt oder im Zusammenhang mit einem Entspannungsprojekt durchgeführt werden. Jede Einheit bedient sich der kindlichen Bedürfnisse nach Bewegung und Ruhe. In einem ausgewogenen Verhältnis wechseln sich diese Elemente ab. Eine klar nachvollziehbare Beschreibung der Vorgehensweise und eine vorangestellte Materialliste erleichtern die Umsetzung in der Praxis. Die Materialien sind meist in den Einrichtungen vorhanden. Alle Einheiten sind praxiserprobt.

Zu Beginn des Buches werden alle Entspannungsmethoden mit ihrer Wirkung und den Zielen erklärt, sodass sie auch von Kollegen/innen ohne Vorerfahrung und Einarbeitung in die wissenschaftlichen Studien und ohne Yogakenntnisse umgesetzt werden können. Genaue Verlaufsbeschreibungen, Umsetzungshilfen und auch die Spiralbindung vereinfachen den Umgang mit dem Praxisbuch.

2017, 144 S., farbige Abb., Format DIN A4, Ringbindung, Alter: 4–8

ISBN 978-3-8080-0805-8 | Bestell-Nr. 1276 | 24,95 Euro

Schleefstraße 14, D-44287 Dortmund
Telefon 02 31 12 80 08, Fax 02 31 12 56 40
Gebührenfreie Bestell-Hotline: Telefon 08 00 77 22 345, Fax 08 00 77 22 344
Leseproben und Bestellen im Internet: www.verlag-modernes-lernen.de

Ausgezeichnete Bücher für die Praxis ...

Mariele Diekhof

Kita KITOPIA

Eine Reise ins Land der spannenden Pädagogik für PädagogInnen und Eltern

Ein Abenteuer-Fachroman der ganz besonderen Art

Dieses Buch beschreibt in faszinierend ungewohnter Art und Weise, wie gute Pädagogik in Kitas gelingen kann: mit erfolgreicher Bildungsarbeit, fernab vom Überaktionismus und der allgemein verbreiteten Angebotspädagogik. Es ist eine Einladung zu einer abenteuerlichen und spannenden Reise, die in ein aufregendes Land führt, in ein Land voller Phantasie, Zauberei, Bildung und Lebenslust. Alles spielt in der „KITOPIA", in einer virtuellen Kita, in der die Kinder Kind sein dürfen und von herzlichen und professionellen ErzieherInnen begleitet werden. Das Buch schenkt unzählige Einblicke hinter die Kulissen, weckt die Neugier und eröffnet völlig neue Denkansätze.

die schönsten deutschen bücher · shortlist 2016

24 Türen warten darauf geöffnet zu werden: Hinter jeder Tür verbergen sich bunte Bilder, Begegnungen und inspirierende Geschichten, die zum Staunen, Lachen und Nachdenken anregen. Die Leser werden kleinen und großen Menschen begegnen, von ihren Träumen, Wünschen und Visionen erfahren und sie im alltäglichen Tun begleiten. Sie sind mittendrin im pulsierenden Alltag, spüren die Lebenslust und die Leichtigkeit.

(2016 in der Shortlist der Stiftung Buchkunst, als eines der schönsten Bücher Deutschlands.)

„Freiheit, Abenteuer, Lebenslust statt Förderwahn und Leistungsfrust! Es gibt noch viele interessante Ideen in dem Buch, z.B.: Die Tür zum Büro der Leitung, Die Tür zur Kinderkonferenz, Die Tür zur Eltern-Klön-Ecke. Ich bin so begeistert von diesem Konzept, dass ich jedem nur empfehlen kann, das Buch zu lesen und zu spüren, wie viel Leichtigkeit und Spaß die Arbeit in einem Kindergarten beinhalten kann." Britta Fichert, Theraplay – Schwierige Kinder Journal

„Es ist wohltuend, in der aktuellen Menge frühpädagogischer Literatur genau dieses Buch in den Händen zu halten. Es theoretisiert nicht herum, konzentriert sich von Anfang an auf die Praxis, folgt keinen dogmatischen Pädagogiktrends, läuft keiner bildungspolitischen Strömung hinterher und bringt stets das Wesentliche, ohne Umschweife, auf den Punkt." Dr. Armin Krenz, KiTa aktuell

3. Aufl. 2018, 320 S., zweifarbig, Format 16x23cm, Klappenbroschur

ISBN 978-3-8080-0777-8 | Bestell-Nr. 1264 | 26,95 Euro

Isolde Albers / Anja Reincke

Zwei kleine Kreise gehen auf die Reise ...

Mal-Reime: Wie Hand und Mund sich helfen – Mit kognitiven Strategien und Kreativität zum Erfolg

Dies ist ein Buch für alle, die Kinder und Enkelkinder zum Malen verführen wollen. Das Besondere der Mal-Reime ist, dass zeitgleich gesprochen und gemalt wird. So entsteht Schritt für Schritt „mit Hand und Mund" ein schönes Bild, das mit Phantasie und Kreativität weiter ausgeschmückt werden kann. Ein wunderbares Buch, das kleine und große Künstler erfolgreich und stolz machen wird. Spaß und Freude am Prozess und am Ergebnis der Mal-Reime sind garantiert!

„Die Zeichnungen und Texte sind ganz einladend, ansprechend und liebevoll gestaltet. Da bekommt man sofort Lust loszuzeichnen!!! So ein Buch hat uns wirklich gefehlt. Endlich einmal sinnvoll und nicht so langweilige Grafomotorikblätter ..." Britta Winter, Ergotherapeutin

„Meine Enkelin (3) und ich haben einen Riesenspaß mit den 'Strich-Malereien'. Mein Sohn (Logopäde) ist ebenfalls begeistert." Leserstimme

„Ich bin begeistert von diesem Buch! Schon lange habe ich mir so etwas gewünscht. Herzlichen Dank den Autorinnen!" Erzieherin

3. Aufl. 2019, 116 S., farbige Abb., Format DIN A4, Ringbindung, Alter: 4-99

ISBN 978-3-8080-0734-1 | Bestell-Nr. 1606 | 18,80 Euro

Ursula Hahnenberg / Daniela Diephaus

Das große Förder-Spiele-Buch 1

2-4 Jahre

Eltern, Erzieher und Therapeuten haben ein gemeinsames Ziel: sie wollen Kinder optimal auf die vielfältigen Anforderungen, mit denen sie heute täglich konfrontiert werden, vorbereiten. In diesem Buch werden fachkundig und verständlich Spiele, Basteleien und Beschäftigungsmöglichkeiten aufgezeigt, mit denen Wahrnehmung, Grob- und Feinmotorik, Kognition, Kreativität, Sprache und Persönlichkeit gefördert werden. In diesem ersten Teil werden einfache und kostengünstige Ideen für Kinder ab 2 Jahren vorgestellt, die ergotherapeutisch kommentiert und in der Praxis erprobt sind. Übersichtliche Darstellungen helfen dabei, schnell die richtige Beschäftigung für jede Gelegenheit zu finden. Ein unentbehrlicher Ideenratgeber für ErzieherInnen, TherapeutInnen und die ganze Familie!

„Das Buch ist meiner Meinung nach ideal geeignet für Eltern mit Kindern zwischen 2-4 Jahren. Alle Spiel- und Beschäftigungsideen kann man mit sehr geringem Material- und Zeitaufwand umsetzen.

Für alle Eltern, angehende Erzieherinnen und Krippenpersonal kann das Buch durch die Fülle und die Angebotsbreite eine sehr sinnvolle Ideensammlung sein." Daniela Pfaffenberger, Erzieherin

2. Aufl. 2016, 176 S., farbige Abb., 16x23cm, Klappenbroschur, Alter: 2-4

ISBN 978-3-938187-68-5 | Bestell-Nr. 9417 | 16,95 Euro